아이디어로 인생을 바꿔라

아이디어로 인생을 바꿔라

초판 1쇄 발행 | 2010년 2월 5일
초판 2쇄 발행 | 2014년 3월 15일

저　　자 | 남호현
펴낸이 | 안종만
펴낸곳 | (주)박영사/박영북스
등　　록 | 1959. 3. 11 제300-1959-1호(倫)
기　　획 | 오즈
본문디자인 | 디자인 이브
표지디자인 | 디자인 이브

주　　소 | 서울시 금천구 가산동 550-1 롯데IT캐슬 1동 513호
전　　화 | 02-733-6772
팩　　스 | 02-2026-8212
이메일(문의) | pys@pybook.co.kr
홈페이지 | www.pybook.co.kr

ISBN | 978-89-6454-011-4 03300
값 14,000원

＊〈박영북스〉는 (주)박영사의 단행본 출판브랜드입니다.
＊이 책은 저작권법에 의해 보호를 받는 저작물이므로, 무단 전재 및 무단 복제를 금합니다.
＊잘못된 책은 바꾸어 드립니다.

아이디어로 인생을 바꿔라

= 작은 발상으로 특허 대박 터뜨리기 = 변리사 **남호현**

박영books

• • 머리말 • •
대박의 길은 멀리 있지 않다

    코앞에 있는 돈 몇 푼 만지려고 발버둥치는 사람, 남의 돈을 쉽게 가로채려는 사람, 가진 자에 대한 질투와 증오를 삭이지 못해 안달하는 사람은 진정한 부자가 될 수 없다.

    앞뒤 가리지 않고 억척스럽게 일만 하여 부자가 될 수 있다면 그건 착각이거나 흘러간 이야기에 불과하다. 아무 생각 없이 시키는 일만 열심히 처리하면 쳇바퀴 인생이고, 주변을 돌아보며 크고 작은 아이디어를 짜내야 돈이 생긴다. 아주 쉽고 가까운 것에서부터 머리를 굴려가며 발상을 전환해야 '9회 말 역전 만루 홈런' 같은 인생이 펼쳐진다.

    당초 돈과 상관없이 시작한 연구, 필요에 따라 실용적인 발명과 발견을 모색하려는 자세가 사업의 성공으로 이어진다. 이웃을 사랑하고 이웃에게 베풀려는 노력의 일환으로 창조적인 삶을 영위하다 보면 부의 축적은 저절로 이루어진다.

    인류를 불편함으로부터 해방시키려는 실천적인 자세, 우리 이웃들의 삶의 질을 향상시키려는 노력, 이익을 사회에 환원시키겠다는 정신 등이 결국 수많은 사람을 명예로운 부자로 만들었다. 이 책은 변리사로 일하며 필자가 만난 사람들의 이야기에 기초하여 작은 아이디어로 인생을 바꾼 성공 스토리로 구성하였다.

40가지 이야기의 주인공들처럼 살면서 주변에서 흔히 생각할 수 있는 것들이 결국에는 근사한 사업 아이템까지 발전한다. 물론 특허라는 중심점이 큰 역할을 하기는 하지만 제일 중요한 건 '아이디어'를 찾는 일이다. 이처럼 화려한 학력의 소유자보다는 창의력을 가진 사람, 사소한 것에 관심을 기울일 수 있는 평범한 발상이 세상을 바꾼다. 벼락부자와 횡재의 길이 따로 있다고 착각해서는 곤란하다. 이웃의 눈물과 한숨을 딛고 무리하게 부의 축적을 추구하지 말라. 하늘나라를 먼저 구하고 이웃을 사랑하라. 그와 같이 선구적이고 희생적이며 창조적인 삶을 사는 사람에게 돈과 명예가 쥐어진다.

하루 벌어 하루 사는 가난뱅이도 창의력을 잃지 않는다면 얼마든지 '대박'을 터뜨릴 수 있다.

발명 실적이 있는 고교생들에게 일류 대학 특례 입학의 지름길이 열린다는 사실을 아는 사람은 많지 않다. 최근 들어 대학별 독자 기준에 의한 특별 전형의 유형이 더욱 다양해졌다. 특별 전형 중에 새로 도입된 대학별 독자 전형 유형을 살펴보면, 10년 이내에 특허권과 실용신안권을 취득한 학생, 5년 이내에 각종 발명 경진 대회 수상자에게는 특례 입학 자격이 부여된다.

특히 이 책에서는 글 한 꼭지가 끝날 때마다 [토막 상식]을 소개함으로써 특허 등 지식재산권에 대한 포괄적 이해가 가능하도록 했다.

끝으로 인터넷 연재 코너 [변리사 남호현의 특허 대박 여행]이 800회가 넘도록 애독해 준 네이버 인기 카페 [엉터리 경제 뒤집어보기(http://cafe.naver.com/copy5243)]의 회원 2만여 명에게도 고맙다는 인사를 올린다.

변리사 남 호 현

CONTENTS

머리말 · 대박의 길은 멀리 있지 않다 · 4

Story 1 실업자 부부가 터뜨린 로또 대박 · 8
의도적인 발명과 우연한 발명

Story 2 공처가연합회장의 역전 만루 홈런 · 22
특허, 실용신안, 디자인권, 무엇이 다른가?

Story 3 일장춘몽과 인생 역전 · 30
유사 기술 특허 검색과 출원 방법

Story 4 남의 권리로 떼돈을 번 사람 · 40
작은 발상이 억만장자를 만든다

Story 5 마음의 병이 터뜨린 대박 · 49
상표의 식별력, 창조력과 차별화의 힘

Story 6 열쇠 노점상의 역전 인생 · 59
직무 발명에 대한 보상

Story 7 꼴찌가 세상을 바꾼다 · 71
특허와 관련되지 않은 분야는 거의 없다

Story 8 수줍음 많은 소년의 성공 · 81
다양한 분야 창작물, 특허로 보호하자

Story 9 절망을 희망으로 바꾼 이혼녀 · 90
상호와 상표(서비스표)의 차이

Story 10 홍시로 돈을 번 농부 · 96
영업비밀 어떻게 보호할 수 있나?

Story 11 엉터리 권리의 위력 · 101
공개 공보나 공고 공보를 열람하라

Story 12 남의 아이디어로 성공한 가난뱅이 · 111
특허 청구 범위를 명확히 해야 한다

Story 13 저축왕의 꿈 · 117
컴퓨터 프로그램의 보호

Story 14 당첨 확률 100%의 복권 · 121
권리 위에서 코를 골지 말라

Story 15 할머니의 손자 사랑 1 · 129
갑자기 증발한 지적재산권

Story 16 아내가 디자인한 팬티 · 138
지적재산권의 상속

Story 17 양치기 소년이 맞은 돈벼락 · 143
이미 존재하는 제품의 특허 출원

Story 18 억만장자가 된 경비원 · 150
특허권 침해에 대한 심층 검토

Story	제목	페이지
Story 19	디자이너가 남긴 우화 · 156 권리를 침해당했을 때의 경고장	
Story 20	꿈을 이룬 보험 설계사 · 163 특허권 침해에 따른 손해배상금의 귀속	
Story 21	굶주림은 창조의 어머니 · 171 타인의 상표와 상호 함부로 사용하면 덤터기 쓴다	
Story 22	공포로부터 탈출하기 · 177 특허 출원 전에 공지된 경우	
Story 23	바지 한 벌로 성공한 촌뜨기 · 182 비즈니스모델 특허를 알아 두자	
Story 24	남편은 피아노 조율사 · 189 비즈니스모델 특허의 심사 기준	
Story 25	그녀의 주름치마 · 197 공개하고 싶지 않은 디자인의 관리 요령	
Story 26	건설 신화를 만든 원예 업자 · 209 국제특허출원비용 지원	
Story 27	장난감 황제가 된 여행가 · 214 브랜드 작명 힌트 얻기	
Story 28	지구를 뒤흔든 뜀틀 · 218 변리사의 역할은 무엇인가	
Story 29	그녀의 말 한 마디 · 224 저작권의 발생과 등록	
Story 30	아내를 위한 선물 · 232 특허 침해의 함정, 이렇게 탈출하라!	
Story 31	양털 세척제의 변신 · 237 배보다 배꼽이 더 큰 손해배상	
Story 32	사랑의 선물 · 242 특허전쟁과 특허침해소송에서 살아남자	
Story 33	할머니의 손자 사랑 2 · 250 특허로 보호받을 수 없는 발명	
Story 34	병마개에 담긴 사랑 · 255 특허 전쟁, 작은 고추가 맵다	
Story 35	고민보다 먼저 할 일이 있다 · 260 특허 등록되지 않은 것도 권리다	
Story 36	고철 야적장을 뒤져라 · 266 특허 심사를 빨리 받는 길	
Story 37	성공의 원천이 된 부부싸움 · 271 동일한 하나의 발명에 대해 다양한 권리 확보를!	
Story 38	한 남자를 갑부로 만든 구멍 · 277 특허 분쟁에서의 공격 전략	
Story 39	우표 한 장의 행운 · 282 특허 분쟁에서의 방어 전략	
Story 40	구멍 하나 뚫어 신세 고친 사람 · 287 특허권도 담보로 쓴다	

권말부록, **돈을 벌기 위한 준비** · 292

Story 1
실업자 부부가 터뜨린 로또 대박
– 콩으로 만든 크레용

여기저기서 회사들이 부도를 내고 쓰러져 남자들도 실업자가 되어 빈둥거리는 형편에 여성들이 직업을 얻는다는 것은 하늘의 별 따기였다. 불안정한 직업을 가진 남자들 때문에 소득이 물가 상승률을 따라가지 못해 서민 가계가 대부분 적자에 허덕이고 있었다.

스물아홉 살의 박수미는 5년 전에 결혼했으나 사실상 실패한 인생이나 다름없었다. 남편은 회사에서 해고되는 바람에 실직했고 요즘은 집에서 네 살짜리 딸아이를 돌보는 중이었다. 형편없는 소득으로 허우대가 멀쩡한 남편까지 먹여 살려야 한다고 생각하면 울화통이 터지곤 했다.

하지만 생각해 보면 남편만 원망할 수도 없었다. 2년제 대학 식품공학과를 나온 처지에 이렇다 할 경험이나 기술까지 없다 보니 건설 현장의 인부로 나서기도 쉽지 않았다.

식품공학과를 나왔지만 책상 앞에 앉아 펜대를 굴리는 게 소원이었던 남편은 총각 시절부터 크레용 공장 노무관리과 직원으로 출근하기 시작했다.

그러던 중에 공장 안에서 노사분규가 연이어 일어났고 분기탱천한 공장장이 노무관리과 직원들을 생산 현장으로 발령을 내버렸다. 남편은 그 날부터 공장에서 크레용을 만드는 생산직 사원으로 탈바꿈되었다. 그렇게 7년 가량 크레용과 싸우다가 퇴직금에 위로금 몇 푼 얹어 받고 해고를 당하자 앞길이 막막한 신세로 전락했던 것이다.

그뿐이 아니었다. 남편은 짬이 날 때마다 스트레스를 푼답시고 복권방을 드나들며 돈을 탕진하기 일쑤였다. 처음엔 푼돈을 조금씩 내지르더니 몇 푼 남지 않은 퇴직금마저 뭉텅뭉텅 헐기 시작했다.

언젠가 화장실의 용변이 넘치는 꿈을 꾼 사람이 5억 원짜리 복권에 당첨되었다는 기사를 읽은 남편은 그 날 아침부터 100만 원어치의 로또 복권을 사 버렸다. 처음엔 극구 반대하던 그녀도 남편의 꿈이 횡재로 이어질지 모른다고 생각하며 그대로 두었다. 하지만 당첨금 총액은 3만 원이 고작이었다.

"그 돈이 어떤 돈인데 복권으로 날려 버려요? 복권에 인생을 걸려면 차라리 막노동으로 벌어서 충당해요!"

길길이 날뛰며 예금 통장을 빼앗아 감추어도 소용이 없었다. 아편 중독자가 모은 재산을 야금야금 날리듯 남편이 복권방 드나들기를 포기했을 때는 이미 통장이 바닥을 드러낸 뒤였다.

　박수미는 경기가 회복되면 남편도 다시 직장을 얻을 수 있을 것이고 자신도 지금 하는 단란주점 주방 일을 때려치울 수 있을 거라고 생각했다. 그 때까지만 참자, 참아 보자고.
　그녀는 해거름이 되자 서둘러 집을 나섰다. 단란주점 영업이 본격적으로 시작되는 오후 6시 전에 출근하기 위해서였다.
　그나마 이 일자리도 고교 동창이 단란주점 사장에게 부탁해 어렵게 얻은 주방 설거지 일이었다. 살림은 어려워지고 중국에서 건너온 조선족이나 한족 여성들이 싼 임금으로 덤비기 시작하자 식당의 설거지 일거리도 얻어내기 어려웠던 것이다.
　단란주점에 들어서자 벌써 손님들이 몰려와 있었다. 경제가 어려운데도 술장사가 잘 되는 것을 이해할 수가 없었다. 저 사람들의 술값은 도대체 어디서 나오는 것일까. 정말 모를 일이었다.
　"박수미 씨, 오늘은 금요일이야. 다른 날보다 30분 일찍 나오는 걸 잊었어?"
　고릴라처럼 우람한 체구의 순천댁이 인상부터 긁었다. 세 살 아래인 주제에 먼저 들어왔다고 반말을 일삼으며 주방장 노릇을 하는 게 꼴사나웠지만 꾹 참아야 했다. 그러나 일은 이상하게 꼬이기 시작했다.
　"순천댁, 식용유가 아깝지 않아요?"
　아니꼬웠지만 약간 점잖게 존댓말로 대들었다.
　"박수미 씨, 순천댁이라니? 당신이 사장이야?"

"주방장님, 어려울수록 원가 절감을 해야 하는 거 아닌가요? 겨우 한 번 쓴 식용유를 버리다니 말도 안 돼."

이왕 말이 나온 김에 박수미는 당차게 몰아붙였다.

"이 술집 손님들은 고급이라서 재탕 식용유에 튀긴 요리를 내놓으면 당장 들통이 난다구. 이거 왜 이래?"

순천댁이 의외로 부드럽게 나왔을 때 입을 닫았어야 했다. 하지만 박수미는 자존심을 앞세워 말꼬리를 물고 늘어졌다.

"그래, 그건 그렇다고 치자. 30분 일찍 나왔으면 홀 바닥에 물걸레질이라도 하면 어때? 나만 출근하자마자 지배인에게 얻어터졌잖아? 입이 있으면 말해 보시지, 존경하는 주방장님."

"이게 눈에 뵈는 게 없나?"

순천댁의 상소리와 함께 박수미의 눈앞에 불똥이 튄 것도 그 순간이었다. 박수미도 밀리지 않고 두 손으로 순천댁의 양 뺨을 교대로 갈겨 버렸다.

"어이구, 이게 사람 죽이네! 사람 죽여!"

뜻밖의 반격에 충격을 받은 순천댁이 박수미의 머리채를 잡고 발악하기 시작했다.

"뭐 하는 거야! 박수미! 너 당장 꺼져! 여기서 머뭇거리면 콩밥을 먹게 할 테니."

어느 새 달려온 지배인은 아예 반말과 상소리로 일관했다.

"좋아. 그만둘 테니 밀린 임금이나 내놓으시지."

"어이, 주방장! 112에 신고해!"

밀린 일당도 받지 못하고 쫓겨나 집에 와 보니 딸아이가 핏기 없는 얼굴에 눈물이 범벅된 채 잠들어 있었다. 잠꼬대를 하다 말고 거칠게 흐느끼는 걸 보니 사고가 난 게 분명했다.

"애가 왜 이래요? 뭔 일이 있었지요?"

박수미가 두 눈에 쌍심지를 켜고 물었다.

"… 그게, 크레용을 삼켰어."

"아니! 뭘 삼켰다구요?"

"토했으니 좀 있으면 괜찮아질 거야."

"괜찮아진다구? 당신이 의사야? 크레용 공장에 다녔다고 온 집 안에 크레용 천지구려. 매일 크레용만 주니 못난 아빠 앞에서 먹고 죽으려고 그랬나 보지 뭐."

딸아이를 끌어안으며 그녀가 앙칼지게 뱉었다.

"…"

예전 같으면 길길이 날뛸 남편이었지만 어느 새 기가 죽었는지 애꿎은 담배만 피워 물었다. 그렇게 막무가내로 퍼부었다고 화가 풀릴 박수미가 아니었다.

"로또 복권 사러 나가시지 그래요? 그놈의 로똔지 개똥인지가 당신 신세를 고쳐 줄지 알아요?"

"이거 왜 이래? 복권에서 손을 뗀 지가 언제인데…."

"하기야 알지 신세에 복권 살 돈이나 있어야지. 아휴! 내 팔자야. 차라리 먹어도 되는 크레용이 나왔으면 좋겠네. 당신, 식품공학과 졸업 학력에 크레용 공장 출신이니까 한번 만들어 봐요. 시간도 많은데 놀지만 말구."

　일부러 남편을 비아냥거리던 박수미는 속으로 내심 후회가 밀려왔다. 그냥 홧김에 뱉은 헛소리에 불과했지만 남편은 담배를 비벼 끄며 벌떡 일어섰다.

　"그래! 듣고 보니 괜찮은 생각이네. 먹어도 괜찮은 크레용이라! 아니지. 몸에 좋은 콩으로 크레용을 만들면 엄청 잘 팔릴 거야."

　남편은 눈을 반짝이며 만면에 미소를 머금었다.

　"나, 차비 좀 줘. 먹어도 좋은 크레용을 발명하려면 당장 사람을 만나야 해".

　"기가 막혀서⋯ 그 말 진담이었으면 좋겠네."

　"농담이 아냐. 만들 수 있다니까. 차비만 좀 줘."

　돈을 받은 남편은 바람처럼 나가서 한 달 동안 돌아오지 않았다.

　"며칠만 더 기다려. 좋은 소식을 갖고 들어갈 테니."

　어쩌다 전화로만 큰소리를 칠 뿐이었다. 식품공학과 재학 시절의 지도 교수와 함께 있다거나 크레용 공장의 연구실 직원을 만난다는 소리만 들먹이며 약간의 돈을 송금하라는 말뿐이었다. 보름 정도 지나자 날품이라도 팔았는지 생활비 100만 원을 송금해 왔다.

　"로또에 당첨이라도 된 모양이지요?"

　속으론 즐거웠지만 겉으론 이죽거렸다.

　"우리 프로젝트에 관심을 갖고 지켜보던 물주 하나가 자금을 대고 있어. 우리가 출원할 발명 특허는 머잖아 지구촌을 떠들썩하게 만들지도 몰라. 기대해도 된다니까."

몰라보게 힘이 실린 남편의 목소리를 듣자니까 오랜만에 즐거웠다. 생활비가 좀 더 필요했지만 그 말은 꺼내지 않았다.

'여보, 당신 말대로 콩으로 만든 크레용이 좋을 거예요. 발명에 성공하는 날 돌아와도 돼요. 참고 기다릴 테니.'

그녀는 꿈을 꾸듯 수화기에 대고 중얼거리기도 했다. 아기들이 크레용을 씹어 삼켰다고 놀라지 말라. 몸에 좋은 콩으로 만들었으니까…. 그녀는 자신의 반짝 아이디어와 남편의 능력을 믿었고 머잖아 들려 올 희소식을 애타게 기다렸다. 인터넷을 통해 콩에 관한 정보를 수집하는 것도 잊지 않았다.

콩으로 크레용을 만들기만 하면 지구촌에 커다란 반향을 일으킬 것만 같았다. 미국 농민 단체들은 콩 생산량의 상당 부분을 소비시키거나 가격을 올리기 위해 혈안이 되어 있었다. 전 세계 생산량이 올라가면서 콩 가격이 폭락할 위험에 처해 있기 때문이었다.

여러 정보에 따르면 라틴 아메리카에서의 콩 생산량은 날로 급격히 증가하게 되어 있었다. 관련 업계 연구자들은 콩의 새로운 용도를 개발하기 위해 진땀을 쏟고 있을 뿐더러, 생물 연료 시장은 물론이고 페인트와 접착제 등의 분야에서도 다양한 용도를 검토하고 있다는 소식이었다. 어쨌든 콩 생산량이 크게 증가하면서 지구촌 시장을 위협하고 있다니 '콩으로 만든 크레용'이 그들에겐 천우신조의 탈출구가 될 수 있을 것이었다.

카드뮴, 구리, 납, 아연 등 해로운 금속을 물속에서 걸러 내는 데 이미

처리된 콩깍지를 이용하는 방법도 없지 않다. 구연산과 열처리 등의 특수 가공으로 처리된 그 껍질은 최근 실험에서 값비싼 이온 교환 수지보다 성능이 더 뛰어난 제품으로 변신했다. 미국에서는 콩 단백질로 만든 접착제를 개발하여 특허를 취득했다고 한다. 그 접착제는 각종 섬유로 복합 목재 대체물을 만드는 데 쓰인다는 것이다.

"여보, 당신 덕에 드디어 해냈어!"

한 달 뒤 초췌한 얼굴의 남편이 귀가하며 개선장군처럼 외쳤다.

"그 말 진짜예요?"

떨리는 가슴을 쓰다듬으며 박수미가 짐짓 시큰둥하게 내뱉었다.

"자, 보라구. 국내 특허는 물론 국제 출원도 사실상 완료 단계야."

남편이 내미는 서류를 보고 나서야 그녀는 기다린 보람을 실감할 수 있었다. 믿을 수가 없었다. 비록 출원 단계였지만 구체적인 설명을 듣지 않아도 발명 특허, 콩 크레용 제조 방법에 관한 특허 출원이 분명했다. 하지만 남편의 이름 '이희승'만 있는 건 아니었다.

여러 명이 함께 개발한 특허품이어서 수익금을 나누어야 하는 조건이긴 하지만 남편의 몫이 가장 크다는 데 그녀는 안도했다. 혼자 개발해 수익금을 독점할 수 있었다면 얼마나 좋을까, 로또 복권 1등 당첨 못지않은 거금이 굴러 들어오면 얼마나 행복할까. 그런 생각뿐이었다.

"며칠만 기다려. 미국에서 좋은 소식이 올 거야."

남편의 그 말은 결코 과장이 아니었다. 사흘이 지났을 때 그는 어떤 연락을 받았는지 공동 특허권자인 대학 교수와 함께 인천 국제공항으로 출발했다.

공항 입국 심사대를 빠져 나온 열두 명의 외국인들은 모두 미국 농민 단체에서 서둘러 파견한 대표단의 일원이었다. 그들 중에는 국제 변호사와 국제 변리사도 있었지만, 날로 생산량이 증가하여 폭락 사태를 빚고 있던 콩 때문에 골머리를 앓고 있는 대기업 형 농장 주인들도 포함되어 있었다.

"우리는 이희승 박사의 땀의 결과를 인정하기 때문에 달려왔습니다."

대표 중의 대표로 보이는 거구의 서양 신사가 왜소한 체구의 이희승에게 정중하게 악수를 청했다.

"이 박사님, 우리는 콩으로 만든 크레용에 감동했습니다. 더구나 크레용 염료를 인체에 해롭지 않은 식물성으로 해결했다니 놀랍군요."

자기를 박사라고 부르는 것도 어색했으나 동양식으로 공손히 허리를 꺾는 모습도 우스꽝스러웠다.

"박사님의 빛나는 업적을 우리는 전 세계에 널리 알릴 생각입니다."

미국측 변호사가 말했다. 이희승은 사기꾼처럼 유들유들한 표정의 변호사가 빙빙 돌려 말하는 것이 싫어서 헛기침을 크게 터뜨렸다.

"여러분, 나는 학자가 아닌 장사꾼입니다. 이 특허를 팔겠다는 생각 외에는 아무런 욕심도 없습니다. 구체적인 액수를 제시하는 것만이 상담을 성공으로 이끄는 길이라고 생각합니다."

이희승은 미국 농민 단체 파견단 앞에서 노골적인 심사를 드러냈다. 특허권에 탐을 내면서도 한국 촌놈을 적당히 구슬리려는 속셈이 얄미웠기 때문이다. 세간에는 미국의 대단위 농업 경제 위기설이 팽배해 있음을 이희승은 모르지 않았다. 수출 주력 농산물의 하나인 콩의 국제 가격이 폭락하고 농장 노동자들의 임금 인상과 엄청난 물류비용 등으로 미국의 연말 경상 적자가 무려 수조 달러에 이를 것으로 전망되고 있었다.

"이희승 박사님, 로열티 수준을 얼마로 생각하십니까?"

침묵을 지키던 자리에서 가장 덩치 큰 사람이 조심스럽게 물었다.

"5년 안에 최소한 3억 달러의 로열티가 보장되는 계약!"

"3억 달러라니요? 3천만 달러라면 몰라도…."

가장 나이가 들어 보이는 사람이 충격을 받은 듯 벌떡 일어서더니 두 팔을 내저었다. 말도 안 된다는 표정이었다.

"국제적인 콩 값 10%만 올라 보십시오. 그 금액은 천문학적 수준이 될 겁니다. 제 소박한 제의가 가당찮다고 생각하면 상담은 결렬된 것으로 하겠습니다."

이희승이 짐짓 일어서는 동작을 취했다.

"아, 아닙니다. 우리에게 시간을 주십시오."

늙은 코쟁이가 서둘러 말했다.

그 이튿날 저녁 박수미의 남편 이희승 박사(?)는 놀랍게도 하얏트호텔의 기자 회견장에 모습을 드러냈고 잠시 뒤 특허권 실시 계약서에 서명했다. 기자들 사이에 금방 충격적인 반응이 나타났다. 그 자리에서 오간 달러의 규모를 확인한 기자들은 벌어진 입을 다물지 못했다. 계약금 3천만 달러 중에 이희승이 자기 몫으로 수령한 돈 2천만 달러는 200억 원에 이르는 거액이었던 것이다.

"법인이 아닌 개인 자격으로 받은 특허권 로열티로는 국내 역사상 가장 많은 금액입니다. 더구나 5년 안에 3억 달러를 보장한다는 계약 내용이 있습니다. 그만한 액수를 지급하고도 채산성이 있다고 보십니까?"

서울일보 기자가 미국 농민 단체 대표단에게 질문했다.

"우리는 단순히 채산성의 문제로 보지 않습니다. 콩 생산량이 늘어나는 추세에 비추어 소비 수단을 다양화시킨다는 데 더 큰 의미를 둡니다. 적은 돈은 아니지만 결코 많은 돈도 아닙니다."

미국 농민 단체 대표단의 답변은 지극히 추상적이고 원론적이었다. 콩 수요를 늘려 제값을 받겠다는 꿍꿍이속을 드러내지 않으려는 몸부림이라는 걸 기자들은 모르지 않았다.

"이희승 선생님, 발명에 이르게 된 동기를 말씀해 주시죠."

대한일보 기자가 물었다.

"저는 식품공학을 전공했고 크레용 제조업체에 취직해서 7년 동안 줄곧 크레용을 만들었던 사람입니다. 콩으로 만든 크레용, 아기들이 먹어도 좋은 크레용의 발명은 평생의 숙원 사업이었습니다…. 아니, 그 말은 사실이 아닙니다. 솔직히 말씀드리죠."

아내와 딸아이를 쳐다보던 이희승이 갑자기 말을 바꾸었다.

"얼마 전 제 딸아이가 크레용을 삼켰고 바로 토한 뒤 탈진해 버렸습니다. 그 날 직장에서 해고당했던 아내가 그 어처구니없는 현장을 목격하고 절규했습니다."

이희승은 물 한 모금을 마신 뒤 말을 이었다.

"아이가 먹어도 되는 크레용을 발명해 보라고. 식품공학과 졸업 학력에다가 크레용 공장 직공 출신이니까 한번 도전해 보라고. 실업자 아내가 실업자 알거지 남편에게 던진 그 한 마디가 바보 같은 저와 절박한 처지의 우리 가족을 일으켜 세웠던 것입니다. 제 아내는 참으로 독종이지만 사실 알고 보면…."

그 순간이었다. 회견장은 조용해졌고 이희승과 박수미의 두 눈에서 눈물이 뚝뚝 떨어지기 시작했다. 아내는 실질적인 발명의 조력자인 딸아이를 꼬옥 끌어안으며 자신도 모르게 고개를 끄덕일 뿐이었다.

"성공 비결이 없다고 겸손해 하셨는데 그래도 한 마디 해 주시죠."

어느 여기자가 뚱딴지 같은 말을 던졌다.

"글쎄요. 로또 복권을 10만 원 정도씩 열 번쯤 사 보세요. 고작 몇만 원의 당첨금을 손에 쥐는 순간부터 로또 당첨이 허황한 욕심임을 알게 될 겁니다. 그 허탈감을 딛고 일어서면 반드시 성공할 수 있습니다. 저 역시 1000여 만 원이 넘는 로또 복권을 구매했지만 건진 돈은 고작 몇만 원이거든요. 로또 복권은 제게 깊은 절망과 헛된 망상의 의미를 일깨워 준 성공의 어머니입니다."

이희승은 쓰라린 로또 복권 실패 경험담을 사실대로 얘기했다.

"그 많은 돈, 앞으로 들어올 천문학적인 로열티 수입을 어디에 쓰실 작정입니까?"

"수입금의 70%는 청소년을 위해 쓰고 10%는 가족을 위해 쓸 생각입니다. 나머지 20% 가량은 제 아내가 권유하는 폐유 연구 개발비에 투자하고 싶습니다."

"저토록 유능한 친구를 해고한 내가 정말 바보 천치였어."

텔레비전 앞에서 이희승의 기자 회견 광경을 지켜보며 한숨짓는 사람은 크레용 생산 업체의 사장이었다. 그는 오래 전부터 먹는 크레용의 개발을 상상해 왔으나 이 핑계 저 핑계를 대며 미처 실행에 옮기지 못한 인물이었다.

*실제로 미국에서 콩으로 만든 '먹을 수 있는 크레용'의 개발이 시도되고 있다.

의도적인 발명과 우연한 발명

특별한 목적 때문에 의도적(계획적)으로 개발된 발명이 있다. 하지만 우연하게 탄생하는 발명도 의외로 많다. 의도(계획)적인 발명과 우연한 발명, 이 두 종류의 발명에는 공통점과 차이점이 존재한다.

● **공통점**

어떤 성격의 발명이건 호기심, 의욕, 면밀한 관찰력이 필수다. 여러 물건과 기구를 사용하다 보면 우리 인간에게 불편한 점을 발견하는 사례가 많다. 그럼에도 그냥 지나쳐 버리기 쉽다. 그러다가 다른 사람이 그 불편한 부분을 개량하여 특허를 받았다면 후회하는 사람들이 적지 않다.

이처럼 대부분의 사람들은 불편함과 개선점을 깨닫고 절감하면서도 개선하려는 관심과 노력을 소홀히 한다. 일시적으로 호기심을 가졌더라도 곧바로 잊어버리거나 포기해버린다. 계획적인 발명이나 우연한 발명이 누구에게나 쉽지 않은 이유란 무엇일까. 호기심, 관심, 관찰력 등이 부족하기 때문이다.

● **차이점**

계획적인 발명에는 막대한 자금, 조직, 인력, 오랜 연구 기간이 필요하다. 성공 확률도 높지 않고 실패할 경우 개인과 조직의 운명을 좌우할 수도 있다. 이와 달리 우연한 발명에는 개발 소요 자금과 인력 등이 특별히 필요하지 않고 그 성공 확률도 높다.

그렇다면 계획적인 발명과 우연한 발명 중 어느 편이 더 우수할까. 어느 발명이 돈을 더 많이 벌게 만들까? 그 정답을 말하기는 쉽지 않다. 시장에서 소비자들의 호응도가 얼마나 높으냐에 따라 발명의 상업성이 좌우될 따름이다.

Story 2
공처가연합회장의 역전 만루 홈런 — 밴드 반창고

작은 제약 회사의 세일즈맨 임승구는 아내를 무서워하는 공처가이기 이전에 아내를 사랑하고 공경하는 경처가로 분류해도 좋을 사람이었다. 쥐꼬리만한 봉급으로 가계를 꾸리는 아내에게 미안하다는 생각을 늘 갖고 있었다. 그래서 아내를 위한 일이거나 아내가 간절히 원하는 일이라면 만사 제쳐 둔 채 소매를 걷어붙이곤 했다.

"쟤는 애처가가 아니라 경처가야."

얼마나 아내를 애지중지했으면 친구들이 임승구를 경처가라고 놀려 댔을까.

"맞아. 난 경처가야."

임승구는 웃으며 태연하게 대꾸했지만 친구들의 해석은 달랐다.

"저 녀석에겐 공경할 경(敬)이 아니라 놀랄 경(驚)을 써야 해. 아내의 목소리만 들어도 깜짝깜짝 놀라는 놈이니까. 하하."

친구의 말처럼 임승구에게 아내는 놀라움과 두려움의 대상이었다. 애처롭도록 사랑스럽기도 했지만 그만큼 아슬아슬한 긴장을 안겨 주는 여자이기도 했다. 의외로 아내가 몸이 연약하고 마음이 여린 데다가 실수연발이었으므로 그는 노심초사하며 하루하루를 보내야 했다.

"여보, 나 또 사고 쳤어."

자지러지는 듯한 아내의 비명에 놀라서 돌아보면 영락없는 사고였다. 넘어져 무릎을 다치거나 어딘가에 부딪쳐 멍이 드는 등 크고 작은 사고로 온몸이 성할 날이 별로 없었다. 그뿐이 아니었다. 음식을 만들며 도마질을 할 때면 칼에 손가락을 베이는 게 다반사였다.

임승구는 그처럼 천방지축인 아내를 의식하며 자신이 제약 회사 영업사원이 된 게 무척 다행이라고 생각했다. 외과 치료용 테이프를 제작하여 전국 병원에 판매하는 소규모 제약 회사에 근무하고 있었기 때문이다.

따라서 임승구는 붕대와 반창고를 사용하여 손을 자주 다치는 아내를 직접 치료하는 돌팔이 의사가 될 수 있었다. 하지만 출근하지 않고 아내 옆에서 하루 종일 지낼 수는 없었으므로 그는 늘 불안했다.

"나 없는 동안 제발 사고 치지 마."

아침 출근 때마다 임승구는 버릇처럼 아내에게 주의를 주곤 했다.

"여보, 나 혼자 치료할 수 있도록 준비해 놓으면 될 거 아녜요?"

"정말 그럴까?"

임승구는 그 날로 사고를 당했을 때 아내가 혼자서도 치료할 수 있는 반창고를 만들기로 결심했다. 그는 자신이 다니던 제약 회사에서 몇 가지 재료와 약품을 샘플이라는 명목으로 얻을 수 있었다.

퇴근하자마자 임승구는 회사에서 가져온 물건들을 탁자 위에 올려놓았다. 먼저 한쪽 면이 끈적끈적한 외과 치료용 테이프를 손에 쥔 채 머리를 굴렸다. 거즈 한 조각을 패드 안쪽에 포개고 난 뒤 그것을 테이프의 중간에 얹던 순간 쾌재를 불렀다. 의외로 훌륭한 작품이 나왔다는 생각 때문에 즐겁기 그지없었다.

하지만 또 다른 문제가 연이어 발생하자 얼굴 표정이 금세 어두워졌다. 그 밴드 반창고를 사용하지 않을 때 보관하는 방법이 쉽게 떠오르지 않았던 것이다. 몇 번의 시도 끝에 작은 천 조각을 붙여 가며 가장 간편하고 안전한 관리 기법을 찾기 위해 골몰했다.

밤을 꼬박 새운 임승구는 마침내 훌륭한 밴드 반창고를 완성시켰다. 끈적끈적한 테이프 부분을 씌워 두었다가 사용할 때만 떼어 쓸 수 있는 다른 종류의 뻣뻣한 천 조각을 붙이는 방법으로 만든 반창고였다.

"여보, 당신을 위해 내가 만든 밴드 반창고야."

날이 밝아올 무렵 신이 난 임승구는 단잠에 빠져 있던 아내를 깨웠다.

"당신과 결혼한 나는 참으로 행복한 여자네요."

아내가 행복해하자 쏟아지는 졸음과 피곤함도 잊을 수 있었다.

"어때? 이 밴드 반창고는 우리 남편이 나를 위해 만든 발명품이거든."

아내는 주변 사람들에게 남편 자랑하듯 밴드 반창고를 보여 주었다. 그러다 보니 아내 덕분에 임승구가 만든 밴드 반창고는 동네 명물이 되었고 어느 날 이웃집 부인이 명쾌한 아이디어를 꺼내기에 이르렀다.

"그저 아내를 아끼는 마음에서 생각해 낸 것이지만 발상을 바꿔 보세요. 남편이 제약 회사 영업 사원이면 이걸 상품화해도 좋을 텐데…."

그 말을 들은 아내는 깜짝 놀랐다. 정말 그랬다. 남편의 발명품을 특허로 출원 등록하면 그 특허권을 팔아서 금방이라도 돈방석에 앉을 것만 같았다. 그녀는 퇴근하는 남편이 오자마자 이야기를 꺼냈다.

"여보, 기발한 생각이 떠올랐어요. 먼저 특허를 출원하고 나서 회사의 회장님, 사장님과 담판을 짓거나 경영진에게 공개하세요."

얼굴이 붉어진 그녀가 서둘러 말했다.

"내일 당장 실용신안 특허를 출원하세요."

"당신 말이 맞아! 내가 당신이 시키는 대로 안 한다면 경처가가 아니지. 그럼!"

임승구는 그 이튿날 회사에서 외출하기 무섭게 특허를 출원했고 며칠 뒤 회사 사장과 단독 면담을 가졌다.

"사장님, 하찮은 아이디어라고 생각하지 마십시오. 상품 가치가 충분한 아이템입니다."

임승구가 입에 거품을 물고 설명하자 연신 무릎을 치던 사장이 급히 지시를 내려 임원 간부 연석회의를 소집했다. 물론 말단 영업 사원 임승구의 특허권에 비관적인 견해를 보이는 임직원은 단 한 명도 없었다.

"새로운 제품의 이름은 '승구밴드'로 정한다!"

회의 결과를 전해들은 제약 회사 회장은 특허권 전용 실시권 계약 체결을 지시했고 아예 신제품의 브랜드까지 작명해 버렸다.

"임승구 사원 명의로 상표를 출원하는 건 물론이고 임승구 씨를 부장으로 진급시키는 방안을 강구하십시오."

회장의 특명을 받은 사장은 회사 안에 '승구밴드 개발팀'이라는 이름의 특별 전담 연구팀을 구성하기 전에 특허권 전용 실시권 계약을 체결했다. 부장 중에서 가장 연봉이 높은 이사대우로 특별 승진한 임승구는 승구밴드 매출액의 7%를 로열티로 받는 약정서에 서명했다.

그 뿐만이 아니었다. 임승구 명의로 전 세계 115개국에 특허를 출원 등록했고 7년 뒤에는 임승구가 그 제약 회사의 경영권을 인수하여 상호를 아예 주식회사 승구제약으로 바꿔 버렸다. 밴드 반창고 '승구밴드'는 대량 생산되어 국내외에 불티나게 팔려 나갔다. 승구제약이 세계적인 다국적 기업으로 발전하면서 임승구 회장은 전국경제인연합회 회장이라는 중책도 맡게 되었다.

"승구밴드 주세요."

약국에 들른 소비자들은 한결같이 그렇게 말했다. 이른바 승구밴드가 밴드 반창고의 대명사이자 중요한 구급약품의 하나가 되어 버린 셈이었다. 그 밴드 반창고는 차츰 개량되어 더 좋은 제품으로 오늘도 여러 가정에서 이용되고 있다.

임승구 회장은 별세하기 전에 자신의 전 재산을 사회에 환원했다. 임승구 회장이 생전에 뿌린 씨앗은 학교 법인 승구학원, 승구초등학교, 승구중학교, 승구고등학교, 승구대학교, 의료 법인 승구병원, 승구실버타운, 승구제약 등의 거목으로 성장했다.

"아내를 사랑하는 마음이 성공으로 이어졌습니다."

생전에 경처가연협회 회장으로 불렸던 임승구 회장이 전국경제인연합회 회장을 그만두면서 남긴 명언이었다.

임승구 회장은 경처가답게 아내의 승용차는 최고급 중형 세단으로 장만했지만 자신은 평생 동안 중고 소형차를 고집했다. 그가 얼굴을 내밀던 곳에는 거의 예외 없이 아내 사랑의 징표인 승구밴드 한 박스가 선물로 남겨졌다.

*실제로 밴드 반창고를 발명한 인물은 미국의 '어얼 딕슨'이었다.

특허, 실용신안, 디자인권, 무엇이 다른가?

특허권과 실용신안권은 새로 창작된 기술을 대상으로 한다는 공통점이 있다. 하지만 디자인은 새롭게 창작된 디자인이어서 물건의 기능이나 방법과는 무관하다. 그런 점에서 디자인권은 특허권, 실용신안권과 구별된다.

그럼에도 새로 고안한 물품이 특허나 실용신안의 대상이 되는 부분이 있고, 새로운 디자인이 첨가되었다면 그 창작은 디자인 대상이 될 수도 있다. 따라서 동일한 물건을 구조와 기능을 감안하여 특허와 실용신안을 출원하고 디자인 측면에서 디자인을 출원하기도 한다.

다시 말해 물품의 구조에 특징이 있으면 그 구조는 특허나 실용신안의 대상이 된다. 그럼에도 그 물품의 형상을 디자인으로 파악하여 디자인으로 출원할 수도 있다.

실용신안은 특허와 기본적으로 차이가 없다. 법적으로는 특허 대상인 발명은 고도의 창작성이 필요하고 실용신안의 대상인 고안은 그렇지 않은 것으로 구별되지만 그 구분이 애매할 때가 많다. 두 가지 모두 같은 출원서, 명세서, 도면을 제출한다.

특허와 실용신안 모두 심사 단계에서 신규성, 진보성, 선(先)출원 여부 등을 심사 평가한다. 공개 공보에 출원 내용이 게재될 때에도 내용과 형식은 동일하다.

실용신안법은 대부분 특허법의 내용을 그대로 준용하고, 출원 절차가 특허와 거의 동일하나 실용신안 출원은 보호 대상 측면에서 차이가 있다.

▶특허는 물품이 반드시 전제되는 것은 아니어서 방법 발명이나 식물에 관한 발명도 특허가 될 수 있지만 ▶실용신안은 물품의 형상, 구조나 조합만을 대상으로 한다.

▶특허는 발명의 고도성이 필수로 요구되지만 ▶실용신안은 반드시 높은 수준의 고안일 필요는 없다.

　권리의 존속 기간이 다른 점도 있지만, 특허와 실용신안의 경우 제도상의 차이점도 있다.

　▶특허의 출원 심사 청구 기간은 출원일부터 5년이지만 실용신안은 3년이다.

　▶특허의 권리 존속 기간은 출원일부터 20년을 초과할 수 없지만 ▶실용신안의 권리 존속 기간은 출원일부터 10년을 초과할 수 없다.

　디자인권은 특허, 실용신안권처럼 출원일부터 존속 기간을 따지지 않고 설정 등록일로부터 15년간 존속한다. 의약품과 농약 특허에 한하여 5년을 한도로 연장할 수 있지만, 실용신안권과 디자인권의 존속 기간은 연장할 수 없다.

　실용신안과 디자인은 모두 물품에 대한 고안을 보호 대상으로 한다. 하지만 실용신안은 기술적인 고안이고 디자인은 물건의 형상과 모양 등 심미적인 고안이라는 점에서 결정적 차이가 있다. 따라서 동일 물품에 대하여 중복 보호나 상호 출원 변경도 가능하고 현실적으로 동시 중복 출원도 빈번하다.

　그러나 실용신안과 디자인에는 구체적인 차이도 있다. ▶실용신안은 그 대상이 물품의 형상, 구조 또는 조합이지만 ▶디자인은 물품의 형상, 모양, 색채 또는 그 결합이 보호 대상이다. ▶실용신안은 기술 효과의 발생을 전제로 하지만 ▶디자인은 기술적 효과는 문제 삼지 않고 물품의 외관에 나타나는 미관만 대상으로 한다.

Story 3

일장춘몽과 인생 역전
- 포스트잇

마흔다섯 살의 조덕수는 자신이 실업자가 되리라고는 상상도 하지 못했다. 그는 1년 전까지만 해도 유명한 문구 회사 (주)포스트의 기획실장이었다. 주로 학생들의 학용품을 생산하는 하청 업체로 출발한 (주)포스트는 국내 최고의 문구류 제조업체로 성장하여 연간 수출 실적을 1억 달러나 올렸다. 국내 매출 실적은 1천억 원 가량으로 연간 순이익만도 수백억 원대에 이르렀다.

하지만 3년 전부터 자금 압박에 시달리는가 싶더니 사세가 급격히 기울기 시작했다. 외국 유명 브랜드가 대량으로 국내에 밀려들어온 데다 국내 경제가 침체되면서 전반적으로 문구류 소비가 줄어들었기 때문이다. 물론 경영진이 경기 전망을 잘못 판단하여 과다하게 설비를 투자한 데도 몰락 원인이 있었다.

감원 태풍은 조덕수 실장에게도 예외 없이 휘몰아쳐 왔고 졸지에 실업자 신세가 되고 말았다. 그는 회사 안에서 휴직자 명단이 나붙어 있는 게시판을 들여다보던 순간 기절할 뻔했다. 명목은 일시적인 휴직이었으나 40대 이상의 나이에 접어든 간부들은 알아서 나가라는 뜻이었다. 당장 실업자가 된다는 생각을 하자 나락으로 떨어지는 것처럼 아찔한 절망감이 엄습해 왔다.

명예퇴직이라는 이름으로 사직서를 던지자 당장 갈 곳도 할 일도 없었다. 하지만 방구석만 지킬 수 없어 밖으로 나돌기 시작했다. 세상이 자신만을 팽개친 느낌이었다. 일자리를 찾기 위해 여기저기 기웃거려 보았으나 놀랍게도 싸구려 막노동 이외에는 일거리가 없었다. 막노동을 하려해도 일거리를 기다리는 사람들의 줄이 언제나 길게 늘어서 있었다.

그러다가 우연한 기회에 복권방을 들락거리기 시작했고 일확천금의 꿈에 젖어 방황하는 자신을 발견했다. 경제가 불황인데도 복권 판매 업소만큼은 여전히 성업 중이었다. 전에 없던 현상이었다.

조덕수는 묘한 사행심과 경쟁심을 느꼈다. 마흔다섯 살에 45개 숫자로 게임을 한다니 마치 자신에게 주어진 절호의 기회처럼 느껴져 유혹을 뿌리치지 못했다. 예상대로 복권은 마약이었다. 그는 집에 있건 복권방에 들르건 하루 종일 숫자를 조합하기 위해 시간을 보내며 행복하고 짜릿한 연구에 몰두했다. 로또 복권 1등 당첨 확률이 사실상 제로에 가깝다는 신문 기사를 읽으면서도 믿을 수 없을 정도의 확신에 차 있었다.

하지만 당첨 결과는 늘 조덕수를 참혹할 정도로 실망시켰다. 수백만 원을 투자해 삼겹살 몇 인분을 구걸하듯 회수하다니, 생각할수록 날아간 돈이 아까웠다. 차라리 그 돈으로 강원도 산간벽지의 땅을 사 둘 걸 그랬다는 생각이 들었다. 아니면 그 동안 고생한 아내와 함께 세계 여행이라도 떠났으면 얼마나 좋았을까, 후회하기도 했다.

처음에는 언젠가는 반드시 1등에 당첨되어 대박을 터뜨릴 것이라는 희망이 있었다. 그러나 결과는 너무도 기가 막혔다. 그 동안 1000만 원을 투자했어도 1등 당첨은커녕 1만 원짜리 당첨금을 모두 합해도 100만 원을 넘기기가 어려웠다. 매번 10분의 1 토막도 건지지 못하자 조덕수는 속에서 부아가 치밀어 올랐다. 자신을 믿고 사는 가족을 생각하면 혀를 깨물어 죽어 버리고 싶을 지경이었다.

"당신, 로또 복권에 매달리는 거 다 알아요."

그런 남편의 심중을 알아챈 듯 아내가 성경을 읽다 말고 속삭이듯 말했다.

"스트레스를 풀 겸 몇 장 샀을 뿐이야."

퇴직금에서 빼돌린 비자금 1000만 원을 투자해 로또 복권을 샀으면서도 조덕수는 시치미를 뗐다. 거짓말을 밥 먹듯 한다는 생각에 가슴이 방망이질 치고 있었으나 애써 찍어 눌러야 했다. 아내가 어쩐지 의혹 어린 시선으로 자신의 눈빛만 살피고 있는 것 같았다.

"앞으론 허황한 꿈에 매달리지 말아요."

다행스럽게도 못난 남편을 용서하려는 눈치였다.

"알았어."

"예전의 성실하고 정직했던 당신을 그리워하며 나는 오늘도 하느님께 기도하고 있어요. 당신만큼은 일장춘몽에 젖어 사는 바보가 아닐 거라는 믿음이 없었다면 벌써 잔소리 좀 했을 거예요."

"정말 미안해."

조덕수는 아내를 조심스럽게 끌어안았다. 가계가 파탄 지경에 이를지도 모르는 상황임에도 남편에게 화풀이를 하지 않는 아내가 고마울 따름이었다.

그 순간이었다. 훌쩍훌쩍 우는 아내의 손에 쥐어진 성경에 눈길이 멈추었고, 손때 묻은 성경 책갈피에 너덜너덜해진 견출지가 달라붙어 있는 풍경을 목격했다. 책갈피에 작은 종이를 끼워 놔 봐야 떨어지거나 달아나 버리기 일쑤여서 아내는 오래 전부터 작은 메모지에 일일이 깨알 같은 글씨로 제목을 적은 뒤 스카치테이프를 붙여 두고 있었다. 새삼스러운 모습은 아니었지만 조덕수는 콧날이 뜨거워지는 것을 주체하지 못했다.

"여보, 성경책의 견출지를 내가 다시 달아 줄게."

아내에게 속죄하는 심정으로 조덕수는 뜻밖의 제의를 했다.

"성당에 다니며 당신과 연애하던 시절부터 아껴 온 성경책이에요. 비록 낡았지만 이 세상을 떠날 때까지 버리고 싶지 않아요."

아내가 대꾸했다.

"견출지를 대신할 수 있는 방법이 없을까?"

"왜 없겠어요. 읽던 페이지에 달라붙는 메모지를 붙였다가 필요 없을 때마다 떼어 내면 그만이죠. 이를테면 책장을 손상시키지 않고 쉽게 떨어지는 임시 접착용 메모지가 있다면 얼마나 좋을까요."

그 말이 떨어지기 무섭게 조덕수는 자신도 모르게 입을 벌렸다.

"아…!"

아내가 고개를 갸우뚱거리는 동안 조덕수는 숨을 몰아쉬었다. 왜 그런 생각을 하지 못했을까. 그래도 명색이 전통을 자랑하는 문구류 생산 업체 ㈜포스트의 기획실장 출신이 아니던가.

"당신의 아이디어를 살리면 멋진 작품이 나올 거야."

조덕수가 확신에 찬 표정을 지었다.

"정말 그럴까요? 참, 당신이 문구 생산 업체 기획실장이었다는 사실을 잊고 있었네."

아내가 고개를 주억거렸다.

"내 청춘을 바친 그 회사에 폭발적으로 팔리는 아이템 하나를 만들어 줄 생각이야. 그래서 복직 신청도 하고 특별 승진도 해야지."

그 날 꿈속에서 그는 밤새도록 메모지를 붙였다 떼었다 하는 실험을 반복했다. 그것도 하얀색의 일반적인 사무용품과 대비되는 노란색의 접착용 메모지를 매만지는 꿈이었다.

새벽 4시, 잠에서 깨어난 조덕수는 너무도 현실적인 꿈의 얼개를 떠올리며 획기적인 사무용품 '클립'의 탄생에 주목했다. 노르웨이 사람 요한 발러는 1899년 종이 클립을 발명하여 명성을 얻었다. 미국인 코넬리어스 브로스넌은 끝이 둥글고 안에 고리가 있는 '코나 클립'을 발명했다. 그 발명품은 안에 클립끼리 걸리지 않게 하는 와이어가 있어 눈(目)과 비슷한 모양이었다.

하지만 두 발명가는 많은 돈을 벌지 못했다. 클립을 대량 생산할 수 있는 기계로 특허를 취득한 회사가 거액을 거머쥐었다. 남들이 하찮게 여기는 그 특허 하나로 그 회사는 세계적인 규모의 기업으로 거듭날 수 있었던 것이다.

조덕수는 4개월 동안 책갈피 쪽지를 만드는 데 힘을 쏟았다. 그렇다고 땀의 열매가 하루아침에 열린 것은 아니었다. 연구 개발 과정은 좌절과의 투쟁이었다. 접착제가 너무 강력하여 쪽지를 떼어 내는 일이 쉽지 않기 때문이다. 오기가 발동했던 그는 종이의 일부분에만 접착제를 부드럽게 바를 수 있는 기계를 만들어 일시에 문제를 해결해 버렸다. 하지만 시제품을 손에 쥔 ㈜포스트의 영업부 직원들은 시종일관 시큰둥한 반응을 보였다.

"실장님, 흔하게 쓸 수 있는 메모지가 온 세상에 쫙 깔려 있어요. 수많은 업체들이 만만하게 만들어 살포하는 판촉 용품이 뭔지 잘 아시잖아요? 그게 바로 메모지 아닙니까?"

"실장님, 돈을 주고 접착용 책갈피 쪽지를 사는 사람이 있을까요?"

조덕수의 특허 제품을 살펴본 생산부 직원들의 반응도 피장파장이었다. 조덕수는 어쩔 수 없이 그 시제품을 사장실과 비서실, 임원 부속실로 디밀었다. 하부 조직의 비관적인 평가를 뒤집어 보려는 노력의 일환이었다.

"정말 괜찮아요. 저 같으면 늘 앞에 놓아두고 싶어요."

"훌륭한 아이디어네요. 용기를 가지세요."

며칠 뒤 다시 방문했더니 경영진과 비서들은 하나같이 흡족한 표정을

지었다. 어떤 비서는 친구들에게 선물하고 싶다는 반응을 보였다.

"사장님, 공짜로 샘플을 만들어 올 테니 대량 살포해 주세요. 그 반응을 본 뒤에 결정하셔도 늦지 않습니다."

조덕수는 배수진을 치는 심정으로 라면박스 한 개 분량의 책갈피 쪽지를 실어다 주었다. 아니나 다를까. 열흘도 안 되어 전국의 모든 대리점에서 물건을 주문하는 전화가 빗발치기 시작했다.

"조덕수 실장! 당신은 이제 옛날의 기획실장이 아니라네. 오늘부터 우리 회사의 어엿한 상무이사로 취임해야 해."

임원 부서장 연석회의를 소집한 자리에서 회장이 미소를 지으며 말했다. 몇 년 전에 구조 조정이라는 이름으로 명예퇴직을 은근히 강요하던 그 차가운 얼굴이 아니었다. 순간 조덕수는 입술을 깨물었다.

"회장님, 그 말씀 접어 두십시오. 회사 밖에서도 얼마든지 회사 발전을 위해 매진할 기회가 있습니다."

조덕수는 목에 힘을 주고 말했다.

"이 회사가 제 친정인 것만큼은 확실합니다. 하지만 충분한 로열티를 보장받지 못할 경우 제가 직접 생산 판매에 착수하거나 해외 유명 업체에 특허권을 팔 작정입니다. 회장님과 회사측에서 제 노력에 상응하는 적절한 대접을 해 주시면 그 결심을 포기할 수도 있겠죠."

그 호언과 점잖은 압력에 반기를 드는 사람은 아무도 없었다. 단지 회장과 사장이 나서서 특허권 전용 실시 계약서에 서명할 것을 요청할 따름이었다.

그 해 조덕수가 발명한 책갈피 쪽지는 한국의 전역을 강타했으며 곧이어 전 세계로 진출했다. 그 이듬해부터 수출액은 3억 달러를 돌파했고 4년 동안 국내외에서 100% 이상의 판매 신장세가 이어졌다. 5년이 지난 뒤 조덕수는 로또 복권 1등 열 번 당첨에 버금가는 재산가로 변모한 것은 당연했다.

"여보, 솔직히 말씀하세요. 그 당시 얼마치의 로또 복권을 샀나요?"

저명한 사회사업가로 변신한 아내가 짓궂은 표정으로 물었다.

"지나간 얘긴데 뭘…."

조덕수는 멋쩍게 얼버무렸다. 약 11년 전에 1000만 원어치의 로또 복권을 사서 고작 몇 만 원을 건진 사실을 실토하지 않았던 것이다.

"고백성사를 통해 하느님께 이미 다 속죄를 구했어. 그래도 궁금해?"

"그럼 됐어요. 더 이상 묻지 않겠어요."

"일확천금을 탐내며 인생 역전을 꿈꾸던 과거, 한바탕의 봄꿈처럼 헛된 신기루를 좇던 일장춘몽의 시절이 부끄러워. 돌이켜볼수록 정말 당신에게 미안해."

아내의 손목을 잡고 조덕수가 참회했다. 아내가 맑게 웃었다.

"우리가 이만큼 성공한 것도 모두 당신이 기도해 준 덕분이야."

조덕수는 아내를 보듬어 안았다.

"당신에게 기회를 준 것은 하느님의 말씀이었어요."

아내의 말은 절절히 옳았다. 조덕수는 아내의 손때가 묻은 성경의 책갈피를 넘기다 말고 두 손을 모으며 눈을 감았다. 하느님께 감사의 기도를 올리기 위해서였다.

*실제로 점착성 책갈피 쪽지 '포스트잇'을 발명한 인물은 미국 3M사의 연구원 아더 프라이였다.

유사 기술 특허 검색과 출원 방법

Q 대학교 4학년 학생으로 인터넷 관련 아이디어를 특허 출원하려고 준비 중이다. 요즘 들어 인터넷 관련 특허 출원이 급증하고 있다는데, 그 아이디어와 같은 기술이 특허 출원되었는지 확인하는 방법은 없을까? 만약 출원 사실이 없다면 어떤 절차를 밟아 국내외 특허와 실용신안을 출원하는 게 가장 저렴하고 효과적일까?

A 유사 기술에 관한 특허 출원 여부는 특허기술정보센터 홈페이지(www.kipris.or.kr)를 방문하여 검색할 수 있다. 다만 특허 출원을 했으나 아직 공개되지 않은 것은 검색 대상이 아니다. 하지만 검색 결과와 특허청의 심사 결과가 반드시 일치하지 않는다는 점에 유의해야 한다. 특허 사무소에서도 특허 검색 업무를 대행한다.

동일한 발명에 관하여 특허와 실용신안 간에 출원 종류를 변경할 수 있는 변경 출원 제도가 있지만, 인터넷 관련 특허는 주로 방법에 관한 것이어서 물품의 형상·구조 또는 이들의 조합만을 인정하는 실용신안의 대상이 될 수 없다.

국내 출원일부터 1년 이내에 우선권을 주장하여 해외 출원하면, 국내 출원일을 해당 외국의 출원일로 인정받을 수 있는 우선권 주장 제도가 있다. 각 나라별로 출원하거나 국제 특허 출원(특허협력조약; PCT) 루트를 이용하는 방법이 있고 각각 장단점이 있다.

남의 권리로 떼돈을 번 사람 – 특허 시효 만료 제품

10여 년 동안 몸담고 있던 제약 회사가 망해 버리자 그 회사 영업부장이던 강민수는 허탈했다. 회사가 부도를 내던 날, 퇴직금은커녕 마지막 월급마저 받지 못하고 물러나야 하는 신세였으니 쥐구멍이라도 찾고 싶었.

다른 제약 회사들이 부러워할 정도로 눈부시게 성장하던 회사가 문을 닫은 이유는 과도하게 지출된 로열티 때문이었다. 첨단 제조 기법이 요구되는 항암제와 항생제 등은 그 회사의 주력 상품이었는데, 외국 유명 회사들에게 매출액의 5%에 해당하는 거액의 특허권 실시료를 주다 보니 버거울 수밖에 없었던 것이다.

"그 동안 회사 경영진은 무얼 했단 말인가!"

문 닫은 공장 안에서 농성을 일삼던 직원들이 경영진을 성토하며 통곡했다. 하지만 남의 특허권을 빌려 회사를 존속 유지시키던 경영진을 원망해도 소용없는 일이었다.

"도대체 연구실에서 한 일이 뭐냐!"

눈앞의 이익에 매달려 기술 개발을 게을리 한 결과는 너무나 참혹했다. 장바닥을 훑듯 부지런히 뛰어 가며 제품을 팔아도 로열티를 주고 나면 남는 게 별로 없었으니 도산은 불을 보듯 뻔한 일이었다.

"청춘을 바친 10년 세월이 억울해. 그런 정력으로 10년 동안 복권을 사 모았어도 그보단 나았을 거야."

어느 새 일확천금에 솔깃해진 강민수는 복권방 단골손님으로 자리 잡았고 복권 판매소를 부지런히 드나들며 3개월을 보내다 보니 빈털터리가 되었다. 통장에 고이 간직해 두었던 비상금을 탕진하다 못해 현금 서비스로 받은 500만 원까지 흔적 없이 증발해 버렸다. 그렇게 돈과 시간을 탕진하고 카드빚까지 지게 되자 대책 없는 무능력자가 될 것만 같아 두려웠다.

그야말로 '똥통' 학교 출신인 데다가 대학 시절의 전공인 경영학을 써먹을 기회도 없이 나이를 먹었으므로 마땅한 일자리를 구할 방도가 없었다. 그나마 천우신조처럼 나타난 몇몇 일거리는 장래가 보장되지 않는 임시직 세일즈 분야가 고작이었다.

도리가 없었다. 당장 입에 풀칠하기 위해 마진이 괜찮다는 중소기업의 전자 제품을 팔러 다녔다. 한 달간을 뛰어다녀도 좀처럼 실적이 오르지 않자 만만해 보이는 대학 동기 동창을 불러 모아 소주를 샀다. 말이 좋아 강민수가 마련한 술자리였지 사실은 친구들이 의리를 앞세워 위로주를 사는 자리였다.

"짜아식, 10년 경력이 아깝지 않니? 그 경험을 이제부터 본격적으로 살려 보라구."

술자리를 함께 한 경영학과 동기 녀석 최혁제가 던진 위로의 말이 그랬다.

"…"

강민수가 원망이 담긴 눈빛으로 침묵을 지키자 최혁제가 술잔을 건네며 답답한 표정을 지었다.

"외국의 특허 관련 제품을 팔면서 얻은 노하우가 정말 없다는 거니?"

은행 지점장 최혁제가 신문하듯 캐물었다.

"너도 잘 알잖아? 제약 회사 세일즈맨의 경력이 대단한 건 아냐."

주눅이 든 강민수가 하소연하듯 말했다.

"답답한 녀석! 특허에도 틈새시장이 존재한다는 사실을 모르는구나."

"특허 때문에 우리 회사가 망했어. 특허로 일어섰다가 특허로 망했단 말야."

술 취한 강민수가 침을 튀겼다.

"이 바보야, 특허권엔 시효가 있어. 특허권을 독점적으로 평생 소유한다는 건 말도 안 돼. 네가 근무하던 회사에서 팔던 외국 특허 제품 중에서 시효가 만료된 것이 있나 골라 보란 말이다. 그러면 길이 열릴 거야."

"특허 만료 제품을 찾는다…, 그래서?"

"특허권 시효가 만료된 약품만 생산하여 판매하면 돈방석에 앉을 수도 있어."

"그런 약품을 찾아낸다고 될 일은 아냐. 무엇보다 내겐 돈이 없어."

"아이템만 찾아봐. 투자자를 구해 줄 테니."

은행 지점장인 최혁제가 강민수의 어깨를 두드리더니 오랜 시간의 설득 끝에 자신이 잘 알고 있다는 변리사 박찬호를 소개했다. 강민수는 그 이튿날 숙취를 무릅쓰고 박찬호 변리사를 찾아갔다.

"변리사님, 특허 시효 만료 여부를 확인할 수 있는 길이 있습니까?"
물에 빠진 사람 지푸라기 잡는 심정으로 물었다.

"물론이죠."

후덕한 인상의 박 변리사가 빙그레 웃었다.

"특허청 자료실과 한국발명진흥회를 방문하면 수수료 없이 공보를 열람할 수 있습니다. 복사가 필요한 사람에게는 실비로 사본을 제공합니다. 이 제도의 취지는 낙후된 기술이 새로운 발명의 밑거름으로 쓰일 수 있도록 하는 데 있지요. 과거에 고액의 로열티를 주고 활용한 기술도 특허 존속 기간이 지났다면 특허권을 공짜로 활용할 수 있습니다. 다만 수출할 경우 수출 대상국에서도 해당 권리가 소멸되었는지 확인할 필요가 있습니다."

"정말 그게 가능할까요? 그런 경우가 있다면 왜 다른 사람들은 그걸 활용하지 못합니까?"

강민수는 침을 꼴깍 삼켰다.

"강 형 같은 분만 몰랐을 뿐이지 다른 사람들은 벌써부터 그 재미를 터득하고 있어요. 그렇다 보니 타인의 '공개 공보'나 '공고 공보'를 기웃거리는 사람들이 의외로 많습니다. 기업의 입장에서 보면 동종 업계의 연구 개발 동향을 파악하고 경영 방침을 세우는 데 절대적으로 도움이 됩니다. 그뿐이 아니죠. 공개 공보나 공고 공보 열람을 통해 타사에 뒤쳐진 기술 개발을 피하고 불필요한 특허 출원을 방지할 수도 있을 것입니다. 공개된 기술 특허 정보는 이용하는 사람에게 따라 보약이 되기도 하고 독약이 되기도 합니다."

"남의 권리를 공짜로 활용해 성공한 사례가 많습니까?"

"많지는 않지만 찾아보면 얼마든지 있습니다. 특히 강 형이 오랫동안 일한 약품 분야에는 의외로 많은 편입니다. 따라서 공보 열람은 모래사장에서 사금을 캐는 일처럼 즐겁지요. 공짜로 남의 권리를 이용할 수 있다면 얼마나 즐거운 일입니까. 틈새시장을 공략해 보십시오. 성공 가능성은 충분합니다."

"고맙습니다. 당장 특허청 자료실과 한국발명진흥회를 찾아가 보겠습니다."

"도움이 필요할 때는 언제라도 연락하십시오."

박찬호 변리사는 공보 열람 방법과 여러 정보 수집 기능을 설명한 뒤 악수를 청했다. 강민수는 두 손으로 박 변리사가 내민 손을 감싸 쥐면서 고개를 깊이 꺾었다. 첩첩산중에서 길을 잃고 방황하다가 구세주를 만난 것처럼 감동적이었다.

"좋다. 한번 도전해 보는 거야."

실업자 강민수는 그 날 저녁 친구 최혁제 앞에서 이를 악물었다.

"네 녀석 말대로 첨단 제조 기법이 요구되는 항암제와 항생제를 중심으로 특허가 만료된 것만을 골라 볼 생각이다."

"특허 정보 검색을 하다가 막히면 박찬호 변리사가 지원해 주기로 했으니 도전해 볼 가치는 충분해. 멋진 아이템을 골라 보라구. 내가 '물주'를 알아 볼 테니."

최혁제의 우정 어린 격려 앞에서 강민수는 결국 눈물을 보였다. 며칠 뒤부터 강민수는 특허청과 한국발명진흥회 자료실로 출근하기 시작했고, 외국의 특허 정보는 박찬호 변리사의 자문을 받아 어렵사리 해결하곤 했다. 그렇게 정력과 시간을 들여 가며 석 달을 보낸 끝에 용기를 얻은 강민수는 친구 최혁제를 다시 만나 구체적으로 도움을 청했다.

"특허 시효가 만료된 아이템만 부지런히 골랐어. 하나같이 세계적으로 유명한 제약 회사에서 독점하던 특허품이지. 기회가 주어진다면 내수 시장보다는 수출에 주력할 생각이야. 지난번 약속대로 도와 줄 수 있겠지?"

"당장 필요한 초기 운전 자본이 얼마니?"

강민수의 신용과 성실을 믿었던 최혁제는 사업계획서를 면밀하게 검토한 뒤 물었다.

"20억이면 충분해. 하지만 공장과 인력이 확보된 상태에서 필요한 자금이야."

"우리 은행 거래처 사장 중에 마침 공장 부지와 건물을 확보하고 있는 사람이 있어. 그 사장을 찾아가서 브리핑하면 쾌히 승낙할 거야."

최혁제가 소개한 투자 희망자 김응규 회장은 이미 공장용 부지와 건물을 소유하고 있었기 때문에 어렵지 않게 회사를 설립했다. 주식 지분의 55%를 소유하게 된 강민수 사장은 명실공히 대주주의 위치를 차지할 수 있었다.

"돈은 신경 쓰지 말고 생산과 판매에만 주력하세요."

현금 30억 원과 부동산 등을 합하여 50억 원대의 재산을 투자한 김응규 회장은 회사 경영을 강민수에게 전적으로 위임했다. 당초 약속대로 강민수 사장은 첨단 제조 기법이 요구되는 항암제와 항생제 등을 주로 생산했고 그것도 대부분 해외로 수출했다.

회사를 설립한 지 3년도 안 되어 강민수 사장은 특허 시효 만료 제품을 만들어 틈새시장을 공략하는 마케팅 전략으로 연간 2억 달러가 넘는 수출고를 기록하기 시작했다. 국내 매출도 800억 원을 넘어선 지 오래였다. 1999년 연간 2천만 달러에 불과하던 이 회사의 수출고가 3년 만에 10배나 증가한 바탕에는 시효가 지난 남의 권리를 활용한 지혜가 깃들어 있었기 때문이다.

회사 주식을 코스닥 시장에 등록했을 때 그 주가는 액면가의 170배에 이르렀다. 강민수 사장은 대주주 지분을 일부 처분하여 400억 원대의 시세 차익을 얻을 수 있었다. 그는 그 소득의 절반을 잘라서 장학재단에 출연했고 나머지 금액으로 생명공학연구소가 들어설 빌딩 한 채를 사들였다.

"민수야, 너 돈방석에 앉았다는 소문이 떠돌던데 로또 복권 1등에라도 당첨된 거 아냐? 바른 대로 고백하시지."

동창회 석상에서 친구들이 물었으나 강민수 사장은 구체적으로 대답하지 않았다. 빙그레 웃는 얼굴로 '뒤늦게 운이 약간 좋았을 뿐'이라고 대꾸할 뿐이었다.

*이 이야기는 필자 고객들의 이야기를 토대로 각색한 가상의 시나리오다.

작은 발상이 억만장자를 만든다

　발명은 기존의 원리나 아이디어 그리고 자연의 법칙을 응용만 해도 얼마든지 가능하다. 이미 나와 있는 발명품에서 힌트를 얻으면 의외로 훌륭한 발명 아이디어를 얻을 수 있다. 발명왕 에디슨은 '남들이 수없이 사용한 아이디어를 끊임없이 찾는 습관도 발명의 시작'이라고 말했다.
　출원 전에 이미 알려진 기술은 신규성이 없어서 특허로 등록받을 수 없는 것이 원칙이다. 하지만 이미 알려진 것이라도 개량과 결합으로 기존의 것보다 더 가치 있는 새로운 효과가 나타난다면 권리를 인정받을 수 있다.
　세계 경제가 침체 일로를 걸을수록 고객 만족을 이끌어낼 수 있는 작은 아이디어에 승부를 걸어야 한다. 작은 발상이 의외로 많은 히트 상품을 내놓을 수 있다는 걸 명심해야 한다.
　미국인 월트 디즈니는 미키 마우스 만화 하나로 일약 억만장자가 되었다. 가난했던 월트와 그의 부인은 어느 날 생쥐를 보는 순간 기발한 아이디어가 떠올랐다. 자기들처럼 가난한 사람들이 보고 즐길 수 있는 생쥐의 모습을 만화로 그려내기로 작정한 것이다. 그 뒤로 전 세계에 부와 명성을 떨치던 월트 디즈니는 미키 마우스 만화의 성공 비결에 대해 '아이디어가 얼마나 위대한 것인가를 입증하는 산 교훈'이라고 스스로 평가했다.

마음의 병이 터뜨린 대박
- 생수 자판기와 종이컵

시골이 고향인 이석태는 공동 우물이 무서웠다. 곳곳에 널려 있는 공동 우물과 마주칠 때마다 예외 없이 전신의 맥이 쭉 빠져나가는 걸 느꼈다. 몇 년 전 공동 우물 때문에 아버지가 갑자기 돌아가셨기 때문이었다. 불볕더위가 기승을 부리던 그 해 여름날, 체구가 당당하고 건강했던 아버지는 농기구를 장만하기 위해 읍내로 향했다. 아버지는 읍내 장터 초입에 들어서다가 공동 우물을 발견하고 갈증을 달래기 위해 시원한 물을 실컷 마실 참이었다.

도로변의 처마 낮은 초가집들처럼 그 공동 우물도 먼지를 뒤집어쓰고 있었지만 아버지는 조금도 개의치 않았다. 어린 시절부터 논물과 개울

물을 마시며 자랐어도 아무 탈이 없다고 큰소리치던 당신이 아닌가. 아버지는 평소와 다름없이 우물물을 길어 올렸고 여러 사람들이 입을 대고 마시는 그 두레박을 기울여 벌컥벌컥 들이켰다. 그리고 아버지는 며칠 뒤부터 갑자기 병석에 눕더니 한 달 뒤 돌아가셨다.

처음엔 발병 원인을 아무도 알지 못했다. 하지만 당시 그 공동 우물을 이용하는 많은 사람들이 아버지와 비슷하게 목숨을 잃었음이 드러났다. 그 때부터 보건 당국이 그 우물물에 관심을 가졌다. 역학 조사 결과 공동 우물의 두레박을 통해 마을 사람들이 세균에 감염되었고 급성 간염에 걸렸음이 밝혀졌다. 우물 안과 두레박을 소독하거나 정갈하게 관리하는 일이 거의 없었기 때문이다.

졸지에 아버지를 잃은 이석태는 그 때부터 공동 우물 근처엔 가지 않았고, 여러 명이 함께 사용하는 두레박과 바가지 등을 철저히 기피했다. 오염된 물을 마신 사람들이 콜레라와 이질 등의 전염병에 걸린다는 사실을 알게 되면서부터 그의 결벽증은 점점 심해졌다. 하지만 중학교를 거쳐 고등학교에 진학하면서 이석태의 콤플렉스와 고민은 창조적인 발상으로 이어졌다.

"공공장소에서 언제나 시원하고 위생적인 물을 마실 수 있으면 얼마나 좋을까?"

비위생적인 물을 같은 그릇에 담아 여럿이 돌아가며 마시는 풍경을 목격하던 순간, 고교생 이석태가 형 앞에서 내뱉은 혼잣말이었다.

"옳거니! 좋은 생각이 떠올랐어."

그 순간 형 이석만이 무릎을 쳤다.

"오염되지 않은 생수를 돈 받고 파는 거야."

"형, 그 흔한 물을 돈 받고 팔다니? 대동강 물을 팔아먹은 현대판 봉이 김선달이라도 되는 모양이지?"

이석태는 형의 그 말에 비웃음을 달았다.

"바보야. 이젠 물을 사먹어야 하는 시대가 오고 있어."

놀랍게도 형은 예언자처럼 말했다.

"형, 물도 깨끗해야 하지만 바가지나 컵도 위생적이어야 해."

"물론이지. 한 번 사용한 컵은 반드시 소독하면 돼."

공대 재학생 이석만은 망설이지 않고 동생의 반짝 아이디어를 실행에 옮기기로 결심했다. 공동 우물을 마시고 돌아가신 아버지와 공동 우물 콤플렉스에 시달리는 동생의 한을 풀어 주고 싶었던 것이다.

"형, 물 한 컵을 팔겠다고 하루 종일 땡볕을 지킨단 말야?"

그 당시 길거리에는 얼음에 재운 설탕물을 팔러 다니는 냉차 장수들이 많았는데 그를 두고 한 말대꾸였다.

"두고 봐라. 내 사업은 냉차 장사와 다르다."

동생이 비웃어도 이석만은 괘념치 않았다.

"이 사람아, 동전을 넣을 때마다 자동으로 맑은 물이 나오는 기계를 발명하면 돼."

형은 장담으로 그치지 않았다. 연구실에 틀어박혀 창조적인 실험에 몰두하는 발명가처럼 밤낮을 가리지 않고 기계를 설계했고 몇 개월 뒤 시제품을 내놓았다.

"두고 봐라. 대폭발을 일으킬 것이다."

형의 호언장담은 맞아떨어지는 듯했다. 100원짜리 동전을 자동판매기에 넣은 뒤 컵을 대고 누르면 시원한 생수가 흘러나오는 방법으로 시작한 사업이었다. 수십 차례의 실패를 거듭한 끝에 생수 판매기와 위생 컵을 개발했고, 그 자판기 옆에 소독한 컵을 쌓아 놓았다가 한 번 사용한 컵은 반드시 빈 통에 넣도록 했다.

수익성보다는 판매 촉진에만 열을 올린 덕분인지 생수 자판기는 폭발적인 인기를 얻었다. 대리점을 맡겠다는 사람들의 발길도 끊이지 않아서 두 형제는 즐거운 비명을 질러야 했다. 사업 내용이 세상에 널리 알려졌고 인기가 입증되었으니 수익성을 추구하는 것만이 성공의 지름길이었다. 하지만 얼마 지나지 않아 한 가지 고민에 휩싸였다.

"컵이 문제야, 컵이!"

자판기에 사용되는 컵이 도자기나 유리로 만든 것이어서 너무 쉽게 깨지는 게 아닌가. 깨지지 않는 컵을 사용하면 될 터이지만 쉽지 않은 일이었다.

"종이로 만든 컵이면 깨지는 일은 없을 거야."

이석태는 그 말을 던지고도 대학에 입학할 때까지 해결책을 내놓지 못했다. 물에 젖으면 쉽게 찢어지는 종이의 단점을 모르는 바 아니었지만 뾰족한 대책이 나오지 않았다. 이석태는 종이의 문제점을 해소하기 위해 여러 전문 서적을 탐독하며 연구를 거듭했으나 결국 실패했다.

진퇴양난은 형의 생수 자판기 판매 사업 부진으로 이어졌다. 사업 초기에 인기를 모으던 자판기는 아무도 거들떠보지 않을 정도의 애물단지 신세가 되었다. 하루가 다르게 의욕을 잃어 가는 형을 안타깝게 바라보던 이석태는 일회용 종이컵으로 대체하면 충분히 재기가 가능할 것이라고 생각했다.

"형, 걱정하지 마. 내가 반드시 위생적이고 간편한 일회용 종이컵을 만들 테니…."

정말이지 너무도 간단한 생각이었다. 그러나 아이디어의 줄기만 간단할 뿐 실용화 단계로 나아가기 위한 연구는 쉽지 않았다. 이석태는 거의 하루도 쉬지 않고 머리를 쥐어짜면서 과학적 지식을 총동원했다.

마침내 이석태는 물에 쉽게 젖지 않는 종이를 찾아내는 데 성공했다. 그가 주목한 것은 바로 태블릿(tablet) 종이였다. 일단 일반적인 종이의 단점을 수정 보완할 재질이 발견된 이상 그 뒤의 일은 일사천리로 진행되었다. 그저 태블릿 종이를 구하여 컵 모양으로 변형시키면 그만이었다.

물에 젖지 않는 일회용 종이컵을 발명하여 특허를 취득한 이석태는 그 뒤 대학을 그만두었다. 형이 발명한 생수 자동판매기를 다시 전국 곳곳에 설치하고, 그 자판기에 도자기 컵 대신 자신이 발명한 일회용 종이컵을 보급했다. 생수뿐만 아니라 각종 음료와 커피도 판매하기 시작하자 매출액이 급격히 늘어나기 시작했다.

그렇다고 모든 일이 술술 풀린 건 아니었다. 자판기와 일회용 종이컵 보급만으로는 경영 상태가 크게 호전되지 않았고 나중에는 수익성 악화와 자금난으로 도산 위기에 직면했다. 청운의 꿈을 키우기 위해 대학까지 중퇴했던 이석태는 절망의 구렁텅이에서 헤매야 했다.

"당신의 특허권을 제대로 활용해야 합니다. 자판기에만 일회용 종이컵이 필요할까요? 부디 발상을 전환해 보세요."

그 무렵 한 젊은 자본가가 나타나 뜻밖의 제안을 해 왔다. 초기 자본금 회수가 어렵고 자금 회전이 느린 자판기 보급에 진절머리를 내던 이석태의 두 눈이 크게 떠진 것도 그 순간이었다.

"자판기 사업보다는 종이컵 생산에 주력한다면 자금을 지원할 용의가 있습니다."

그 자본가가 이석태를 쳐다보고 흰 이를 드러내며 웃었다. 발상의 전환이 성공의 지름길이란 소리는 들었으나 너무도 놀라운 아이디어였다. 행운의 여신이 바짝 다가온 것만 같아서 이석태는 몸을 부르르 떨었다.

"그… 그게 무슨 뜻이지요?"

이석태는 가슴이 뛰었지만 짐짓 멍청한 표정으로 되물었다. 그 자본가가 무슨 목적으로 접근하고 있는지 알 수 없었으나 어쨌든 돈 많은 사람이 갑자기 나타난 것은 싫지 않았다.

"이 사업은 돈만 앞세워서 되는 게 아닙니다."

잠시 머뭇거리던 이석태가 당돌하게 대꾸했다.

"그 말을 부인할 생각은 없어요. 하지만 머잖아 일회용 종이컵 시대가 올 거라는 확신이 들기 때문에 찾아온 겁니다. 종이컵만을 전문으로 생산하는 회사를 설립하는 게 어떻겠소?"

영리한 이석태는 그의 말을 알아듣고 금세 얼굴이 붉어졌다.

"특허권과 자본이 잘 결합하면 대성공을 거둘 수 있습니다. 저는 소위 '엔젤클럽'을 구성하여 사업화 성공 가능성이 높아 보이는 특허를 찾아 헤맸습니다. 우리 투자자 모임의 결단을 이끌어 내기 위해 제가 얼마나 고생했는지 아십니까?"

그 자본가는 상체를 기울이며 입가에 미소를 떠올렸다.

"좋습니다. 얼마를 대시겠습니까?"

좌절의 위기에 빠져 있던 이석태는 그 자본가의 제의를 기꺼이 받아들였다.

"초기 자본으로 우선 50억 원을 출자하죠. 회사 주식의 절반 이상을 이석태 사장님께 배정하는 조건입니다."

"지원해 주신다면 당장 회사를 설립하겠습니다."

초기 자본으로 50억 원을 내놓겠다니 마치 꿈속을 헤매는 것 같았다. 이석태와 그 자본가는 투자 약정서에 서명 날인한 뒤 법인 설립과 시설 투자를 서둘렀다.

"인류의 건강을 생각하는 기업을 탄생시키는 겁니다."

본격적인 종이컵 시판을 앞두고 두 사람은 더욱 더 의기투합했다. 회사 이름은 '주식회사 클린컵'이었고 슬로건은 간단명료했다.

"인류의 건강을 생각하는 기업이 탄생시킨 '클린컵'은 간편하고 위생적입니다."

'건강 컵'이라는 이미지로 일회용 종이컵이 일반 대중 속에 인식되자, 처음에는 호기심 많은 소수의 소비자층에게만 팔렸지만 점차 소비 범위도 확대되었다.

"인류의 건강을 생각하는 기업 '주식회사 클린컵'은 한 번 사용한 컵을 회수하여 재활용하고 있습니다."

환경 보호 운동에도 적극 동참한다는 기업 이미지를 앞세웠더니 사회적 인식도 긍정적으로 변화되기 시작했다. 그뿐이 아니었다. 하늘은 스스로 돕는 사람을 돕는다고 했던가. 일회용 종이컵 발명가 이석태에게 엄청난 행운까지 겹쳤다. 민간보건연구소에서 연구에만 전념하던 정경균 박사가 난데없이 일회용 종이컵을 위대한 발명으로 인정하는 칼럼을 발표했던 것이다.

"인간을 바이러스로부터 구하는 길은 오직 일회용 컵을 사용하는 것뿐이다."

한 번도 만난 적이 없는 정경균 박사의 주장이 그랬으니 치솟는 불길에 기름을 부은 격이었다. 시중에서 엄청난 호응을 얻으며 종이컵이 각광을 받게 된 것은 물론이었고 별다른 광고 없이 날개 돋친 듯 팔려 나갔다.

종이컵 한 가지만으로 큰돈을 모으게 된 이석태는 다시 몇 년 뒤 아이스크림을 담을 수 있는 일회용 종이 그릇을 발명했다. 그리하여 주식회사 클린컵 이석태 사장은 종이 그릇 발명 분야에서 독보적인 존재로 인정받기에 이르렀고, 그의 발명품인 종이컵은 지구촌의 음료 자판기 시대를 열었다.

종이컵의 발명은 재료 변경으로 성공한 대표적인 경우다. 일상생활에서 편리함을 좇는 인간의 마음은 언제나 새로운 수단과 방법을 원한다. 그 기대감이 바로 발명을 낳는 원동력이 되기도 한다.

흔히 말하듯 '필요는 발명의 어머니'다. 아주 작은 아이디어가 탄생시킨 세계적 발명 종이컵도 '필요'라는 인간의 기본 욕구가 자극되어 만들어진 것이다. 요즘처럼 음료 자판기의 전성시대가 가능했던 것은 종이컵의 발명이 있었기 때문이다.

하지만 종이컵과 일회용품의 출현에 따른 부작용도 심각한 수준이다. 환경오염은 더 이상 방치할 수 없는 인류의 숙제가 되어 버렸다. 문명의 혜택을 누리는 인간들이 무심코 버린 종이 한 장이 분해되기 위해서는 2~5개월의 시간이 소요된다. 일회용 컵이 분해되는 데는 자그마치 20년 이상이 걸린다. 땅속에 묻힌 일회용 기저귀가 흙으로 변하려면 최소한 100년의 세월이 필요하다. 음료수를 담는 일회용 알루미늄캔은 500년 이상의 세월이 흘러야 분해된다.

물론 일회용품이 우리에게 주는 편리함이란 이루 말할 수 없다. 그러나 분명히 깨달아야 한다. 공동체 의식 없이 개개인의 편리함만 추구하다가는 반드시 엄청난 대가를 치르게 마련이다. 그런 측면에서 지구는 한 번 쓰고 버릴 수 있는 물건이 아니란 사실을 명심해야 한다. 한 번 쓰고 버려진 일회용품들은 좀처럼 썩지 않는 쓰레기가 되어 우리 지구를 병들게 하고 있다.

*실제로 일회용 종이컵을 발명한 사람은 미국의 '휴 무어'였다.

상표의 식별력, 창조력과 차별화의 힘

누군가 개발한 상표가 특허청에 등록되려면 다른 상표와 구별되는 특징이 있어야 한다. 이를 '식별력(識別力)'이라고 부른다. 상표 자체가 식별력이 없는 경우는 상표법 제6조 제1항에 규정되어 있다. 구체적으로 보통명칭, 관용표장, 기술적 표장, 현저한 지리적 명칭, 흔한 성 또는 명칭, 간단한 상표, 기타 식별력 없는 상표 등이 있다.

상표의 등록 가능성을 높이기 위해서는 식별력 없는 상표를 가급적 피하는 것이 좋다. 그러나 부득이하게 식별력 없는 상표를 사용하려면, 도안화하거나 다른 식별력 있는 부분과 결합시키는 방법을 고려할 수 있다.

한국의 유명 브랜드들이 세계 도처를 여행하면서 국제적으로 명성을 떨치게 된 것은 '식별력'과 '브랜드 이미지 축적' 덕분이다. 그렇다. 현대는 튀는 사람과 상표에게 기회가 다가온다. 튀는 것이 있어야 세상을 바꿀 수 있다. 남보다 튈 수 있다면 승리의 절반은 저절로 굴러 들어온다. 나를 남과 차별화하는 것이 곧 경쟁력으로 발전될 수 있다.

상표의 본질은 무엇인가. 바로 너와 나를 구별하는 힘, 즉 식별력이다. 차별화하는 힘이다. 차별화는 사소한 것에서 출발한다. 기술 내용은 같아도 개성이 넘치는 디자인과 톡톡 튀는 브랜드 이름으로 경쟁자들을 앞지를 수 있다.

조금만 눈을 돌려보자. 당신을 기다리는 또 다른 '식별력'이 보일 것이다. 창조적인 한 걸음 한 걸음이 세상을 바꾼다는 사실을 명심하자.

Story

열쇠 노점상의 역전 인생
- 창문 잠금 장치

스스로 '열쇠 도사'라고 생각하는 66세의 남대박 사장이 있다. 그렇다고 대규모 열쇠 공장을 차리거나 판을 크게 벌려 돈 좀 버는 경영자는 결코 아니다.

비슷한 또래의 다른 친구들은 일손을 놓고 홀가분하게 은퇴하여 골프나 치러 다닐 나이건만 남대박 사장은 아직도 해야 할 일이 너무 많다. 사시사철 허름한 점퍼 차림에 낡은 승합차 한 대를 몰고 다니는 '열쇠 행상' 수준이어도 그 일을 포기할 생각은 추호도 없다. 열쇠 판매와 수리, 복제에 관한 한 이미 천직처럼 굳어진 지 오래기 때문이다. 돌이켜 보면 44년 동안 거의 한눈팔지 않고 그 열쇠 장사에 매달려온 셈이다.

가난한 농부의 자식으로 태어나 객지를 떠돌다가 서른네 살 늦은 나이에 결혼하여 슬하에 아들 하나 딸 셋을 두었으니 아직도 자식 농사를 마무리하지 못하고 있다. 물려받은 재산 한 푼 없고 학벌은커녕 벌어 놓은 돈도 많지 않다. 번듯한 집 한채 장만하지 못한 처지에 그저 열심히 몸으로 때워 일해야 한다는 강박관념밖에 없다.

월요일부터 토요일까지 남대박 사장은 서울 가락동 농수산물 시장 안 대형 슈퍼마켓 앞에 중고 승합차를 대놓고 부지런히 열쇠를 다듬는다. 자물통을 수리하고 열쇠를 복제하고 열쇠를 잃어버린 사람의 호출을 받아 잠긴 문을 따 주는 게 그의 일상사요 천직이다. 비록 월수입이 많아 봐야 3백만 원 남짓이지만 그 일로 1남 3녀 자식 중 한 명은 고등학교를 졸업시키고 나머지 세 명은 모두 대학에 진학시키며 세월을 버무려 왔다.

엿새 동안 일만 하다가 일요일엔 미뤄두었던 잠을 청하고 텔레비전을 보거나 소파에서 졸다가 하루해를 보낸다. 누가 봐도 남대박 사장의 주말은 허무하기 짝이 없다.

"아무 일 없이 쉴 수 있는 휴일이 있어 그나마 엿새 동안 열심히 일할 수 있단 말이야."

그처럼 멍하게 보내던 휴일이 남대박 사장에게 엄청난 행운을 안겨 주었다면 믿을 사람이 과연 몇이나 있을까. 정말 그랬다. 빈둥거리며 지내는 휴일이 그를 깊은 수렁에서 건져 주었던 것이다.

지난 2000년 설 연휴, 버릇처럼 텔레비전을 켜 놓고 졸던 중에 들려온 여자 아나운서의 목소리가 그를 긴장시켰다.

"나이 어린 중학생이 독일 발명대회에서 동상을 차지했습니다. 이 학생은 특허권을 팔아서 거금 1억 원을 벌었습니다."

정신이 번쩍 든 남대박 사장은 그 중학생의 발명품을 확인하고 자존심이 확 상했다. 아직 어린티를 못 벗은 그 중학생이 개발한 아이템은 바로 창고의 잠금 장치였던 것이다.

"이런! 스물두 살 때부터 열쇠 노점상을 시작해 44년 동안 열쇠 업계에 종사한 자칭 열쇠 도사가 미처 생각하지 못한 아이디어로 특허를 출원했다니…."

남대박 사장은 울화가 치밀었다. 평생 10여 건을 특허 출원하여 재미를 보기는커녕 실용화 한번 제대로 못 해 본 처지여서 더욱 속이 상했다.

문득 예전 일들이 떠올랐다.

"여보, 이젠 지쳤어요. 특헌지 뭔지 엉뚱한 일에 매달려 시간과 돈만 낭비하지 말고 일이나 열심히 해요. 그렇지 않으면 이혼 서류에 도장부터 찍읍시다."

딴에는 뭘 연구한답시고 출근을 미루거나 일손을 놓곤 하던 남대박 사장에게 날아온 것은 아내의 으름장뿐이었다. 고물상과 열쇠 노점상을 하며 어렵사리 모은 재산으로 알루미늄 창호 공사에 뛰어들었다가 부도를 맞고 어렵게 장만한 집까지 날려 버린 남편 앞에서 아내는 길길이 날뛰곤 했다.

"송충이는 솔잎을 먹어야 해요."

아내의 그 말은 지극히 옳았다. 20대 초반부터 리어카 행상, 노점상으로 열쇠를 판매·수리·복제하면서 알뜰살뜰 모은 목돈으로 강화 유리문 공사에 뛰어들었다가 실패했으니 할 말이 없었다.

그렇다고 그대로 주저앉아 있을 수는 없었다. 서른여덟 살에 새로 시작한 사업 때문에 곤경에 빠진 남대박 사장은 재기를 위해 몸부림쳤고 목돈을 매만질 수 있는 발명가의 꿈을 키워 갔다. 그 당시 다이얼 전화기 잠그는 장치를 개발하여 일확천금의 희망에 젖었지만 말짱 도루묵이었다.

요즘이야 실용신안 특허를 출원한 지 1년 이내에 기술 평가와 등록이 가능하지만 그 당시는 달라도 너무 달랐다. 출원하고 3, 4년이 지나야 등록증을 손에 쥘 수 있었으니 지루하기 짝이 없는 소모전이었고 등록 전에 특허권을 팔아야 한다는 생각도 미처 못 했다.

배움도 많지 않고 밑천도 짧은 데다 시장에 눈이 어두워 대량 생산은 꿈도 꾸기 어려웠다. 가내 공업 수준의 공장에서 직접 만들어 시중에 선을 보이다 보면 어느 새 무단 복제품이 대량 출하되기 시작하는 게 아닌가. 그 때부터 남대박 사장은 특허 출원을 포기하고 열쇠 노점상으로 만족하기 시작했다.

1982년이던가, 전라남도 단위농협조합에서 양곡 창고 잠금장치 시설 공사를 공개경쟁으로 발주한다는 소식을 접했을 때였다. 아이디어를 공모하여 채택되면 모든 양곡 창고 시건장치 시공에 참여할 수 있다는 것이었다. 눈과 귀가 번쩍 뜨인 남대박 사장은 그 동안 개발해 왔던 작품을 들고 보무도 당당히 현지로 달려갔다.

"특허 등록된 제품인가요?"

남대박 사장의 기술 수준과 아이디어를 높게 평가하면서도 담당자들은 좀처럼 마음을 열지 않았다. 남대박 사장은 조금도 밀리지 않고 발주 책임자들을 설득했다. 하지만 정치권의 로비와 압력에 시달리던 책임자들은 각 단위 조합이 알아서 소신껏 발주하는 것으로 결론을 내렸다.

열이 받친 남대박 사장은 그 때부터 자신의 기술 수준을 공인받기 위해 변리사 사무소를 들락거렸다. 그리고 4년 뒤 몇 건의 실용신안 특허 등록에 성공한 그는 전남 지역으로 다시 내려가 본격적인 양곡 창고 시건장치 설치를 시작했다. 하지만 기대를 걸고 뛰었으나 100여 곳의 양곡 창고에 잠금 장치를 설치하는 것으로 그치고 말았다. 이미 수많은 업자들이 들락거리며 시공한 뒤여서 지나간 버스에 손 흔드는 격이었기 때문이다.

실용신안 특허 등록증을 손에 쥐려면 3, 4년이 걸렸고 이제 됐다 싶어 판을 벌이면 늦어 있기 십상이었던 것이다. 그런 기억 때문이었는지 중학생의 특허권 판매 소식을 우연히 듣고 그는 흥분된 가슴을 주체하지 못했다.

"나이 어린 중학생이 창고 자동 잠금 장치 특허로 1억 원을 벌었대."

남대박 사장은 텔레비전 앞에서 졸다 말고 입맛을 다시며 중얼거렸다. 아내가 들으라고 일부러 뱉은 소리였고 아내가 군말 없이 웃으며 쳐다보자 용기를 얻었다.

"그건 엄연히 내 분야여. 그 동안 재미를 못 본 건 내가 무식했기 때문이라구. 그뿐인 줄 알아? 요즘은 특허 등록 기간이 무척 짧아졌어."

"돈이나 까먹지 말고 잘 해봐요, 그럼."

아내의 새삼스런 격려에 남대박 사장은 10여 년 동안 잠자고 있던 끼가 꿈틀거리는 걸 느꼈다. 이제 세상도 많이 변했고 땀 흘려 취득한 특허권을 보호하는 법적 장치가 완비됐다고 판단한 그는 틈틈이 새로운 열쇠 개발에 매달리기 시작했다.

"특허를 낸답시고 생업을 포기하면 곤란해요."

"하루 벌어 하루 사는 가난뱅이가 더 이상 물러설 곳은 없어."

아내의 조건부 양해를 얻은 남대박 사장은 1년 동안의 기술 개발 목표를 세우고 짬이 나는 대로 고민을 거듭했다. 그러던 어느 날 부부 동반 모임에서 친구의 부인이 무릎을 치며 큰소리로 외쳤다.

"큰일났네. 창문을 잠그지 않고 나왔어."

1층에 살고 있던 그 친구 부부는 몇 달 전 대낮에 침입한 절도범들에게 현금과 귀중품을 몽땅 털렸다고 했다. 그래서 그 뒤로는 문단속을 철저히 했는데 그 날 따라 창문을 잠그지 않고 외출했다는 게 아닌가.

"분명히 창문을 닫긴 했는데 잠그는 걸 잊었어. 어쩌면 좋아."

친구 부인의 안절부절못하는 표정을 넘겨보다 말고 남대박 사장은 속으로 쾌재를 불렀다. 번개처럼 뇌리를 스치는 영감이 가슴을 흔들었기 때문이다.

'창문을 닫는 순간 자동으로 잠기는 장치를 만들면 되겠군.'

정신 나간 사람처럼 중얼거리던 남대박 사장은 머릿속에 떠오르는 도면을 메모지에 적은 뒤 회심의 미소를 지었다. 창문을 닫을 때마다 자동으로 문이 잠기는 장치를 개발한다면 시장성이 충분할 것이라고 그는 장담했다. 그 날 밤부터 연구에 연구를 거듭했고 결국 그는 '창호 자동 잠금장치'와 '양방향 단속 기능을 갖춘 창문용 잠금장치' 등 8건의 특허를 출원하는 데 성공했다.

하지만 막상 특허 출원 비용 조달이 문제였다. 여러 날을 번뇌하던 남대박 사장은 무작정 대한변리사회를 찾아갔다. 무언가 돌파구가 열리겠지 하는 생각으로 변리사 명단을 뒤적이다가 낯익은(?) 이름을 발견했다. 마침 종씨로 추측되는 남호현 변리사의 연락처를 알아냈던 것이다.

"출원 비용을 일부 외상으로 해 주십시오. 반드시 갚겠습니다."

남 변리사를 면담하던 자리에서 남대박 사장은 다짜고짜 죽는소리부터 했다.

"사람이 워낙 모자라고 가방 끈도 짧고 돈마저 없습니다. 사실상 열쇠 주무르는 손재주가 제 전 재산이나 다름없어요. 적선하는 셈치고 종씨가 부디 도와주십시오. 은혜는 잊지 않겠습니다."

남대박 사장의 애절한 소리에 마음이 약해진 남 변리사는 일부 비용을 나중에 받기로 하고 출원 작업에 착수했다. 그리고 6개월 뒤 남대박 사장은 8건의 실용신안 등록증을 교부받을 수 있었다.

"여보, 두고 봐. 고생한 보람이 있을 거야."

출원 비용이 부족해 쩔쩔매던 남대박 사장은 어린애처럼 의기양양해진 표정으로 아내 앞에서 으스댔고, 그 길로 여러 업체를

방문해 가며 자신의 발명품을 설명하기 시작했다.

발로 뛴 보람이 있었던지 남대박 사장은 대구 K금속 등 3개 업체에게 특허 실시권을 주는 계약서에 서명 날인할 수 있었다. 총 8건의 실용신안권 중에서 4건을 대상으로 계약금 8천만 원에 매출액의 7%를 로열티로 받는 조건이었다.

8천만 원을 손에 쥔 남대박 사장은 들뜬 가슴으로 계산기를 두드렸다. 계약금 8천만 원. 그 동안의 월간 수입이 3백만 원이라면 단 한 푼도 쓰지 않고 2년 이상을 모아야 하는 거금이었다. 그뿐인가. 매출액의 7%를 매달 로열티로 받을 경우 현재 열쇠 행상 수입보다 많은 돈이 정기적으로 들어올 것이었다.

하지만 중소 업체에 특허 실시권을 주다 보니 계약금이 상대적으로 적은 편이었고 생산량과 판매액이 절대적으로 미흡할 것이라는 판단이 들었다. 더구나 제품의 출하 시기가 늦어져 안달이 날 수밖에 없었다. 아직 시장에 선을 보이지 않고 특허 출원 중인 열쇠 관련 실용신안 특허권 4건과 자동차 관련 실용신안 특허만큼은 시장 장악 능력이 있는 대기업을 상대로 상담을 추진할 생각을 한 것도 그 때문이었다.

'조금만 기다려라. 열쇠 도사 44년의 결실이 눈에 보일 거다.'

계약금 8천여 만 원을 모두 예금 통장에 넣던 그 날, 남대박 사장은 대학생인 두 딸 앞에서 오랜만에 호기를 부렸다.

"특허권이 눈에 보이는 재산보다 더 가치가 있다는 걸 알게 될 거다. 이제 시작에 불과해. 너희들은 학자금 걱정하지 말고 앞으로는 공부만 열심히 하거라."

학비 조달이 여의치 않아 대학을 중퇴한 외아들, 국민대학교 영문학과를 휴학중인 둘째딸, 아르바이트를 하며 어렵게 홍익대학교 미대를 다니는 막내딸을 보기가 민망했던 남대박 사장은 그 날 따라 흡족한 미소를 머금고 있었다. 1억 원짜리 즉석복권을 긁어도 세금을 공제하면 7천 8백만 원을 손에 쥔다고 했던가. 천우신조로 복권에 당첨된 사람처럼 남대박 사장은 모처럼 행복을 만끽하고 있었다.

이 세상에서 자물쇠다운 자물쇠를 처음 개발한 사람은 새뮤얼이었다. 그는 직업이 형사임에도 남들 앞에서 자랑스럽게 내세우던 취미는 발명이었다.

"나도 언젠가는 발명가로서 성공할 날이 올 거야."

허풍쟁이의 큰소리처럼 들렸지만 사실은 가능성이 충분한 장담이었다. 새뮤얼은 고장난 물건이라면 무엇이든 고쳐 내는 비상한 손재주를 가지고 있었기 때문이다. 근무하지 않는 날마다 닥치는 대로 이것저것 분해하고 조립하는 것이 그의 커다란 즐거움이었다.

새뮤얼은 경찰서 조사과로 발령을 받자마자 자물쇠에 흠뻑 빠져들기 시작했다. 자물쇠를 열고 침입해 범행을 저지른 절도 사건이 터질 때마다 온몸의 피가 거꾸로 솟구치는 느낌이 들었다. 그는 시장에서 팔리고 있는 자물쇠들을 구하여 하나하나 살펴보았다. 자물쇠들은 하나같이 엉성하고 단순하게 만들어져 부수기가 어렵지 않았다. 심지어는 어떤 자물쇠는 자기 열쇠가 아니어도 쉽게 열리기까지 했다.

"이걸 누가 자물쇠라고 만들었어? 도대체 자물쇠의 기능이 뭔데 이렇게 엉망인 거야? 마치 자물쇠를 장식으로 착각한 모양이군."

새뮤얼은 절도 현장에 출동할 때마다 분통이 터졌다. 자물쇠가 제 기능을 다해 준다면 상당량의 범죄가 줄어들 것이라고 생각했다. 자물쇠가 견고하게 만들어지지 않는 한 탐욕스런 사람들일수록 범죄의 유혹을 뿌리치긴 어려워 보였다.

"범죄는 예방이 최고가 아닌가."

새뮤얼은 견고하고 정밀한 자물쇠를 만드는 일에 도전해 보기로 작심했다. 다른 전문가에게 의존하지 않고 직접 뛰어들어 자물쇠를 만들기로 한 것이었다. 좀더 강한 철을 재료로 자기 열쇠가 아니면 절대로 열리지 않는 정밀한 자물쇠를 만드는 게 목표였다. 하지만 밤낮을 가리지 않고 뛰어야 하는 직업 때문에 마음놓고 연구에 몰두할 수가 없었다.

며칠 고민하던 새뮤얼은 결국 사표를 던지고 본격적인 연구에 들어갔다. 워낙 집요한 성격에 성실하기까지 했던 그는 불과 3개월 뒤 튼튼한 자물쇠를 발명하여 특허 출원까지 마쳤다. 그렇다고 모든 일이 뜻대로 술술 풀린 것은 아니었다.

전국 각지의 자본가를 찾아가 사업화를 협의했으나 뜻을 이루지 못했다. 새뮤얼은 배수진을 치는 심정으로 뉴욕의 번화가에 책상을 내다놓고 투자가를 기다렸다. 고생한 보람이 있었던지 좌판 행상처럼 나앉은 그에게 풍풍보 신사 한 사람이 접근했다. 그 신사의 이름은 세갈이었다.

세갈은 자신의 자본을 투자하여 새뮤얼의 발명품을 사업으로 연결시켰다. 세갈자물쇠(주)는 순식간에 세계적인 기업으로 부상했고 부사장 세갈은 새뮤얼을 사장에 임명했다. 그 같은 사례는 좋은 벗을 얻는 일이 발명을 살리는 비결임을 입증한 것이었고, 발명가와 경영자가 서로 하나가 된 성공 신화의 본보기였다.

*위 이야기는 실화로 필자의 고객이 주인공이다.

직무 발명에 대한 보상

직원이 근무하던 중에 직무와 관련하여 발명했을 경우, 이 발명이 회사 업무 범위에 속해야만 직무 발명으로 취급된다. 사전 약속이 있다면 그 권리는 회사에 귀속되고 회사는 그 대가로 직무 발명자에게 보상금을 지급해야 한다. 재직 중에 발명한 것이라도 사원의 업무와 관련이 없는 발명은 직원 임의로 처분할 수 있다.

직무 발명자가 받을 수 있는 보상금은 네 가지로 분류된다.

① 특허청에 특허 출원했을 때 새로운 기술을 창작한 노고를 참작하여 지급하는 출원 보상

② 발명이 특허청에 등록되었을 때 그 발명의 우수성과 활용 가치 등을 참작하여 지급하는 등록 보상

③ 등록된 발명을 실제 사용하는 경우 그 활용 실적에 따라 지급하는 실적 보상

④ 등록된 발명을 회사가 처분했을 경우 그 특허권의 내용과 수익금을 참작하여 지급하는 처분 보상 등이 있다.

포항제철 임직원들의 직무 발명은 세계적 수준이다. 한 해 동안 사내 직원들이 특허 출원한 직무 관련 발명 건수는 이미 수천 건을 넘어선 지 오래다. 이 중 특허청에 등록되어 당장 산업재산권으로 행사할 수 있는 권리는 25퍼센트에 가깝다. 등록된 발명 가운데 특허가 가장 많은 비중을 차지하고 있다.

이 밖에도 국가 공무원이 직무와 관련해 발명한 특허권 등 산업 재산권을 국유 특허권이라고 하며, 공무원 직무 발명 보상 규정에 따라 발명자에게 전용 실시료 수입의 일정 비율을 보상금으로 지급한다.

꼴찌가 세상을 바꾼다
― 벨크로 원단

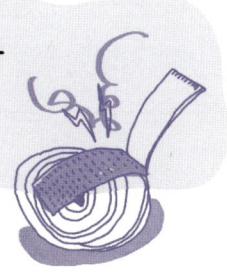

김철호는 시골 부잣집 외아들이지만 무척이나 겸손하고 선량한 학생이었다. 가난한 친구에게 자기 도시락을 아무 거리낌 없이 건네고 점심을 굶을 정도로 인간미도 따스했다. 하지만 학교 성적은 늘 꼴찌 주변을 맴돌아서 공부 못 하는 아이로 알려진 데다 장래 희망이라고 해 봐야 평범한 농부가 되는 게 고작이었다.

"별 볼일 없는 녀석!"

오죽하면 그의 아버지마저 안쓰럽다는 듯 그렇게 혀를 찼을까. 학교 성적도 늘 하위권인 데다가 특출한 재주가 없고 이렇다 할 개성도 없으니 그럴 만도 했다. 있어도 그만이고 없어도 그만인 존재에다가 도무지자기 목소리를 높일 줄 모르는 녀석 같아 아버지로선 답답하기만 했다.

"그래도 그 철호 녀석, 다행스럽게도 부잣집 외아들 아닌감."

동네 어른들은 김철호를 부러워하며 시골 부잣집 외아들로 치부했지만 실상은 별로 그렇지 못했다. 너나 할 것 없이 남의 땅을 부쳐 먹는 가난한 소작인들이 모여 살던 농촌 마을이었으므로, 열 마지기 논밭을 소유한 김철호의 아버지가 부잣집 영감으로 통하는 건 너무도 당연했다.

고교 졸업반인 부잣집(?) 외아들 김철호는 대입 준비에 매달리기는커녕 학교 시험 공부와 담을 쌓고 살았다. 그렇다고 해서 또래의 소년들처럼 컴퓨터에 미쳐 지내거나 특별한 기술을 배우려고 몸부림칠 만한 아이도 아니었다. 그저 아버지 소유의 농토를 물려받아 평범한 농사꾼이 되어도 좋다고 생각하는 소년이었다.

"제발 공부 좀 하거라."

농촌에서 고생만 하던 김철호의 아버지는 자신의 외아들이 대도시의 명문대학교에 합격하기를 원했다. 정 공부하기 싫거나 실력이 모자라면 시시한 대학교에라도 붙어 졸업장만이라도 따야 한다며 아들을 꼬드기고 있었다. 논밭 열 마지기에 부지런히 농사를 지으면 굶어죽을 이유가 없으니, 외아들이 아무 대학에만 들어가면 똑똑한 처녀를 며느리로 맞아들일 수 있을 것이라고 기대했기 때문이다.

하지만 김철호는 부모님의 기대가 모아질수록 엇나가기 시작했고, 학교에서 돌아오면 그 길로 곧장 책가방을 집어던지고 집을 나가기 일쑤였다. 부모님이 대개 바깥일을 나가고 없어서도 그랬지만, 집안 어른들과 마주치기라도 하면 듣기 싫은 그 소리, 공부하라는 잔소리가 기다릴

게 뻔했기 때문이다.

그 날도 김철호는 자전거를 끌고 해질녘 시골 풍경을 감상하면서 들꽃과 들풀을 관찰하는 재미에 빠져 있었다. 그 짓마저 시시해지면 채취한 야생 식물의 잎이나 꽃들을 집에 가져가 현미경으로 들여다보곤 했다. 그럴 때마다 그는 고향 마을 앞에 세계 최대 규모의 야생 식물원을 조성하겠다는 자기만의 꿈을 키워 나갔다.

김철호는 농부가 되어 죽을 때까지 고향 마을에 살면서 새벽을 비롯해 아침·오전·오후·저녁·밤·한밤의 순간순간이 그려 내는 갖가지 풍경화를 즐기는 게 소원이었다. 그 거짓 없는 자연의 품안에 안겨 정겹게 땀 흘리며 땅을 일구는 행복한 농사꾼이 되고 싶었다.

그 날 누렁이와 함께 산에서 신나게 놀고 돌아오던 김철호는 바지와 누렁이의 털에 달라붙은 어떤 열매들을 떼어내느라고 고생을 했다. 옷가지나 동물의 털에 붙어 좀처럼 떨어지지 않는 그 열매들의 대단한 끈기와 집착에 놀라서 그는 중얼거렸다.

"이 녀석들을 현미경으로 관찰하면 매우 흥미로울 거야."

김철호는 옷에 달라붙은 그 열매들을 떼어 내다 말고 묘한 느낌에 사로잡혔다. 이렇게 진드기처럼 달라붙는 녀석들의 이름은 무엇일까. 마을 어른들에게 물었더니 '쇠무릎지기'의 열매라는 게 아닌가. 몹시 궁금했던 그는 집에 가자마자 국어사전을 펼쳤다.

쇠무릎지기:비름과에 딸린 여러해살이풀. 줄기는 네모지고, 쇠무릎처럼 통통한 마디가 있으며, 8~10월에 녹색 다섯잎꽃이 줄기 끝이나 꽃줄기에서 벼이삭처럼 핀다. 열매

에는 가시가 있어 사람의 옷에 잘 붙는다. 뿌리는 이뇨·강장·해열제로 쓰고, 줄기와 잎은 해독제로 쓴다. 줄여서 쇠무릎이라고 부르거나 동양의학에서는 우슬(牛膝)이라고 부르기도 한다.

그토록 끈끈하게 매달리던 쇠무릎지기의 열매를 현미경으로 들여다보았다. 열매의 표면에 작은 갈고리들이 질서정연하게 돋아나 있는 게 선명히 보였다. 들판에 널려 있는 식물성 열매가 지퍼처럼 만들어져 동물의 털과 모직 의류에 달라붙는 게 놀랍기만 했다. 그 열매의 모양과 특성을 잘 살린다면 지퍼와 단추, 벨트, 뚜껑 등에 못지않은 기발한 잠금 장치를 만들 수 있겠다는 엉뚱한 상상을 한 것도 그 순간이었다.

구멍에 고리를 걸어 채우거나 끈으로 불편하게 동여매야 하는 허리띠를 대신하여 서로 접촉하는 순간 붙어 버리게 한다든지, 일일이 구멍에 단추를 끼우는 절차를 생략하고 모직 의류가 접촉하는 즉시 단추나 지퍼처럼 채워진다든지, 가방을 닫고 채우기 위해 힘들게 고리를 연결하는 대신 뚜껑을 닫는 순간 모직이 서로 붙어 버리는 잠금 장치를 개발하면 무척이나 유용할 것만 같았다.

"선생님, 제 아이디어를 소개할 테니 도와주십시오."

그 이튿날 김철호는 과학 담당 선생님을 찾아가 머릿속에서 영화의 한 장면처럼 맴돌던 아이디어를 설명했다. 쇠무릎지기의 빨판 같은 흡착 시스템을 그대로 살릴 수 있다면 멋진 발명품이 탄생될 것이라는 말도 잊지 않았다.

"선생님, 지도를 부탁드립니다."

별 볼일 없는 녀석으로서 공부도 못
하는 꼴찌 제자의 엉뚱한 발상에 귀를
기울이고 있던 선생님은 정신 나간
사람처럼 벌떡 일어서더니 김철호
의 등을 거칠게 두드렸다.

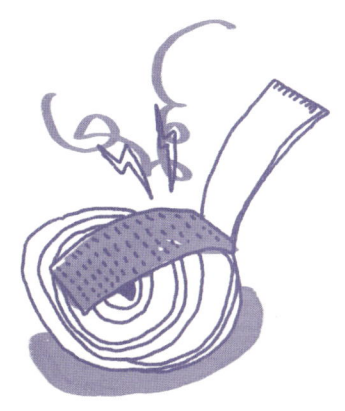

"시작이 반이다. 성공할 가능성이
매우 높아."

"선생님, 정말 가능할까요?"
김철호가 두 눈을 반짝이며 물었다.

"그 찍찍이 원단의 개발에 성공하면 그 용도는 무궁무진할 거다."
마치 개발에 성공한 것처럼 선생님은 김철호 이상으로 흥분했고 '찍
찍이 원단' 이라는 이름까지 작명해 주었다.

"하지만 그걸 완성시키려면 많은 연구개발비가 필요할지도 모른다."

"선생님께서 우리 부모님을 설득시켜 주세요. 은혜는 평생 잊지 않겠
습니다."

"알았다. 네 부모님을 만나러 가자."
하루 종일 곁을 떠나지 않고 사정하는 제자의 끈기에 선생님은 두 손
을 들고 말았다. 신이 난 김철호는 자전거에 선생님을 태우고 집으로 달
렸다.

"제가 보기에 김철호는 결코 열등생이 아닙니다. 제가 판단하건대 놀
라운 아이디어를 가진 훌륭한 학생으로 장래가 촉망됩니다. 따라서 특
유의 창의력을 발전시킬 수 있는 토양이 필요합니다. 반드시 부모님의

지원이 있어야 이 녀석의 성공이 가능합니다. 관심을 기울여 주시는 것도 중요하지만 우선 자금 지원이 필요합니다."

제자의 손에 이끌려온 선생님은 부모님을 설득했고, 선생님의 격려와 협조에 힘입어 김철호는 부모님의 자금 지원까지 받을 수 있게 되었다.

다른 친구들이 문제지와 정답을 달달 외우며 입시와 취업 준비에 몰두하는 동안, 공부 못 하는 김철호는 밤낮을 가리지 않고 관련 서적을 독파하며 연구에 매달리기 시작했다. 합성섬유 나일론에서 찍찍이 원단을 뽑아내는 기계를 만들면 만사가 술술 풀릴 것만 같았으나 해결책이 쉽게 떠오르지 않았다.

"더 좋은 방법이 없다면 전문가의 도움을 받는 일이 가장 **빠른** 지름길이다."

선생님의 결론이 그랬다. 그 때부터 김철호는 선생님의 소개로 어떤 교수를 찾아가고 원단 제조 회사를 방문하여 전문가들의 자문을 구하곤 했다. 비협조적인 기술자나 시큰둥한 반응을 보이는 어른들을 만나면 며칠이고 찾아가 사정하며 선물 공세를 펼쳤다.

마침내 김철호가 그 찍찍이 원단을 개발하고 그 원단을 제조하는 기계의 설계도까지 완성하여 특허를 출원했을 때는 그의 나이 불과 스물셋이었다. 특허 출원 번호를 받던 날 김철호의 두 눈에 이슬이 맺혔다. 남들이 보기에 비록 5년이란 짧은 세월이었지만 막다른 골목에 몰린 쥐처럼 좌절감을 곱씹은 순간들이 너무 많았다.

"얘야, 이러다간 우리 식구 모두 거지 되기 십상이다."

아들의 발명을 돕기 위해 농토를 담보로 농협에서 거액을 빌려야 했던 아버지는 파산의 공포에 시달려야 했다.

"지금도 늦지 않았다. 그 짓은 이제 그만두고 다른 길을 찾아보자."

어머니마저 중도 포기하라고 사정할 정도였다.

"정신병자 아들을 두는 바람에 괜한 일에 미련을 버리지 못하고 알거지가 되는 게 아니야? 지금이라도 정신 바짝 차리고 농사나 열심히 지으라구."

마을 사람들이 이구동성으로 혀를 찼지만 그럴수록 아들은 한눈팔지 않고 여러 전문가들을 만나기 위해 뛰어다녔고, 부모님은 허리띠를 졸라맸다.

"이 찍찍이 원단은 지퍼, 단추, 벨트, 레이스 버클, 덮개 등의 멋진 대용품이 될 수 있습니다. 이 원단을 단추 대신 부착하면 몸이 불편한 노인이나 코흘리개들도 혼자서 쉽게 옷을 입고 벗을 수 있습니다."

스물세 살의 청년 김철호는 직물 회사를 방문하여 열변을 토했다.

"기대하십시오. 머잖아 세상이 바뀝니다. 구두의 끈, 바지의 단추나 지퍼, 스커트의 지퍼 등도 머잖아 이것으로 대체될 것입니다."

그 발명품이 의류 업체의 관심을 끌기 시작하는 순간부터 김철호는 더 이상 정신병자가 아니었다. 그는 다양한 업체에 특허 실시권을 주는 조건으로 계약금과 로열티를 받아 가며 20대 나이에 백만장자라는 소리를 듣게 되었다.

김철호는 직접 자본을 투자하여 회사를 설립했고 찍찍이 원단을 부착한 어린이용 지갑과 책가방을 생산하기 시작했다. 그 제품들이 불티나듯 팔리는 데 용기를 얻은 그는 시계 줄, 수술 가운, 파카, 혈압 측정기,

어린이용 안전 용품 등의 생산에도 관심을 기울였다. 그 결과 김철호는 특허권을 파는 데 만족하지 않고 직접 생산하여 공급하는 공장을 속속 건설함으로써 유명한 대기업 경영자로 성장할 수 있었다.

작은 아이디어 하나로 재벌의 반열에 오른 김철호 회장은 이익을 사회에 환원하는 일에 거의 반평생을 바쳤다. 고향 마을 사람들에게 주택 신축 자금과 자녀 학자금 등을 무상 지원한 것은 시작에 불과했으며, 고향 인근의 도청 소재지에 학교 법인을 설립하고 중학교·고등학교·대학교를 지어 사실상 전 학생의 무상 교육을 실현했다.

"실력도 능력도 없던 내가 부모님의 소원대로 이웃들에게 휘둘리며 그럭저럭 대학에 진학했더라면 죽도 밥도 안 됐을 거야. 부모님과 이웃의 반대를 무릅쓰고 소신껏 정직하게 내 길을 갔기 때문에 그나마 작은 성공을 이룩했던 것이지."

고향 마을 앞에 소년 시절의 꿈인 대규모 야생 식물원을 준공하던 날, 김철호 회장이 유명 일간지 인터뷰에서 밝힌 성공의 비결이었다.

"꿈은 작게 가졌지만 그 꿈의 몇 배에 해당하는 노력을 했던 젊은 시절 때문에 나는 오늘 이처럼 보람 있는 사업을 벌일 수 있게 된 거야."

청소년을 위한 도서관과 사이버 시청각 회관의 준공 테이프를 끊던 현장에서 김철호 회장이 남긴 말이었다. 꿈은 작게 가졌지만 그 꿈의 몇 배에 해당하는 노력을 했다는 그의 회고담이 그 자리에 참석한 청소년들을 감동시킨 건 물론이었다.

"꼴찌가 세상을 바꾼다."

늘 꼴찌를 맴돌던 김철호 소년의 성공을 두고 공부 잘 하던 친구들이

던진 덕담이 그랬다. 김철호 회장은 생전에 자서전을 한 권 남겼는데, 그 책의 제목 역시 '꼴찌가 세상을 바꾼다'였다.

*실제로 찍찍이 원단 '벨크로(Velcro)'를 개발한 인물은 '조지 드 메스트랄'이었다.

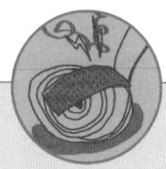

특허와 관련되지 않은 분야는 거의 없다

실용신안이나 발명 중에서 완전히 독창적인 것은 없다. 대단히 독창적인 아이디어라고 평가되더라도 자연 법칙에 어긋나는 것은 특허가 되지 않는다. 따라서 독창적인 발명은 실질적인 모방에서 출발한다고 할 수 있다.

하지만 원숭이 흉내 수준이거나 남의 권리를 침해하는 등 파렴치한 것들은 당연히 독창적인 모방에서 제외된다.

새롭고 우수한 아이디어는 우리 주변에 널려 있다. 발명은 전혀 존재하지 않던 것을 만들어 내는 행위에 국한되지 않는다. 불편한 것을 편안하게, 엉성한 것을 단단하게 개량하는 것도 중요한 발명이다.

더하고, 빼고, 모양을 바꾸고, 반대로 생각하고, 용도를 바꾸고, 남의 아이디어를 빌리고, 크게 또는 작게 만들고, 폐기물을 이용하고, 재료를 개선하는 것도 발명이다. 첨단 기술에 의한 것만이 발명은 아니다.

발명은 인류의 생활에 도움이 되는 것으로 아직까지 없던 새로운 기계나 물건을 만들어 내는 기술적 창작이다. 따라서 새롭고, 현재보다 진보되고, 대량 생산이 가능해야 비로소 발명으로 인정된다.

특허 제도는 발명자의 창작물을 보호하는 방안의 하나로서 발전을 거듭하고 있다. 인간 생활 구석구석에 걸쳐 특허와 관련되지 않은 분야는 거의 없다고 해도 과언이 아니다.

Story 8

수줍음 많은 소년의 성공

- 지우개 연필, 십자 나사못

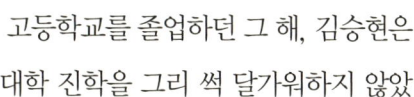

고등학교를 졸업하던 그 해, 김승현은 대학 진학을 그리 썩 달가워하지 않았다. 드러내 놓고 진학 포기를 선언한 것은 아니었지만, 어딘지 마음 한 구석이 찜찜한 듯 결단을 자꾸 미루고 있었다. 선택의 여지없이 명문 대학의 좁은 문이라는 똑같은 목표를 향해 경쟁하는 달리기 시합이 싫었다.

대학에 가지 않고도 성공할 수 있다는 사실을 보여 주는 게 김승현의 꿈이었고 그의 관심은 다른 데 있었다. 수줍음 많고 내성적이지만 얼렁뚱땅 넘어가는 걸 못 견디는 소년 김승현은 미술에 남다른 재능과 집착을 보였다. 하지만 미술 대학 진학을 반대하는 부모님을 의식했던 그는 독학으로 새로운 길을 열고 싶었다.

김승현은 고교를 졸업하자마자 방 안에 틀어박혀 그림을 그리는 걸 일상의 기쁨으로 삼았다. 가슴이 답답해지거나 예술적 상상력이 고갈될 때는 거리에 나가 행인들의 초상화를 그려 주며 돈을 저축하기 시작했다. 꿈에도 그리던 자기만의 화실을 마련하기 위해서였다.

그러던 어느 날 손에 쥔 연필을 바라보며 어떤 상상에 잠겼고 연필이 발명된 과정을 궁금하게 생각했다. 우울한 마음을 달랠 생각으로 발명에 관련된 책을 구해 읽었으며, 그저 단순한 호기심에서 출발한 관심을 연필에 집중시켰다.

인간이 연필과 비슷한 물건으로 기록을 남기기 시작한 것은 약 2천 년 전이다. 그리스 로마에서 원판 모양의 납덩이로 노루 가죽에 기호를 표시한 것이 시초라고 전해진다. 14세기경 이탈리아에서 납과 주석을 혼합한 연필심을 나무판에 끼움으로써 실질적인 연필의 역사가 열린 것으로 알려져 있다.

1564년, 영국 캠브리아 산맥의 포르 딜 계곡에서 질 좋은 흑연 광산이 발견되었다. 영국인들은 그 흑연을 나무쪽에 끼워 쓰거나 종이로 감싼 뒤 실로 칭칭 감아 사용했다고 한다. 흑연을 연필심으로 사용했다는 점에서 근대적 의미의 연필이 탄생된 것이었다.

그 뒤 1716년 독일 슈타인에 설립된 연필 제조 공장이 본격적으로 연필 품질의 발전에 앞장 서기 시작했다. 하지만 1789년 프랑스 혁명이 일어나자 영국은 프랑스에 대한 흑연 수출을 중단해 버렸다. 이즈음 프랑스의 화가 니콜라스 자크 콩테가 흑연과 진흙을 혼합하여 나무껍질을 씌운 연필을 발명했는데 이것이 현대적 연필의 진정한 시초라고 할 수 있다.

콩테는 그림을 그리던 중에 자꾸 부러지는 숯 덩어리를 좀더 좋은 것으로 바꿀 수 없을까 고민하다가 독일의 어떤 연구 논문에서 흑연을 필기구로 사용했다는 대목을 읽었다. 흑연을 사용하여 미술 도구뿐만 아니라 새로운 필기구도 만들 수 있겠다고 생각한 것도 그 순간이었다.

며칠 동안 고뇌하던 콩테는 마침내 얼굴에 미소를 머금었다. 곧바로 실험에 착수했고 그의 화실은 연구실로 바뀌었다. 우선 연필심을 만드는 일에 열중했지만 예상과 다르게 그 작업은 실패의 연속이었다. 무엇보다 여러 날 흑연을 햇볕에 말려도 계속 부서지기 때문에 연구는 제자리걸음을 반복했다.

콩테는 무척 난감해져서 더 이상 연구하고 싶지 않았다. 그가 만든 흑연은 그림을 그리거나 작업을 하기에는 너무나 부적합했다. 가장 중요한 문제는 흑연에 일정한 강도를 유지하는 것이었지만 새로운 방법을 시도한 결과는 언제나 실패였다.

그렇게 절망 속에서 몸부림치던 어느 날, 콩테는 저녁을 먹던 중에 무심코 접시를 만지다 말고 자리에서 벌떡 일어섰다. 금방이라도 미해결로 끙끙 앓던 문제의 해답이 떠오를 것만 같았다.

"그래, 흑연을 접시처럼 불에 구워 만들어 보자."

접시처럼 불에 구우면 흑연이 딱딱해질지도 모른다는 생각이 들자 콩테는 바로 작업에 들어갔다. 흑연과 흙을 섞어 버무린 반죽을 불에 구웠더니 추측대로 그 실험은 대성공이었다. 콩테는 가마 안에서 검게 빛나는 단단한 흑연 막대기를 끄집어 냈다. 미리 준비한 막대기의 홈 속에 차근차근 끼워 넣고 적당한 크기로 잘랐다. 그 때가 1795년, 비로소 쓰기 편리한 연필이 탄생되던 시기였다.

유럽의 일부 지역에선 16세기부터 흑연을 연필처럼 사용하여 문서를 작성했다. 하지만 자주 부러지는 데다 손을 더럽히는 단점이 있었다. 18세기에 이르자 독일의 파벨이 석흑(흑연의 원석)을 가루로 만들어 반죽하는 방법을 고안하여 한 단계 발전시켰다. 석흑에 유황을 섞어 가열해 보니 손에 묻어나지 않고 적당히 단단해지는 데 용기를 얻었다.

기쁨에 들떠 있던 파벨은 그 때부터 연필심을 감쌀 물건을 고안하기 시작했다. 종이에 싸는 방법을 찾아보기도 하고 철판에 심을 꽂아 보기도 했으나 마음에 들지 않았다. 그래도 포기하지 않고 부단히 실험을 거듭했다. 마침내 바펠은 목판에 골을 파고 그 속에 석흑과 유황을 섞어 가열한 심을 넣는 방법으로 연필을 만들었다.

연필을 발명하여 돈방석에 앉은 콩테와 파벨의 실화를 읽으며 김승현은 부러움을 금치 못했다. 특허를 받기 위해 심오한 연구를 한 것이 아니라 그저 생활의 불편함을 개선하려는 노력이 위대한 발명으로 이어졌다는 사실이 놀랍기만 했다. 언젠가 라디오에서 어떤 발명가가 들려 준 이야기가 뇌리를 스친 것도 그 순간이었다.

"여러분, 여러분의 주위를 둘러보세요. 불편한 것들이 널려 있습니다. 이 불편함이 바로 여러분이 손에 쥐고 싶어 하는 지식재산의 원천입니다. 불편하다고 투덜댈 것이 아니라 그 불편함을 개선하기 위해 작은 노력이나마 기울여 봅시다. 그 작은 노력이 여러분의 인생을 바꾸어 놓고 여러분의 이웃들을 편하게 살도록 도와 줄 것입니다. 불편한 것과 필요한 것은 발명의 어머니입니다."

김승현은 전 세계적으로 애용되는 그 연필을 다시 한 번 개선시키고 싶은 생각이 굴뚝같았다. 늘 연필과 지우개를 사용하여 그림을 그리다 보니 여간 불편한 게 아니었다. 지우개를 찾기 위해 시간을 허비하곤 하는 게 안타까워 구멍을 뚫은 지우개를 실로 매달아 놓아도 불편하긴 마찬가지였다.

이젤 앞자리에 부착된 선반 위에 지우개를 놓으면 금세 바닥으로 떨어져 사라졌고, 책상 위에 올려놓으면 어지럽게 널린 도화지들 틈에 끼어 숨바꼭질을 해야 했다. 화가 난 김승현은 아예 지우개에 구멍을 내었고 실로 묶어 이젤에 매달아 놓았다. 하지만 지우개가 금세 조각으로 변하는 통에 그 방법도 포기할 수밖에 없었다.

그 날도 김승현은 여느 일상처럼 스케치에 열중하고 있었다. 이미 반으로 조각난 지우개를 눈에 잘 띄도록 책상 위에 놓고 열심히 그림을 그렸다. 그러던 중에 스케치가 맘에 들지 않자 손으로 책상을 더듬어 지우개를 찾았다. 그러나 방금 전에 사용했던 지우개는 온데간데없이 사라지고 도화지만 손에 잡혔다. 지우개가 없어 스케치가 중단되는 순간부터 절로 짜증이 났다.

방 안 구석구석을 한참 뒤진 끝에 지우개를 찾은 김승현은 아예 왼손에 지우개를 움켜쥔 채 그림을 그렸다. 항상 손에 쥐고 있어 잃어버리지 않는 연필처럼 지우개도 손에 들고 있으면 달아나지 않으리라는 생각에

서였다.

하지만 그 짓도 쉬운 일은 아니었다. 어느 정도 시간이 흐르자 손바닥이 땀으로 범벅이 되었고 축축해진 지우개가 도화지를 지저분하게만 할 뿐 제대로 지워지지 않았다.

그렇게 신경을 쓰며 보내던 어느 날, 김승현은 거울 속에 비친 자신의 모습을 보다 말고 아이디어를 떠올렸다. 금방이라도 그 영감과 멋진 발상이 완성된 물건으로 연결될 것만 같았다. 그는 탐험가처럼 모자를 쓴 자신의 모습을 쳐다보며 소리쳤다.

"그래! 연필에게 모자를 씌우자. 지우개 모자를 씌우는 거야!"

김승현은 그 반짝 아이디어를 잊어버리지 않으려고 메모와 스케치를 계속하면서 흥분하기 시작했다. 분신과 다름없는 연필과 지우개를 서로 합칠 수 있다면 여러모로 편리할 것만 같았다.

"지우개를 연필에 매달아 두거나 붙여 두면 지우개를 찾기 위해 씨름할 필요가 없을 것이 아닌가!"

김승현은 더 이상 안성맞춤일 수가 없다는 생각에 미치자 신이 났다. 그 순간부터 그는 그림 그리기를 멈추고 아주 색다른 연필의 개발에 착수했다. 마침내 그는 양철 조각을 사용하여 지우개를 연필에 고정시킬 수 있었고 발명이 완성되자마자 특허 출원을 서둘렀다.

김승현의 예상은 적중했다. 특허가 등록되기 전에 20대 청년 김승현은 특허권을 팔아서 꿈에도 그리던 화실을 장만할 수 있었다. 이에 그치지 않고 그는 가난한 부모님에게 3층 상가 건물을 사 드림으로써 효자 노릇을 했다. 세계 각처의 제조업체들에게 수십억 원의 계약금과 연필

매출액의 5%를 사용료로 받는 조건으로 특허권을 팔았기 때문이다.

그뿐이 아니었다. 김승현은 라디오를 고치던 중에 더 획기적인 아이디어를 떠올렸다. 드라이버를 사용해 라디오 안의 나사못을 돌리던 그는 화가 나서 짜증이 났다. 나사못에 파여진 일(一)자 홈이 어느 새 뭉개져 버려 단단히 박힌 그 나사못을 도저히 빼낼 방법이 없었다. 이리저리 궁리하던 그는 나사못에 가로 선을 한 개 더 만들어 그 나사못을 어렵지 않게 뺄 수가 있었다.

그 경험을 그대로 간과해 버릴 김승현이 아니었다. 화선지에 십자나사못과 십자드라이버를 스케치한 그는 그 이튿날 당장 변리사를 찾아가 특허를 출원했다.

"나사못이 십자이다 보니 드라이버도 십자로 만들어야 합니다."

한꺼번에 두 가지의 특허를 출원하면서 김승현은 노파심을 잃지 않았다.

"동시에 두 가지 특허가 나왔군요. 놀라운 발명입니다."

변리사는 자기 일처럼 흥분했다.

"국제 특허를 서둘러야 합니다."

김승현은 변리사의 권고대로 세계 각국에 특허를 출원했고, 그 특허의 사용 대가로 받은 어마어마한 돈으로 더 큰 부자가 되었다.

지우개 달린 연필, 십자나사못과 십자드라이버 등 하잘것없어 보이는 발명으로 돈방석에 앉은 김승현 회장은 대부분의 재산을 사회에 환원한 뒤 아담한 화실과 미술관을 마련하는 등 문화생활을 즐기며 행복한 노후를 보냈다. 남들처럼 대학에 진학하여 열심히 배우지는 않았어도 김 회장은 성공적인 삶을 살았던 것이다.

*실제로 지우개 달린 연필을 발명한 인물은 미국 필라델피아의 소년 '하이만'이고, 십자나사못을 발명한 소년은 미국의 '필립'이었다.

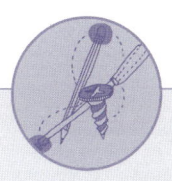

다양한 분야 창작물, 특허로 보호하자

산업재산권은 특허권, 실용신안권, 디자인권에 상표권을 총칭하는 말이다. 산업재산권은 공업 분야뿐만 아니라 상업, 농림업, 수산업, 광업 등 모든 산업 분야와 관련이 깊다.

예컨대 특허는 포도주, 곡물, 엽연초, 과실, 가축류, 광물, 광천, 맥주, 화초, 곡분 등 일체의 제조품 또는 천연 산물에도 적용된다. 결국 식물, 동물, 미생물, 음식물, 커피나 담배 같은 기호물도 특허 대상이 된다.

매우 다양한 분야에서 창작물은 특허로 보호받을 수 있다. ▶기계, 물품, 조성물이나 이들과 관련된 방법과 기능적인 용도는 특허권으로 ▶물품의 형상이나 모양 또는 디자인은 디자인 특허권으로 ▶무성으로 반복 생식할 수 있는 변종 식물은 식물 특허권으로 ▶상품의 이름, 심벌, 서명, 단어, 입체적 형상, 책제목, 보컬그룹 이름, 악단 이름, 사람 이름, 상점이나 회사 이름 등은 상표권으로 ▶서적, 시, 연설, 녹음, 컴퓨터 프로그램, 미술, 동상, 그림, 만화, 레이블, 무언극, 안무 저작물, 사진, 그래픽 저작물, 영화, 비디오테이프, 지도, 건축 도면, 예술적인 장신구, 게임판, 게임 판 상자, 게임 지침서 등은 저작권으로 ▶일반적으로 알려지지 않은 것으로서 사업상 이점이 있거나 상업상 유용한 정보, 예컨대 화학식, 아이디어, 테크닉, 노하우, 생산 방법, 경영 기법, 고객 명단 등은 영업비밀로 법적 보호를 받는다.

생명공학(바이오테크)에서 유전자를 이용한 발명도 특허 대상이 된다. 박테리아부터 고래까지 새로운 생명체를 특허로 만드는 것이 생명공학의 현주소다. 활발한 연구 끝에 슈퍼옥수수, 슈퍼미꾸라지, 복숭아, 미생물 등도 특허로 등록되는 세상이다.

절망을 희망으로 바꾼 이혼녀
– 수정액

방황과 좌절감 속에서 억지로 견디는 나날이었다. 스물일곱 살 나이에 남편과 이혼했다는 사실보다도 삶의 무게처럼 달랑 남은 아들 하나가 계속 마음을 아프게 했다. 아홉 살 난 철부지 아들 때문에 마음이 안정되지 않았고 직장 근무 중에도 실수 연발이었다.

"네스미스, 오타가 너무 많아."

사장의 그 말은 해고 예정 사실을 미리 통보하는 으름장처럼 들려 왔다. 어린 아들을 키우기 위해서는 목숨보다 소중한 직장이 아닌가. 이러다간 결국 밀려나고 말지…. 잦은 실수가 마침내 해고 위기로 몰아갈 것만 같았다.

"이런 식으로 계속 실수하면 함께 일하긴 어려울 거야. 제발 정신 좀 바짝 차려!"

어느 날부턴가 짜증 섞인 호통에 협박이 묻어났다. 말이 좋아 비서지 타이핑이라는 단순 노동으로 혼자 어렵게 벌어 아들을 양육하고 최저 생계를 꾸려야 하는 베트 네스미스에게 늙은 사장의 꾸지람은 위험 수준을 넘어서고 있었다.

"사장님, 새로 나온 타자기여서 그래요. 곧 좋아질 거예요."

아무렇지도 않다는 듯 침착하게 대꾸했지만 가슴은 쉬지 않고 콩닥거렸다. 취직을 위해 수동식 타자기로 타자 능력을 기른 처지에 생면부지의 전동 타자기로 작업을 하다 보니 오타가 너무 많아 서류는 엉망이 되곤 했다.

배운 기술이 전혀 없고 행정 경험도 부족했던 네스미스는 이혼하면서 어쩔 수 없이 타이피스트로 취직하여 입에 풀칠을 해야 했다. 짬이 나는 대로 열심히 타자 연습을 해 보지만 새로 등장한 전동 타자기에 익숙하지 않았던 그녀는 오타가 많이 나는 바람에 종종 식은땀을 흘리곤 했다. 흔히 쓰이는 고무지우개로 아무리 공들여 문질러도 실수한 흔적이 그대로 남아 있어 애간장을 태워야 했다.

그러던 어느 날부터 네스미스는 고무지우개를 대신할 만한 수정 수단이 없을까 고민하기 시작했다. 두드리면 열린다고 했던가. 며칠 뒤 그녀는 이웃집의 페인트 공사 현장을 우연히 목격하던 순간, 전신에 전류가 흐르는 걸 느꼈다.

"옳지! 새하얀 수성 페인트로 오타를 감추면 되겠구나."

그녀는 망설이지 않고 이웃 사람에게 다가가 하얀색 수성 페인트를 조금 얻었다. 오타를 지우고 실수를 감추는 데 사용해 볼 생각이었다. 사무실로 들어간 그녀는 페인트를 담을 작은 병을 찾던 중에 다 쓰고 버린 매니큐어 병을 발견했다. 페인트를 그 작은 병에 담은 그녀는 오타가 생길 때마다 문질렀으며 어렵지 않게 실수를 숨길 수 있었다.

"네스미스, 모처럼 깨끗한 서류를 작성했군. 축하해."

사장의 밝은 미소를 만나던 순간 네스미스는 비로소 안도의 한숨을 몰아쉬었다. 우연히 수정액을 발명한 결과는 대성공이었다. 모든 걸 잃을 것만 같아 힘들었던 세월을 떠올리며 그녀는 어린아이처럼 눈시울을 적셨다.

그 때 그녀에게 힘이 돼 준 것은 하잘것없는 매니큐어 병과 흰색 수성 페인트 몇 방울이었다. 매니큐어 병에 담긴 하얀 페인트, 그렇게 우연히 만들어진 오타 수정액은 그녀의 불안한 일상을 단숨에 뒤집어 버렸다. 그 뒤 5년 동안 해고에 대한 공포 없이 그런 대로 안정적인 직장 생활을 할 수 있었기 때문이다.

"오타 걱정하지 마. 내가 묘한 걸 발명했거든."

네스미스는 그 발명품을 다른 타이피스트들에게 선물했고, 그녀 혼자만이 누리기 어려운 행복을 널리 전파하기로 작정한 뒤 특허를 출원했다.

"네스미스, 나도 한 병 만들어 줘."

타이핑 수정액을 한번 써 본 이웃 사

람들은 네스미스를 가만두지 않았다. 절친한 친구와 동료들이 조를 때마다 서슴없이 만들어 주던 그녀는 갑자기 이상한 예감에 사로잡혔다.

"내 발명품을 본격적으로 생산하여 팔아 보면 어떨까?"

그 생각에 미치자 여러 개의 샘플을 만들어 몇몇 문구류 도매상 앞으로 보냈다. 그러자 며칠 지나지 않아서 의외로 많은 주문이 밀려오기 시작했다. 비록 한 달에 100병 가량 파는 게 고작이었지만 이른 아침과 밤에 제품을 만들거나 포장해 가며 희망을 잃지 않았다.

"그래, 몇 푼 안 되는 봉급에 매달리기보다 장사에 뛰어들자."

"이제부터 시작이다."

사표를 낸 그 날부터 네스미스는 수정액 제조에 열중했다. 혼자 만들기엔 역부족이라는 생각이 든 것도 그 때였다. 이웃집 사람들을 동원하여 생산량을 늘려도 보았지만 주문량을 감당할 수 없는 지경에 이르렀다. 그 때부터 그녀의 인생은 다시 한 번 바뀌기 시작했다.

용기를 얻은 그녀는 몇몇 사람들의 자본을 끌어들여 현대적 시설을 갖춘 공장을 지었고 그 뒤로 승승장구하는 삶을 살았다. 우연히 수정액을 개발한 지 10년 만에 네스미스는 대기업을 소유한 사장이 되었으며, 다시 18년 뒤에는 연간 판매고 3억 8천만 달러의 회사를 4억 8천만 달러에 처분할 수 있었다. 네스미스는 세상을 떠나기 전 유언을 통해 유산의 절반 이상을 자선 단체에 기부하는 것도 잊지 않았다.

요즈음은 최신 문서 수정 수단이 발달하면서 수정액을 사용하는 사람이 많이 줄었지만, 불과 몇 년 전까지만 해도 수정액은 가장 흔한 문서 수정 수단이었다. 한때 전 세계를 휩쓴 필수 사무용품 화이트 수정액.

그처럼 일상생활에서 흔히 볼 수 있는 단순한 소재로 부자가 된 한 이혼녀의 아이디어로 출발했다.

"자신의 일상생활에 꼭 필요한 것은 남에게도 필요하다."

그토록 평범한 진리를 깨달았던 네스미스의 새로운 변신은 그 자신은 물론 이웃들에게 부와 명성을 안겨 주었다. 지천에 널려 있는 흰색 수정 페인트를 다 쓰고 난 매니큐어 병에 담는다는 단순한 아이디어가 직장에서 해고의 위기에 몰린 한 이혼녀의 삶을 완전히 바꾸어 놓았던 것이다.

상호와 상표(서비스표)의 차이

상호(Trade name)란 상인이 영업에 관하여 자기를 표시하는 명칭으로 인적 표지의 일종이다. 회사(기업)의 경우 문자로 표현되는 상호 사용은 필수적이다.

상표(Trademark)란 상품의 생산, 가공, 판매를 업으로 하는 자가 자기 업무와 관련된 상품을 타인의 상품과 식별하기 위해 사용하는 표장이다. 기호, 문자, 도형, 입체적 형상, 색채, 홀로그램, 동작, 이름을 결합한 것과 시각적, 청각적으로 인식 가능한 것을 말한다.

상표란 상품의 이름이고 상품을 표시하는 심벌(상징)이다. 얼굴, 문자, 도형, 기호, 소리, 냄새 등 감각적으로 파악할 수 있는 수단이다. 상품의 출처 표시, 품질 보증, 광고 선전 등의 기능을 갖는 표지다.

넓은 의미의 상표인 서비스표로 광고업, 통신업, 은행업, 운송업, 요식업 등 서비스업의 식별 표시가 있다. 서비스표 역시 상표법의 상표에 관한 규정을 적용받는다.

상호는 선사용, 상표는 선등록 기준에 부합해야 한다. 상호의 효력은 지역적이지만 상표의 효력은 전국적이다. 상호권 침해의 경우 과태료 처분 등 처벌이 경미하지만(물론 국내에 널리 알려진 상호권의 침해는 부정경쟁방지법에 따라 엄한 처벌을 받음), 상표권 침해에는 무거운 형사처벌이 뒤따른다. 때문에 간단한 상호라도 반드시 상표로도 등록하여 막강한 권리를 확보해야 한다.

홍시로 돈을 번 농부

-특허 홍시

대학을 졸업한 40대 학사 농부 최성현은 남들처럼 밭농사와 논농사를 짓고 싶지 않았다. 그럴 바엔 도시에 눌러앉아 대기업 샐러리맨으로 근무했을 것이다. 감나무가 많은 동네에 태어났으니 감 농사를 특색 있게 돈 좀 만질 수 있는 농사로 지어 보고 싶었다.

아니, 그보다는 품질이 뛰어난 홍시를 아주 비싼 값에 팔아 보는 게 소원이었다. 특히 고향에서 재배한 그 감은 달콤한 맛과 해맑게 윤기 넘치는 붉은 색깔과 아름다운 모양 때문에 옛날 임금님의 진상품으로 이름난 전통 과일이었다. 그런 감을 남들처럼 헐값에 넘긴다는 건 자존심이 허락하지 않았다.

질 좋은 황토로 유명한 고향 땅이 아니던가. 황토는 미생물이 풍부하여 다양한 효소들이 복합적으로 순환 작용을 하고, 인체에 유익한 원적외선을 방출하는 살아 있는 토양이다. 양질의 황토에서 재배하면서 농약을 많이 치지 않는 유기 농업으로 생산한 감을 인터넷을 통해 소비자들과 직거래하는 것이 목표였다. 맛있고 영양가와 당도가 높은 데다가 비타민A와 비타민C가 풍부한 감을 생산하고도 제값을 받지 못한다면 애당초 감 농사를 꿈꾸지 않았을 것이었다.

최성현은 어린 시절에 먹던 감 장아찌 맛을 나이 들어서도 잊지 못했다. 감 장아찌는 감과 소금물, 된장, 고추장만 있으면 쉽게 만들 수 있었다. 10월 초순경에 전체적으로 불그레하나 꼭지 부분은 아직 푸른 감을 딴다. 준비된 감은 꼭지를 따지 않은 채 단지에 넣고 소금물을 짭짤하게 끓여 식힌 뒤 감이 완전히 잠길 만큼 붓는다. 단지 위에는 감잎과 감나무 가지를 펴서 깔고 돌로 눌러 둔다. 겨울철이나 이른 봄철에 그 감 장아찌를 꺼내어 양념하여 무쳐 먹는다. 망사에 싸서 된장이나 고추장 단지 속에 박아 두면 더 좋으나 양을 많이 할 때는 소금물이 적당하다.

감 식초를 만들 두었다가 겉절이를 무칠 때마다 넣으면 감칠맛이 있었다. 떫은맛이 약간 남아 있을 정도로 익은 것을 따서 씻은 후 꼭지를 딴다. 꼭지는 한약재로 이용하기 위해 별도로 말린다. 감을 짓찧어서 병이나 소금기가 없는 단지에 넣고 망사로 위를 덮는다. 10~15일이 지나면 초산이 발효되어 부글부글 탄산가스가 나온다. 7~10일 더 두면 거품이 멎는데 이 때 찌꺼기를 걸러 내고 남는 액체를 다른 용기에 옮겨서 뚜껑을 닫아 둔다. 다시 발효시키면 액체의 위쪽이 맑아지는데 이것이

감 식초다. 그 밖에도 감찜, 감즙, 감술, 감병조림 등 감을 이용하는 음식은 한두 가지가 아니다.

그뿐인가. 감나무는 그 전부가 보약이나 마찬가지다. 한방에서는 감꼭지를 딸꾹질·구토·야뇨증 등에 달여서 복용한다. 곶감은 해소·토혈·객혈·이질의 치료에 쓰이고 곶감의 시설(柿雪)은 진해·거담에 효능이 있고 영양 식품으로 쓰인다. 감잎은 비타민C가 풍부한 차로 애용되며 고혈압증의 치료에도 효과가 있다. 그 밖에 감꽃·나무껍질도 약재로 이용한다.

감은 타닌 성분을 다량 함유하고 있으며 설사와 지혈, 고혈압 방지 등의 약리 작용이 있을 뿐만 아니라 비타민A가 많은 과실로 알려져 있다. 옛날부터 감꼭지도 약재로 이용했는데 늦가을 서리가 내린 후 감을 따 말린다. 감이 익어 떨어지고 꼭지만 나무 위에 남아 있는 것이 약효가 더욱 좋다.

떫은감을 먹으면 변비가 생긴다고 하지만 많이 먹었을 때나 그럴 수 있다. 술과 함께 먹으면 좋지 않지만 술이 취한 후 먹으면 숙취를 덜어준다. 감뿐 아니라 곶감도 같은 효과가 있고 연시(홍시)는 심장과 폐를 좋게 하며 갈증을 멎게 하고 주독을 푸는 데 효과가 좋다.

일단 감 농사를 짓기로 작심한 최성현은 잘 익은 홍시를 따서 보관했다가 판매할 수 없다는 점에 주목했다. 사정이 정말 그렇다면 덜 익은 감을 따서 보관했다가 출하하는 방법이 일반적이지만 그렇게 익힌 홍시 역시 떫은맛이 혀끝에 남아 있어 불만이었다. 아무리 감나무 밭의 토질이 황토라서 당도가 높다고 하지만 머리를 써서 질 좋은 감을 생산한들

제값을 받지 못하면 말짱 도루묵이었다.

"감 농사, 이대로 괜찮은가?"

그 질문이 최성현의 변함없는 화두였다. 감 농사를 전문으로 짓는 사람들 중 대다수가 감을 수확하지 않고 나무에서 그대로 방치해 버리기 예사였다. 그 동안 들어갔던 영농 비용은 둘째치고 감을 따는 인건비도 건지기 어려우니 당연했다.

최성현은 전문 서적을 독파했고 짬이 날 때마다 전문가들을 찾아다니며 자문을 구했다. 당장의 결과가 없더라도 참을성 있게 꾸준히 도전했다. 그러다가 1998년부터 빨리 홍시로 만들고 과육도 단단하게 만들 수 있는 방법을 연구하다가 4년 만에 결실을 맺었다.

밀폐된 건조로에 떫은감을 넣은 뒤 고온·고압의 에탄올과 이산화탄소를 주입한 뒤 급랭하는 방식으로 15~18시간 만에 타닌 성분을 완전히 제거하는 데 성공했던 것이다. 최성현은 최단 시간에 감의 떫은맛을 없앤 '특허 홍시'를 출하하기 전에 특허를 출원했다.

그와 같은 방법으로 최 사장은 지난해 초부터 올 여름까지 개당 일반 감의 6배인 3,000원씩에 출하하여 3억 원이 넘는 수입을 올렸다. 그는 자기 농원에서 열린 '전남 벤처농업 연구클럽 연합회' 워크숍에서 자신이 전국 최초로 개발한 특허 홍시의 제조법을 처음으로 공개했다.

*실제로 '특허 홍시'를 개발한 인물은 영광군 법성면 용덕리 새벽농원 대표 백성준 씨였다.

영업비밀 어떻게 보호할 수 있나?

특허권의 존속 기간은 길어야 20년이므로 대를 이어 가업으로 물려주려면 영업비밀로 간직하는 게 합리적이다. 특허를 받는 것이 언제나 좋은 방법은 아니다. 다만 영업비밀로 인정받기 위해서는 이를 관리하는 노력이 필요하다.

비밀로 간수되고 그 소유자에게 영업 경쟁에서 이득을 가져오는 정보, 디자인, 장치, 방법, 조성물, 테크닉 또는 화학식을 영업비밀이라고 한다. 고객 목록, 공급자, 가격 정보 등 사업 정보도 비밀로 유지되고 진실로 가치가 있는 것이라야 법의 보호를 받을 수 있다. 사업자가 경쟁자에 비하여 유리한 정보를 갖고 있을 때 사업상의 가치와 실제로 비밀로 유지하려는 노력에 따라 법적 보호 여부가 결판난다.

특허를 출원하여 공개되기 전까지는 발명이 영업비밀로 보호될 수 있지만 일단 공개되면 영업비밀로 남아 있을 수 없다. 따라서 필요하다면 오래도록 비법을 간직하다가 은퇴 시기에 로열티를 받고 그 사업을 팔아도 좋을 것이다.

'영업비밀'을 간수하는 것이 그리 쉽지 않으므로 때에 따라서는 특허권으로 보호하는 조치도 고려해야 한다. 일반인들이 제품의 검사, 분해, 분석 등을 통하여 정보를 알 수 있다면 영업비밀이 지켜지기 어렵다. 예컨대 일반인들에게 판매되는 기계나 전기 장치 등은 영업비밀로 유지될 수 없다. 그러나 일반인들에게 판매되더라도 화장품 같은 화학 조성물과 컴퓨터 프로그램에 포함된 필수 정보는 분석이 쉽지 않으므로 영업비밀로 간수될 수 있다.

영업비밀 침해 행위의 금지 또는 예방을 청구할 수 있는 권리는 침해 사실이나 침해자를 안 날부터 1년이 지나거나 침해 행위가 시작된 날부터 3년이 지나면 소용이 없다.

Story 11

엉터리 권리의 위력

– 특수 마감재

환경 산업이 유망한 미래 산업이라는 소리를 몇 차례 들었던 강만갑 사장은 오랫동안 망설이다가 쌈짓돈을 털 듯이 산업 폐기물 업체를 차렸다. 초기 자본금 5천만 원짜리 중소기업에 불과했지만 강 사장은 P사의 개업식을 거행하던 그 날 연단에 올라가 열변을 토했다.

아니, 말주변이 없고 가방 끈이 짧으니 그 인사말마저 쉽지 않았다. 며칠 동안 연습을 거듭한 끝에 남이 써 준 글을 그대로 읽었다. 죽마고우이자 대학교수인 친구 하나가 무식한 강 사장을 동정한 나머지 대필해 준 그 원고를 유창하게 읽어 내려갔던 것이다.

"환경 산업은 공동 복지를 위한 사회간접자본의 성격이 강합니다. 궁극적으로 불특정 다수와 광범위한 지역의 생활 여건 개선을 추구한다는 측면에서 대단히 공익적인 사업입니다. 공해의 유발 요인이 다양하고 복합적이기 때문에 물리학, 화학, 생물학 등의 기초 과학을 기반으로 기계, 화공, 토목, 전기, 전자 등 응용과학이 동원되는 종합 과학 기술을 필요로 합니다.

환경 산업은 단위 기구·기계만으로 활용되는 경우도 있으나 대부분은 복합 설비가 이용되기 때문에 플랜트 엔지니어링의 특성을 유지합니다. 처리 대상 공해 물질이 공기나 물에 포함된 미량의 물질이거나 쓰레기처럼 처리 규모가 큰 경우 일반적으로 대형 장치를 설치해야 합니다. 따라서 철강 제품, 콘크리트 구조물 등을 이용하는 공사의 비중이 매우 높기 때문에 우리 회사는 오늘 이 순간 아주 작은 규모로 출발하지만 머잖아 발전 가능성이 무궁한 미래 산업, 훌륭한 대기업으로 성장할 수 있을 것입니다."

잘 들어 보면 강만갑 사장의 그 연설 내용이 처음부터 끝까지 대필임이 분명했지만 참석자들은 사뭇 진지한 반응을 보였다. 비록 무식한 강 사장이긴 하지만 어떤 방법으로든 돈을 벌게 될 것임을 믿어 의심치 않았다. 다만 돈 받고 산업 폐기물을 실어다가 아무도 모르게 슬쩍 파묻어 버리는 짓만 하지 않으면 다행이라고 생각했다.

하지만 친구들의 기대와 다르게 강만갑 사장은 몇 개월 동안 일거리를 찾지 못해 돈만 까먹더니 어느 날 갑자기 본격적인 사업을 시작했다.

모 정유 회사의 석유 정제 과정에서 생겨나는 부산물을 도맡아 처리하는 일이었다. 그 폐기물은 환경을 극도로 오염시키는 극히 위해한 물질이기 때문에 함부로 다룰 수 없는 것이었지만 강 사장은 일단 공장 근처의 공터에 그 폐기물을 쌓아 두고 머리를 굴렸다.

"모두 알다시피 용도 폐기된 물건을 일단 돈 받고 실어왔습니다. 그렇다면 앞으로 이 물건을 어떻게 처분할 것입니까?"

회의를 주재하다 말고 강만갑 사장은 큰스님처럼 화두를 던졌다.

"사장님, 우리 사업도 경제원칙에 입각하여 추진해야 합니다. 처치 곤란한 뜨거운 감자를 100원을 받고 넘겨받았으니 80원을 받고 누군가에게 던져 줘야 합니다. 우리에게 던져진 뜨거운 감자를 어떤 하청 업체에게 떠넘겨야 할 것인가. 그게 가장 시급한 문제입니다. 하지만 현실적으로 우리보다 그 폐기물을 싸게 처분해 줄 업자를 구하기가 쉽진 않을 겁니다."

많이 배웠다는 이유로 똑똑한 체하는 허창수 대리의 주장이었다. 가만히 들어 보니 누구나 할 수 있는 소리였고 문제 해결의 기미가 보이지 않는다는 결론이었다.

"다른 사람은 의견 없소?"

강만갑 사장은 울화가 치밀었지만 꾹 눌러 가며 좌중을 둘러보았다. 꿀 먹은 벙어리처럼 멀뚱멀뚱한 표정으로 앉아 있는 임직원들을 보고 있자니 스스로 처량하다는 생각이 들면서 정말 환경 산업에 정나미가 뚝 떨어졌다.

"내가 결론을 내리지요. 100원을 받고 넘겨받았으니 80원을 받고 처분해야 한다면 오늘 당장 회사 문을 닫는 게 옳소!"

결론은 명쾌한 듯했지만 강만갑 사장의 표정은 어두웠다.

"사장님, 20원이라도 남으면 결코 밑지는 장사는 아닙니다."

이태주 전무가 답답하다는 듯 머리를 거칠게 내저었다.

"이 양반, 아직 말귀를 못 알아먹는구먼. 돈을 주고 처분하는 게 아니라 우리가 돈을 받고 처분하자는 거야."

"네? 사장님도 이상한 말씀만 하시네."

이태주 전무라는 작자가 던진 말이 강만갑 사장을 더욱 화나게 만들었다.

"이상한 말씀을 한 번 더 하지. 예를 들면 저 꼴 보기 싫은 폐기물을 돈 물어 줘 가며 그냥 내다버리지 말고 건축용 자재로 만들거나 정 안 되면 불쏘시개로라도 팔아 버리자는 뜻이야. 그것도 아주 비싼 값으로 팔아야 남는 장사가 될 터인데, 겨우 20원을 남겨? 20원이라도 남으면 결코 밑지는 장사가 아니라니? 당신, 제정신으로 하는 소리야?"

결국 이태주 전무와 허창수 대리가 사표를 던지는 것으로 회의의 결론이 맺어졌지만 강만갑 사장은 똥고집을 꺾지 않았다. 언젠가 텔레비전에 나온 변리사가 떠벌인 말이 기억났기 때문이다.

"새로운 물질을 발견하거나 발명하는 일도 중요하지만, 이미 세상에 존재하는 물질의 새로운 용도를 발견하거나 발명하는 것도 중요합니다. 이미 존재하던 물질의 새로운 용도를 발견하고 발명하는 것도 훌륭한 특허 대상이 됩니다."

그 말을 조금씩 바꾸어 생각하니 기발한 아이디어나 발명품이 탄생될 것만 같았다. 예컨대, 아무리 환경을 훼손하는 산업 폐기물이라도 그 용도를 개발하면 돈 받고 팔 수 있는 멋진 발명품이 얻어질 수도 있다는 생각이 들어서였다.

　강만갑 사장은 짬이 나는 대로 특허·발명·지식재산권 관련 서적을 사들였고 잠들기 전에 그 책을 독파하기 시작했다. 아무리 무식하더라도 읽기 쉬운 책이 많아 다행이었다. 좀 난해하다 싶은 내용의 책은 이해하기 쉬운 부분만 설렁설렁 건너뛰어 가며 읽었다. 그러던 어느 날 밤 어떤 책 속에서 만난 에피소드가 그의 뇌리에 금강석 알갱이처럼 박혀 버렸다.

　뉴욕의 한 화학자가 유전을 개발하는 굴착기에서 검은 석유 찌꺼기를 제거하는 인부들을 관찰하고 있었다. 쓸모가 없어 그냥 버려질 운명의 그 부산물, 로드 왁스를 살펴보던 그 화학자는 검은 찌꺼기에서 뭔가 새로운 물질이 나올 것만 같아 몹시 흥분했다.

　"난 반드시 해 내고 말 거야. 그냥 버리기 아까운 물질이 숨어 있는 게 분명해."

　그 날의 관찰 결과와 어떤 예감을 잊지 않았던 화학자 로버트 체스브로우는 연구실의 문을 걸어 잠갔다. 결국 그는 끈질긴 연구 끝에 검은 부산물을 하얀 색의 촉촉한 젤리로 만들었다. 끈적끈적한 석유 찌꺼기가 '바셀린(Vaseline)'으로 멋지게 탈바꿈하는 순간이었다.

　이 바셀린은 나중에 지구촌 남성들의 인기를 독차지한 머릿기름, 화상이나 찰과상을 치료하는 값싼 연고, 급성 코피를 완화시키는 지혈제, 피부나 입술이 틀 때 바르는 치료용 보습제, 박테리아가 상처에 침입하는 것을 막는 연고 등으로 그 영역을 확대시켰고 나중에는 효능이 탁월한 늑막염 치료제로도 인정받았다.

바셀린의 탄생 경로와 계기를 읽은 강만갑 사장은 단 하루도 연구를 게을리 하지 않았다. 무작정 덤벼든 일이었지만 밤낮을 가리지 않았다. 폐기물을 쌓아 놓은 공터를 하루도 빠지지 않고 맴돌았으며 건축 자재로 활용하기 위한 방법을 모색했다. 시멘트를 섞고 모래를 배합하고 특수 물질을 섞는 연구가 무리다 싶었지만 그의 시도는 결국 성공으로 이어졌다. 건축물 바닥의 균열을 막고 유려한 미장 시공 효과를 발휘하는 특수 마감재가 탄생되었던 것이다.

제조 방법 특허를 출원한 강만갑 사장은 이제 더 이상 고민하지 않아도 되었다. 비싼 돈을 받아 가며 처치 곤란한 산업 폐기물을 얻어다가 그 몇 배의 돈을 더 받는 조건으로 팔아넘기는 '봉이 김선달'이 바로 강 사장이었다.

"돈을 주고 처분하는 게 아니라 우리가 돈을 받고 처분하자는 거야."

임직원 앞에서 떠든 그 말 때문에 조롱받던 강만갑 사장은 그 때부터 처지가 역전되기 시작했고 존경을 한 몸에 받기 시작했다. 100원을 받고 실어온 뜨거운 감자를 80원을 주고 떠넘기는 짓을 이제 더 이상 할 필요가 없었다.

하지만 잘 나가던 사업에 넘기 어려운 장애물이 등장한 것은 몇 개월 뒤였다. 대기업인 S사에서 똑같은 제품을 생산하여 시장을 잠식하는 게 아닌가. 특허권을 앞세운 독점 사업으로 돈방석에 앉을 줄만 알았던 강만갑 사장은 너무도 황당무계한 현실 앞에서 망연자실했다.

"너, 잘 만났다. 법적 대응으로 저 공룡을 당장 죽여 버리겠어!"

강만갑 사장은 길길이 날뛰며 판매 금지 가처분 신청과 형사 고소를 지시했다. S사를 상대로 40억 원대의 손해 배상을 청구하는 절차도 밟기 시작했다.

S사측에서도 맞대응으로 기민하게 움직이기 시작할 때 묘한 기류가 감지되었다. 검찰의 소환장을 받은 S사 임직원들은 특허의 허점을 파헤쳐서라도 위기를 타개할 것이라고 생각했지만 그 회사의 정 회장은 손을 내저었다. 설사 승산이 있는 게임이더라도 검찰에 출두해 조사를 받는 게 창피하고 귀찮다는 생각 때문이었다.

"끝까지 밀어붙여! S사에게 본때를 보여 주는 일만 남았어!"

S사가 합의를 종용하며 저자세를 보이자 강만갑 사장은 호기를 부렸다. 하지만 사건을 맡았던 변리사는 침착함을 잃지 않았다.

"만약 S사가 특허 무효 심판을 청구했다면 어땠을까요? 상상만 해도 아찔합니다."

그 변리사가 강만갑 사장에게 던진 말이었다.

"그게 무슨 뜻입니까?"

강만갑 사장이 변리사에게 물었다.

"치명적인 실수와 자살 행위가 있었지만 S사측에선 미처 발견하지 못했습니다. 이 사실이 드러났더라면 강 사장님은 특허권을 잃고도 남았을 겁니다."

"도대체 그 치명적인 실수란 게 뭡니까?"

강만갑 사장의 얼굴이 검붉게 변한 것도 그 순간이었다.

"특허 출원 전에 카탈로그를 배포하고 제품도 출고했더군요. 2005년 5월 특허 출원했음에도 그 이전에 제품을 납품하거나 시공한 사례들이 생생히 입증되도록 카탈로그에 현장 사진을 수록하지 않았습니까?"

"그런 것 같군요. 그게 뭐 잘못됐습니까?"

"특허권은 새로운 발명을 공개하는 대가로 얻는 독점권이므로 특허를 받을 수 있는 발명은 새로운 것이어야 합니다. 즉, 특허 출원 전에 국내에 공지되었거나 공연히 실시된 발명, 또는 출원 전에 국내 또는 국외에서 반포된 간행물에 기재된 발명은 특허를 받을 수 없습니다. S사측에서 그 증거를 들이댔더라면 강 사장님의 특허는 이미 무효가 됐겠지요."

무효 사유가 명백해지자 강만갑 사장과 임직원들은 불안감을 감추지 못하고 꼬리를 내려 버렸다.

"책임자들의 주장과 논조를 무시하고 지레 겁부터 먹은 S사의 정 회장이 강 사장님에게는 은인이 된 셈이죠."

싸워 보지 않고 합의를 이끌어낸 S사측의 경솔함이 강만갑 사장과 강 사장의 특허권을 살린 것이라고 변리사는 결론지었다.

"무효 사유를 안고 있는 부실 특허권이라도 이처럼 위력을 발휘할 때도 없지 않습니다. 따라서 특허권을 내세워 경쟁 상대에게 으름장을 놓아 불안하게 만들거나 주의를 환기시켜 골치 아프게 하는 것도 하나의 훌륭한 경영 전략일 수 있습니다."

"이제야 뭔가 알 것 같군요."

엉터리 특허권의 위력을 맛본 강만갑 사장은 고개를 끄덕이면서도 끝내 두려움을 감추지 못했다. 그래서 그랬던지 강 사장은 그 물 좋은 독점 시장을 S사와 50 : 50으로 반분하는 합의서에 서명 날인하는 아량(?)을 베풀어야 했다.

*이 이야기는 필자 고객들의 이야기를 토대로 각색한 가상의 시나리오다.

공개 공보나 공고 공보를 열람하라

특허청 자료실과 한국발명진흥회에서는 수수료 없이 공보를 열람할 수 있다. 물론 몇 년 전부터 인터넷 열람도 가능하다. 이 제도는 낙후된 기술이 새로운 발명의 밑거름으로 쓰일 수 있도록 한다. 과거에 고액의 로열티를 주고 활용한 기술도 특허 존속 기간이 지났다면 특허권을 공짜로 활용할 수 있다. 다만 수출할 경우 수출 대상 국가에서도 해당 권리가 소멸되었는지 확인할 필요가 있다.

공보 열람은 모래사장에서 사금을 캐는 일처럼 즐겁다. 공짜로 남의 권리를 이용할 수 있다면 얼마나 즐거운 일인가. 모든 발명이 로열티를 주어야 이용 가능하다고 생각하는 사람들에겐 청신호가 되기도 한다. 연구 또는 시험을 위한 발명에는 로열티를 지불할 필요가 없다는 사실을 아는 사람은 안다.

타인의 '공개 공보'나 '공고 공보'를 열람함으로써 남이 개발한 기술을 기웃거릴 수 있다는 건 대단한 장점이다. 기업의 입장에서 보면 동종 업계의 연구 개발 동향을 파악하고 자사의 경영 방침을 세우는 데 절대적으로 도움이 된다. 그뿐이 아니다. 공개 공보나 공고 공보 열람을 통해 타사에 뒤처진 기술 개발을 피하고 불필요한 특허 출원을 방지할 수도 있을 것이다. 공개된 기술 특허 정보는 이용하는 사람에 따라 보약이 되기도 하고 독약이 되기도 한다.

특허 정보 검색은 비슷한 연구로 인한 낭비를 막는 데 필요하다. 출원 전에 한 번쯤 국내외에 반포된 특허 정보를 꼼꼼히 조사하면 중복 투자를 방지할 수 있다.

남의 아이디어로 성공한 가난뱅이 －지퍼

"단추 달린 두루마기를 입자."

월남(月南) 이상재(李商在) 선생은 살아 생전에 물자 절약으로 나라를 사랑하자고 외치면서 언제나 단추 달린 두루마기를 자랑삼아 입었다. 옷고름 대신 단추를 달았더니 입고 벗는 시간이 줄어 더 없이 좋다는 것이었다.

우리 나라 고유 옷인 한복의 저고리와 두루마기에는 길다란 옷고름이 매달려 있다. 예쁘고 맵시 있게 매어 바람에 팔랑팔랑 날리는 모습은 한국의 멋을 느끼게 한다. 하지만 옷고름 때문에 옷감이 많이 들어 낭비인 데다가 옷고름을 매는 데 시간이 많이 걸린다.

그 불편함과 낭비 요소를 줄이기 위해 등장한 것이 단추였다. 그렇다고 더 없이 편안해진 것은 아니었다. 여러 개의 단추를 달아야 할 양복 바지나 잠바 등을 만들 때 단추 구멍을 많이 만들고 거기에 꼭 맞는 단추를 달아야 했다. 옷을 입을 때나 벗을 때 시간이 많이 걸릴 뿐더러 단추가 잘 떨어지는 폐단도 있었다.

"머잖아 단추의 시대는 종적을 감출 것이다. 내가 직접 그 불편과 낭비를 없애고 단숨에 옷을 입거나 벗을 수 있는 방법을 연구하고 싶다."

서울 남대문 시장에서 짐을 나르는 지게꾼으로 겨우 입에 풀칠을 하던 김왕구는 늘 큰소리를 쳤다. 방 한 칸 없는 서른 살 노총각이자 가난뱅이였던 그는 남달리 뚱뚱해서 '뚱보' 라는 별명이 자기 이름보다 더 많이 불려졌다.

"어이 뚱보! 이 짐 좀 부탁해."

시장 안의 사람들이 부를 때마다 김왕구는 군화발로 뒤뚱거리며 달려가곤 했다. 비록 느려터지긴 했지만 워낙 힘이 장사였기 때문에 많은 상인들의 인기를 독차지할 수 있었다.

뚱보 김왕구는 남대문 시장으로 출근할 때마다 허리를 숙여 군화 끈을 묶는 게 너무도 힘들었다. 당연히 군화 끈을 간편하게 묶을 수 있는 방법이 없을까 고민하곤 했다. 짬이 날 때마다 그는 군화 끈과 단추 대신 단 한 번에 열고 닫는 문제를 해결할 수 있는 물건을 발명하기 위해 노력했다.

마침내 지퍼를 발명하여 특허를 출원했고 박람회에 출품했지만 김왕구의 발명품은 기대 이하로 흥미를 끌지 못했다. 그가 개발한 지퍼는 소형 쇠사슬에 끝이 구부러진 쇠돌기를 집어넣은 형태여서 옷가지에 사용하기엔 너무 어울리지 않았다. 더구나 그 지퍼가 신발용으로 전시된 것이었기 때문이다.

"이 특허를 내게 팔 생각이 없나요?"

관람객 중의 한 명이 조심스럽게 접근했을 때 김왕구는 이미 결심을 굳히고 있었다. 워낙 가난한 데다가 지퍼 연구로 많은 돈을 낭비한 터여서 어쩔 수 없었다. 김왕구는 발명가로서의 보람이나 대가도 챙기지 못한 채 몇 푼 받고 물러서야 했다.

그 지퍼를 대중적으로 실용화하면 큰돈을 벌 수 있을 것이라고 생각한 사람은 예비역 중령 박영진이었다. 그는 전역하자마자 쥐꼬리만한 퇴직금으로 장사를 시작했다가 모두 말아먹은 상태여서 새로운 사업 아이템을 찾던 중이었다.

박영진은 지퍼 만드는 기계를 자동화하기 위해 19년이라는 긴긴 세월을 보낸 끝에 마침내 성공적인 기계 제작을 마쳤다. 하지만 '구두끈 대용으로서의 지퍼'는 별 소용이 없었던지 그 기계에 아무도 관심을 보이지 않았다. 지쳐 버린 박영진은 김왕구처럼 헐값에라도 팔아치우기로 마음먹었다.

"이 특허를 사지 않겠습니까?"

그 동안 투자한 정성과 경비를 일부라도 뽑겠다는 생각으로 박영진은 행상처럼 떠돌았다. 그러던 어느 날, 그 하찮은 발명품의 원매자를 간신히 구할 수 있었다.

"이 지퍼는 구두 끈 대용으론 적당치 않아요. 내가 개인적으로 쓸 일이 있으니 싸게 판매한다면 고려해 보겠소."

가난한 양복점 주인 임해섭이 관심을 보였다. 그는 복대(腹帶)의 지갑 주머니 용으로 사용하면 제격일 것이라고 생각하고 그 기계를 헐값에 샀다. 하지만 특허의 소유권이 임해섭에게 넘어간 뒤에도 한동안 별로 인기를 끌지 못했다. 최초의 발명자 김왕구가 생각한 것처럼 구두용 지퍼로 쓰이긴 했지만, 지퍼를 생산하는 자동 제조 기계가 없었기 때문에 그 생산량은 아주 제한적이었다.

그러던 중에 임해섭 사장의 끈질긴 노력으로 지퍼의 군납이 가능해졌고, 군복과 비행복에 사용되면서 본격적으로 그 활용 분야가 확대되기 시작했다. 결국 가난한 양복점 주인 임해섭의 손에 들어간 그 특허는 옷에 사용하는 단추 대용 지퍼로 거듭날 수 있었다. 처음엔 특수한 용도의 옷에 제한적으로 사용했지만, 얼마 뒤 시중에 판매되기 시작한 지퍼는 정말 눈 깜짝할 사이에 사람들의 눈길을 사로잡았다.

임해섭 사장이 당초의 것을 개량하여 만든 지퍼는 경사면을 지나던 작은 힘이 수직 방향의 큰 힘으로 바뀌는 원리를 이용한 제품이었다. 손으로 아무리 힘을 써도 지퍼의 이빨들을 서로 맞물리게 하거나 떼어 내지 못하지만 지퍼의 손잡이(슬라이더)로 밀거나 당기면 쉽게 열고 닫을 수 있게 된 것이다.

그 뒤로 더욱 발전하여 색깔, 크기, 모양도 점점 다양해졌다. 지퍼에 대한 연구가 더욱 활발해지면서 그 소재는 금속·나일론·플라스틱 등으로 확장되었다. 한쪽에서 작동하는 불편을 덜기 위해 최근에는 슬라이더 두 개를 서로 마주보게 부착한 지퍼가 등장하여 좌우 어느 위치에서나 쉽게 열고 닫을 수 있게 되었다. 양복점 주인 임해섭이 개량 발명한 지퍼는 대히트를 쳤고, 그 덕분에 그가 설립한 회사는 세계적으로 유명한 회사가 되어 거금을 벌어들였다.

특허 청구 범위를 명확히 해야 한다

눈에 잘 보이는 부동산이야 말뚝, 담, 논두렁, 울타리로 경계를 만들면 되지만, 눈에 잘 보이지 않는 특허의 경우는 권리의 범위를 구분하는 것이 어렵다. 유사한 기술도 널려 있는 데다 눈에 보이지 않는 권리를 객관적으로 관리한다는 게 쉽지 않은 일이다. 더구나 예상되는 침해 범위를 가능한 한 확대하는 일도 말처럼 간단한 일이 아니다. 특허 분쟁에 휘말리고 나서야 자신의 특허권에 대한 함정과 흠을 깨닫기 시작하는 것이다.

특허를 청구하는 작업은 엄밀히 말하여 울타리를 치는 작업이라고 할 수 있다. 특허를 출원하기 위해서는 무엇보다도 명세서 작성에 심혈을 기울여야 한다. ①발명의 명칭, ②도면의 간단한 설명, ③발명의 상세한 설명, ④특허 청구의 범위 등이 명세서의 구성 요소가 된다. 이 중에 발명의 상세한 설명은 종래 기술의 문제점, 기술의 구성, 작용, 효과 등이 포함된다. ①~③은 아주 상세하게 작성하면 무리가 없으나 ④특허 청구의 범위는 만만치 않은 작업이다.

대지의 경계를 잘못 측정하면 남의 주택이 침범해도 알 수 없듯이 특허 청구의 범위를 잘못 기재하면 권리의 경계선을 구분하기가 어렵다. 보물 창고의 울타리나 방범 망이 허술하여 도둑이 넘나들어도 속수무책인 경우와 흡사하다.

이렇듯 특허 청구 범위, 즉 울타리 치기를 너무 쉽게 생각하거나 반대로 어렵게만 생각하지 말자. 확실한 정공법은 강력한 무기이자 허점이 보이지 않는 방범 초소가 될 수도 있다.

저축왕의 꿈
-디지털 돼지 저금통

동전 모으는 기쁨으로 살던 시절이 있었다. 10원짜리 동전부터 500원짜리 동전까지 눈에 띄거나 손에 잡히면 무조건 돼지저금통에 넣곤 했다. 하루하루 열심히 모아 크리스마스 때 부모님과 선생님에게 예쁜 선물을 하리라고 다짐하면서 쌓여 가는 동전을 상상하면 참 행복했다.

하지만 그 돼지저금통에 어느 정도의 돈이 모여졌는지는 열어 보지 않아서 알 수 없었다. 그래도 작은 동전들이 모아지면 큰돈이 될 것을 믿어 의심치 않았고, 아이들은 돼지저금통을 통해 저축의 중요함과 재미를 만끽할 수 있었다. 요즘 같은 물질만능주의 시대일수록 우리 아이들에게 동전의 소중함을 느끼게 해 주는 돼지저금통이 곁에 있어야 하는 것도 그 때문이다.

돼지저금통은 미국 사회에서도 인기 있는 선물 목록이다. 돈의 용도에 맞추어 여러 개의 동전 구멍을 낸 돼지저금통이 미 경제 주간지 비즈니스위크에서 선정한 2002년 최고 상품의 하나로 선정되었다는 소식이다. 비영리 단체 'MS 제너레이션'이 개발한 돼지저금통에는 4개의 구멍이 있는데 용도가 서로 다르다. 불룩한 배 부분을 각각 '저축' '용돈' '이웃돕기' '투자' 등 4개 부분으로 나누어 어린이들에게 은연중 돈 쓰는 법을 가르친다. 그 돼지저금통은 미 '부모선택재단'이 선정한 '올해의 교육용 장난감'으로 당당히 꼽혔다는 것이다.

이창국은 아장아장 걸음마를 배우던 유년기부터 돼지저금통을 끼고 살았다. 근검절약 정신이 투철한 부모님의 영향으로 '저축 왕'을 차지한 것도 열 번이 넘는다. 그런 탓에 수많은 돼지저금통이 그의 손을 거쳐 갔고, 취미 삼아 기념 삼아 수집해 놓은 것만도 100여 종이 넘는다.

하지만 이창국은 보물처럼 애지중지 아끼는 돼지저금통을 볼 때마다 아쉬움을 느꼈다. 저금통 안에 도대체 얼마의 돈이 들어 있는지 확인할 길이 없었고, 더 이상 돈이 들어갈 수 없을 정도로 저금통이 가득 찬 뒤에 뜯어서 헤아려 봐야 알 수 있다는 게 불만이었다.

'저축 목표를 정하고 그 목표가 달성되면 알 수 있는 방법이 없을까. 현재의 저축 실적을 한눈으로 볼 수 있는 저금통을 만들 순 없을까.'

이창국은 그런 돼지저금통을 발명하고 싶었다. 전자공학을 전공하는 대학생이 된 뒤에도 그는 그 꿈을 이루기 위해 밤잠을 설쳤다. 금방이라도 작품을 탄생시킬 것만 같았으나 본격적으로 연구하기 시작한 이래 1

년 6개월의 기간을 보내야 했다.

　결국 이창국은 '디지털 돼지저금통'을 개발했고 그 발명품을 기초로 아이디어 용품 개발 전문 벤처기업을 차렸다. 벤처기업 사장이 된 이창국은 그 발명품의 이름을 '목표 달성 디지털 저금통'이라고 지었다.

　그 디지털 저금통은 목표로 하는 저축액을 설정한 뒤 저축을 시작하면 저금통 표면에 부착된 LCD 화면을 통해 현재의 저축액을 알 수 있으며, 목표액이 달성되어야만 저금통을 열 수 있도록 설계되었다.

　이창국은 그 저금통을 첫 발명품으로 삼아 '목표 설정 저금통 기본 개념', '크기로 동전의 액수를 인식하는 코인 카운터', '저금통의 잠금 및 개폐 장치' 등을 포함한 여섯 가지의 특허를 특허청에 출원했으며 해외 출원도 완료했다.

　다양한 모델을 제작한 뒤 인터넷 사이트인 이루미닷컴(www.erumi.com)을 통해 판매를 개시하자 예상을 뛰어넘는 반응이 나타났다. 인터넷 쇼핑몰의 인기에 힘입어 백화점과 대형 할인점 등지에서 주문이 밀려들었다.

　그뿐이 아니었다. 금융기관과 대기업 등에서 판촉·선물용품으로 대량 납품해 달라는 요청이 답지했다. 용기를 얻은 이창국은 외국의 주요 무역 회사와 팬시 용품 전문 회사와의 수출 계약을 추진하기 시작했다. 3년이 흐르자 이창국 사장은 중견 기업의 경영자로 성장했고 인기 프로 스포츠맨 부럽지 않은 돈을 벌 수 있었다.

*실제로 디지털 돼지저금통을 발명한 업체는 아이디어 용품 개발 전문 벤처기업 유엔아이커뮤니케이션(대표 곽석)이었다.

컴퓨터 프로그램의 보호

컴퓨터 프로그램은 종래 컴퓨터프로그램보호법의 보호를 받아 오다, 2009년 7월 23일 동법이 폐지되고 컴퓨터 프로그램에 대한 보호 규정들이 저작권법 내로 통합·흡수되어 이제는 저작권법의 보호를 받게 되었다.

통합 저작권법에서 보호하는 컴퓨터프로그램 저작물이란, 특정한 결과를 얻기 위하여 컴퓨터 등 정보 처리 능력을 가진 장치 내에서 직접 또는 간접으로 사용되는 일련의 지시·명령으로 표현된 창작물을 말한다.

저작권 침해는 기본적으로 친고죄가 원칙이지만, '영리를 위해 상습적으로' 저작권을 침해하는 경우는 비친고죄다. 따라서 기업이 불법 소프트웨어를 사용하는 경우 '영리'에는 해당하나 '상습'으로 보지 않기 때문에 기본적으로 친고죄가 적용된다. 한편 '프로그램의 저작권을 침해하여 만들어진 프로그램의 복제물을 그 사실을 알면서 취득한 자가 이를 업무상 이용하는 행위'(침해 간주 행위)는 반의사 불벌죄로 규정하고 있다.

당첨 확률 100%의 복권

– 컴퓨터 안전 시스템

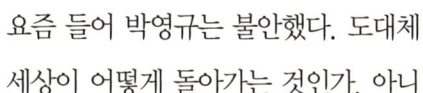

요즘 들어 박영규는 불안했다. 도대체 세상이 어떻게 돌아가는 것인가. 아니면 내가 길고 긴 악몽이라도 꾸고 있는 것인가. 박영규는 아무리 주머니가 비었더라도 복권을 사지 않고 넘어가는 날이 없었다.

텔레비전 채널에서 로또 복권 당첨 번호를 중계하는 매주 토요일 오후 8시 45분이 되면 아무도 모르게 혀를 깨물었다. 현실을 인정하고 싶지 않았으나 꿈은 언제나 꿈으로 그치고 있었다. 4년째 취직을 못 하고 있는 가장 때문에 기가 죽어 있는 가족의 얼굴이 머릿속에 떠올랐다. 박영규는 아내와 두 자식들을 부양한다는 핑계를 대며 복권 당첨에 인생을 건다는 게 서글펐다.

돌이켜보건대 만 원짜리가 몇 번 당첨된 게 고작이었지만 실망은 하루였고 기쁨은 닷새였다. 그런 이유로 일주일 내내 인생 대역전을 꿈꾸며 사는 것도 즐거운 일이지 싶어 하루도 빠짐없이 로또 복권을 사고 있었다.

1997년 외환위기 이후 경제난으로 빈부 격차가 심화되면서 상대적 박탈감을 느끼는 사람들이 많아졌다. 로또 열풍은 분배와 소비의 양극화가 심화되면서 봉급생활자 등 서민들의 보상 욕구 심리가 반영된 것이라는 게 박영규의 생각이었다. 남들이야 그럭저럭 봉급이라도 타면서 복권을 사고 있지만 박영규의 처지는 그렇지 못했다. 구조 조정 여파로 15년 동안 다니던 은행을 그만두고 4년째 실업자 신세를 면치 못하고 있었기 때문이다.

그렇다고 아무런 대책 없이 놀아 보자고 작정한 것은 아니었다. 퇴직금으로 수지 타산이 괜찮아 보이는 컴퓨터 가게를 운영하고 싶었다. 그러나 그토록 작은 소망은 착각에 불과했다. 은행 전산실 근무 경력을 살린답시고 컴퓨터 수리 전문점을 차렸지만 6개월도 채우지 못하고 문을 닫아 버렸다. 비록 구멍가게 수준일지라도 장사는 아무나 하는 게 아님을 절감했을 때는 퇴직금의 절반 가량이 날아가 버린 뒤였다.

그 동안 비좁은 아파트를 벗어나기 위해 집을 늘리고 아이들의 학비를 대거나 생활비로 충당하다 보니 퇴직금은 거의 바닥을 드러내고 있었다. 요행수를 바라고 매주 100만 원의 로또 복권을 구매한 결과 이미 1000여 만 원이 날아가 버렸다. 이번에도 당첨이 되지 않으면 아파트 평수를 줄여서라도 버텨야 할 판이었다.

그 날도 박영규는 열한 곳의 은행과 복권방을 돌아다니며 110만 원의 로또 복권을 구매했으나 당첨금은 8만 원이 고작이었다. 아무리 곱씹어도 처참한 패배였다.

불행은 그것으로 그치지 않았다. 로또 복권을 사들이기 위해 집을 비운 사이에 박영규의 가족은 컴퓨터 넉 대를 모두 털리고 말았다. 컴퓨터 전문가를 자처하던 그는 자신을 비롯해 아내와 두 자식들에게도 하나씩 값비싼 고급 컴퓨터를 배정했었다. 그런 상황을 절도범이 익히 알았는지 다른 귀중품은 제쳐두고 고가의 컴퓨터 석 대와 주변 기기만 싹쓸이를 해 갔던 것이다.

"나쁜 놈들!"

허탈감과 복수심에 들끓던 박영규는 이를 갈았다. 빈속에 소주가 들어가서인지 뱃속이 찌르르 울었다.

"개자식들! 하드웨어를 훔쳐간 것은 용서할 수도 있어. 그 안에 들어 있는 보물까지 훔쳐가다니!"

막다른 골목에 몰린 쥐는 고양이를 무는 법이라던가. 술에 취해서 혀가 말을 듣지 않았어도 그의 목소리에 독기가 넘쳤다.

"이제부터 어리석은 복권 구매는 포기하겠어. 컴퓨터 도난 방지 시스템을 개발하는 일에 몰두하고 싶어."

"정말 가능하겠어요? 왜 그런 생각을 미처 못 했을까?"

아내의 두 눈이 빛난 것도 그 순간이었다. 마음고생이 심했기 때문일까. 아내는 4년 사이, 아니 며칠 사이에 폭삭 늙어 있었다.

"내 자존심이 걸린 문제야."

박영규는 피가 나도록 입술을 깨물었다. 컴퓨터가 널리 보급되면서 도난 사건이 증가하고 있다. 방법만 찾으면 얼마든지 성공 가능성이 있다는 것이 그의 생각이었다.

이튿날부터 컴퓨터 한 대를 구입한 뒤 방문을 닫아걸었다. 어쩌다 외출하는 경우는 프로그램 개발을 위한 정지 작업이 목적이었다. 은행 선배와 전문가를 찾아다니거나 소프트웨어 시장을 조사하러 나가는 것 외에는 소위 '자택 연구실'을 지켰다.

박영규는 심지가 굳었고 머리가 좋았다. 한때나마 일확천금의 꿈에 매달린 적이 있었지만 자기가 추구해야 할 목표를 너무도 잘 알고 있었다. 드디어 7개월이 지났을 때 그는 '도난 전화를 거는 컴퓨터'에 관한 특허를 출원하자마자 창업투자 회사의 사장실 문을 두드릴 수 있었다.

"사장님, 전 컴퓨터 석 대를 도난당하고도 참을 수 있었습니다. 하지만 그 안에 들어 있는 보물이 없어졌다는 사실을 깨달았을 때는 절망했습니다. 제가 개발한 프로그램은 그 보물을 지켜야 한다는 강박관념이 탄생시킨 겁니다."

박영규는 브리핑에 앞서 지나치게 흥분하고 있었다.

"무슨 말씀인지 알겠어요. 하드웨어 도난보다 소프트웨어나 저장 데이터의 증발이 더 아깝다는 의미겠죠. 그래서 어쨌다는 겁니까?"

배석한 임원 중의 하나가 초를 쳤다.

"컴퓨터가 도난을 당하면 이 안에 내장된 모뎀이 자동으로 전화를 걸도록 프로그램이 장착되어 있습니다."

"그렇다면 모뎀이 거는 전화를 받을 수 있는 곳은 어디죠?"

진지한 표정으로 사장이 물었다.

"제가 설립할 회사의 전화번호로 자동 연결됩니다. 모뎀은 '통신 ID' 장치를 사용하여 전화를 걸고 있는 위치, 즉 번호를 회사 시스템에 알립니다. 접수된 도난 신고와 대조하여 불법 소유자의 위치를 알아낼 수 있죠."

"불법 소유자가 모뎀을 찾아내어 훼손하면 소용이 없잖아요?"

창투사 간부가 고개를 저었다.

"모뎀으로부터의 통신은 일주일에 한 번으로 한정되어 있지만, 이 프로그램을 무효화시킨다는 건 사실상 불가능합니다."

박영규는 확신에 찬 표정을 지었다. 본격적인 멀티미디어 시대가 도래한 만큼 이처럼 새로운 부가가치를 창출하는 사업이 각광받을 것이라고 박영규는 강조했다.

"매월 1만 원 정도면 소프트웨어와 서비스를 제공받게 됩니다. 그다지 비싸지 않은 비용이어서 대중화에 성공할 수 있습니다."

브리핑은 명쾌하게 진행되었다. 보급이 어느 정도 확산될 경우 소프트웨어 가격을 내리거나 서비스 요금을 더 인하시킬 수 있다는 논리를 주입시켰다.

"아직까지 이보다 편리한 안전장치를 설계할 수 있는 소프트웨어는 없습니다."

창투사의 심사 결과가 그랬다.

"죄송하지만 제가 가진 건 아이디어뿐이고 자본력이 없습니다."

박영규는 마른침을 삼키며 담당 임직원들의 눈치를 살폈다.

"창투사가 하는 일이 뭐겠습니까. 투자를 알선하겠습니다."

그 말 한 마디에 박영규는 떨리는 가슴을 억제하지 못했다.

"보름 정도의 시간을 주시면 투자액을 평가해 연락을 드리겠습니다."

그처럼 짧은 시일 안에 투자 소요액을 산출한다니 박영규는 고무적일 수밖에 없었다. 그는 조바심을 억누르고 결과를 기다렸다. 정확히 15일이 지났다. 면밀한 시장 검토와 평가에 따라 창투사에서는 초기 자본으로 100억 원의 투자 결정을 내렸고, 특허 출원한 지 1년도 안 되어 박영규는 잘 나가는 벤처 회사 최고 경영자의 반열에 오를 수 있었다.

2년 뒤 박영규의 특허 제품은 거의 순식간에 국내 시장을 석권했고 3년 뒤에는 지구촌 시장마저 지배하게 되었다. 그 덕택에 그의 회사는 눈 깜짝할 사이에 세계적인 다국적 기업으로 성장했다. 그가 자신의 불만족스러운 처지와 연속적인 불운을 단지 불평불만으로 적당히 버무려 버렸다면 아마 오늘날과 같은 대성공은 기대할 수 없었을 것이다.

"로또 복권의 45개 숫자 가운데 6개 숫자를 모두 맞힐 수 있는 확률은 814만 분의 1입니다. 다시 말해 로또 복권 1등에 당첨될 가능성은 약 0.00001%이죠. 하지만 사행심을 버리고 노력하기에 따라 또 다른 로또 복권 1등에 당첨될 확률은 100%입니다. 우리가 추구해야 할 꿈의 복권은 로또 복권이 아니라 여러분의 가슴 속에 살아서 꿈틀거리는 희망입니다."

수백억 원대의 자산가로 평가받는 박영규 사장이 강연 회장에서 던진 그 명언은 한국 젊은이들의 가슴을 사로잡았다.

*실제로 도난 전화를 거는 컴퓨터의 안전 시스템은 미국 '앱솔루트 소프트웨어' 사가 발명했다.

권리 위에서 코를 골지 말라

특허를 갖고 있는 사람에게 특허 발명을 독점적으로 실시할 수 있는 막강한 권리가 있다. 반면에 특허권자로서 의무도 준수해야 한다. 특허료를 납부하고, 특허 발명을 실시해야 하며 권리를 남용하지 말아야 한다. 의무는 아니지만 발명 특허 실시품에 특허권 표시(특허 제12345호)를 해야 완벽하게 보호받을 수 있다.

특허권자는 자기 발명을 직접 실시하거나 타인에게 실시하도록 해야 한다. 만약 발명의 실시가 산업상 또는 공익상 필요한데도 특허권자가 실시하지 않을 경우에 강제로 실시하게 만드는 제도가 있다. 권리를 방치하는 사람이 발견되면 제삼자가 특허청 앞으로 신청하여 사용할 수 있다.

권리를 남용하는 특허권자도 제재를 받는다. 예컨대 ▶특허품의 제조에 필요한 원재료나 부품을 특허권자 또는 그가 지정하는 자로부터 구입할 것을 강요하거나 ▶판매 지역을 국내에만 한정하거나 ▶개량 발명의 특허권을 특허권자가 갖기로 하거나 ▶특허권의 존속 기간이 만료되어 소멸되었는데도 기한을 연장하여 실시료를 받는 계약은 권리 남용에 해당된다.

이상과 같이 특허 발명을 불성실하게 실시할 경우에도 이해관계인의 신청에 따라 특허청장이 통상 실시권을 타인에게 부여할 수 있다.

비록 사용하지 않는 상표권을 보유한 사람일지라도 침해 금지 청구 등 권리를 행사할 수 있다. 하지만 정당한 이유 없이 3년 이상 사용하고 있지 않은 상표는 권리가 소멸될 수도 있다. 제삼자가 불사용 취소 심판을 청구할 경우 상표 등록이 취소되어 상표권이 없어지는 사례가 생기기 때문이다.

할머니의 손자 사랑 1
– 삼각팬티

김순덕 여사가 가난한 시골 마을에 시집온 것은 열아홉 살 때였다. 장티푸스에 걸린 남편이 불귀의 객이 되자 코흘리개 아들딸과 함께 괴나리봇짐을 지고 무작정 상경한 것은 스물여덟 살 때였다.

청상과부가 되어 코딱지만한 논밭을 팔아 서울로 왔으니 방 한 칸을 얻고 난 뒤로는 입에 풀칠하기도 어려웠다. 식모살이부터 시작했고 행상, 노점상, 포장마차를 거쳐 작은 식당을 열었다. 한글을 겨우 깨우친 처지일지라도 자식들만큼은 훌륭하게 키우고 싶다는 일념으로 열심히 벌었다.

"노력해라. 힘들다고 생각하면 실패하기 십상이다."

김순덕 여사의 잔소리는 밑바닥의 경험에서 우러나온 것이었다.

"너희들은 거북과 토끼의 우화를 늘 기억해야 한다. 토끼는 거북보다 빨리 달릴 수 있었다. 하지만 자만하고 게으름을 피웠기 때문에 결국 거북과의 경주에서 지고 말았다. 거북은 천천히 움직였지만 꾸준히 속도를 늦추지 않았다."

아주 평범하지만 너무도 훌륭한 그 은유법의 우화를 김 여사는 자녀들에게 각인시켰다. 아버지를 일찍 여읜 자식들은 든든한 아버지가 없다는 상실감 속에서도 다른 사람에게 의지하기보다는 열심히 노력하여 자기 밥벌이를 할 수 있게 되었다.

이 세상의 온갖 험난한 일을 골고루 경험하며 아들 하나 딸 하나를 장가들이고 출가시키자 어느덧 김순덕 여사는 50대 중반을 넘어서 할머니가 되었다. 본인 스스로 할머니가 아니라고 했지만 친손자 한 명과 외손녀 한 명을 돌보는 신세였으니 영락없는 할머니에 지나지 않았다. 더구나 생계 수단이던 식당을 처분하고 아들네 집에 들어앉은 뒤부터 젊은 할머니 김 여사의 유일한 낙은 손자들과 씨름하는 것이었다.

집에서 손자들을 돌보던 어느 여름날이었다. 아이들이 걸핏하면 넘어지기 일쑤였으므로 김순덕 여사는 속이 상했다. 무릎까지 닿는 긴 속옷을 걸치고 뛰놀게 되니 그럴 수밖에 없었다. 그 당시는 동양과 서양 모두 반바지에 가까운 속옷만 존재했기 때문에 겉옷을 입기도 불편했고 땀이 많이 나는 여름이 되면 여간 성가신 게 아니었다. 김 여사는 손자들을 쳐다보며 생각에 잠겼다.

'속옷의 용도는 단지 중요한 곳을 가리는 것으로 족하지. 쓸데없이 길

게 늘어뜨려서 옷감을 낭비하고 행동을 불편하게 할 이유가 없어. 가능한 한 작고 짧게 만들면 그뿐인데….'

그토록 간단한 발상의 전환을 하지 못한 사람들이 어리석다고 생각하며 김순덕 여사는 문제 해결에 나섰다. 아주 앙증맞고 짧은 팬티가 머릿속에 자리 잡기 시작했다. 어느 순간 '데드론'으로 만든 헌 자루가 눈에 뜨이자 그걸 싹둑싹둑 잘라서 두 다리가 들어갈 만한 구멍을 내었다. 이른바 삼각팬티가 이 세상에 처음 태어나는 순간이었다.

김순덕 여사는 손자들을 모델로 삼아 그 미완성 삼각팬티를 입혀 보았다. 가볍고 편리한 데다 그 모양도 산뜻하기 그지없었다.

"어머니, 놀라운 발명예요!"

그 날 저녁, 귀가한 아들이 어머니가 고안한 팬티를 발견하자마자 산삼을 발견한 심마니처럼 외쳤다.

"당장 특허를 냅시다!"

"아범아, 팬티가 뭐 대단한 발명품이라고 특허를 낸단 말이냐?"

호들갑떠는 아들을 바라보며 김순덕 여사가 배꼽을 잡고 웃었다.

"두고 보세요. 멋진 작품이 탄생될 테니까."

아들의 예언은 조금도 틀리지 않았다. 실용신안 특허를 출원한 뒤 로열티를 받고 유명 의류 회사에 특허 실시권을 주었더니 단숨에 시장을 석권해 버렸던 것이다. 남녀노소 경쟁하듯 삼각팬티로 갈아입는 팬티 교체 신드롬에 편승하여 김순덕 여사의 작품이 대히트를 쳤으니 그 때 나이가 예순이었다.

"어머니는 이제 발명가이자 유명한 의상 디자이너가 됐어요. 훌륭한 어머니를 만난 덕분에 못난 아들도 덩달아 출세를 했습니다. 어머니의 은혜에 보답하기 위해서라도 열심히 일하겠습니다."

의류 회사의 부장이 된 아들이 어머니에게 큰절을 올렸다.

"아범아, 발명이라는 게 별것 아니구나. 내친 김에 몇 가지 더해 볼 작정이다."

삼각팬티 열풍이 가라앉기도 전에 김순덕 여사는 그와 유사한 아이디어를 짜내기로 맘먹었다. 곧바로 나온 팬티 시리즈 2탄은 이른바 '유니크팬티'였다. 허리와 엉덩이의 곡선을 강조하기 위해 엉덩이 부분에 옷감을 덧씌우던 방법을 김 여사는 아예 생략해 버렸다. 착용감도 무척 뛰어났고 꿰맨 곳이 터질 염려도 없었기 때문에 유니크팬티도 대히트를 기록한 것은 물론이었다.

예순두 살이 되자 김순덕 여사는 더 바빠졌다. 통으로 짠 천을 사용해 디자인한 타이스팬티, 삼각팬티의 원리를 응용한 유아용 아톰팬티를 탄생시켰다. 새롭게 태어난 팬티들도 국내 굴지의 의류 업체에 의해 대량 생산되어 지구촌 시장을 휩쓸었다.

의류 회사에서는 김순덕 여사 가족을 특별 대우하기 시작했다. 김 여사에게는 거액의 로열티와 기술 고문이란 직책까지 주어졌고, 그녀의 아들은 영업부장을 거쳐 부사장의 자리에까지 올랐다.

하지만 세월이 흐르면서 팬티 시리즈로 돈방석에 올라앉은 발명가 할머니 김순덕 여사를 기억하는 사람은 많지 않았다. 일부 사람들은 매우 활동적인 젊은 여성 디자이너의 작품일 것이라고 상상하는 게 고작이었다.

이처럼 선(線)을 하나 더 긋거나 긴 물건을 짧게 만드는 것도 위대한 발명일 수 있다. 그렇다. 위대한 발명은 먼 곳에 있는 것이 아니다. 첨단 설비를 갖춘 연구실에서 나오는 것만도 아니다. 발명이라는 이름의 보물은 우리 주변에 널려 있고 생활의 불편함 속에 숨어 있다. 보물찾기에 나서는 순간부터 행운의 보물이 눈에 확실히 잡힐 것이다.

요즘 들어 김순덕 여사 못지않은 발명가 할머니가 있어 화제가 된 적이 있다. 일흔 살을 넘긴 할머니 김예애 사장이 바로 그 주인공이다. 인터넷과 전자메일을 자유자재로 쓰는 김 사장은 아이디어 하나로 벤처기업을 차린 것은 물론이고 휴대폰 관련 특허까지 가지고 있다.

"나를 고정 관념을 깨는 할머니로 불러 주세요."

벤처기업 이지밸브의 김예애 사장은 버릇처럼 그렇게 주문하곤 한다. 그 동안 취득한 특허들을 보면 그 말이 조금도 이상하지 않다.

휴대폰이 일상생활과 밀접한 도구지만 보다 편한 사용법에는 큰 관심을 갖지 않는 데 착안하여 발상을 전환했다. 휴대폰 상단에 위치한 고리를 하단에 부착시키는 아이디어로 실용신안 특허를 얻었다. 평소 휴대폰을 목에 걸고 다니다가 막상 통화할 때는 줄이 방해가 되는 점에 착안했던 것이다.

김예애 사장이 개발한 '발로 조절하는 수도꼭지'도 상식을 뒤엎는 발상의 전환을 보여 준다. 수도꼭지를 손으로 조절하는 것이 아니라 페달을 이용해 발로 조절하기 때문이다.

"설거지를 하다 보면 수도꼭지 조작이 거추장스러워 물을 계속 틀어 놓는 경우가 많지요. 그래서 고안한 것이 발로 조절하는 수도꼭지입니다. 페달을 밟아 필요할 때만 물이 나오도록 하면 물 절약에 큰 효과가 있거든요."

김예애 사장은 그 아이디어의 상품화를 위해 1년 이상 을지로 뒷골목을 헤매고 다녔다. 웬만한 수도 기술자 모두 안 된다고 했지만 관심을 보인 한 기술자를 붙잡고 '삼고초려'한 끝에 개발에 성공했다. 김 사장의 아이디어와 끈기는 타고난 사업가 기질에서 엿볼 수 있다.

10년 동안의 교편생활을 그만둔 것은 사업에 대한 욕망 때문이다. 60년대 당시 인기 있던 자수 공장을 운영하며 직접 사업에 뛰어들어 30여 년 동안 평범하게 돈 버는 재미를 본 뒤 환갑을 넘기면서 사업을 접었다.

평범한 일상은 잠시였다. 페달 형 수도와 같은 김예애 사장의 샘솟는 아이디어는 다시 사업 전선으로 나오게 만들었다. 사업화 과정에서 경영학 교수인 아들의 도움도 받지 않았다. 관련 법규를 일일이 찾아보고 혼자 벤처기업 인증을 따냈다. 특허취득 과정도 주변 도움 없이 해결했다.

"장기 목표를 세우는 것이야말로 노년을 활기차게 살아가는 확실한 비결입니다."

김예애 사장은 젊은 직원들보다 더 새로운 생각으로 사무실을 이끌고 있다. 김 사장의 장기 목표는 80세가 되기 전에 자신의 발명품인 페달

형 수도 밸브를 보급하고 100세부터는 여성 기업인이 되려는 젊은 여성들의 자문 역할을 하는 것이다. 정년 이후에는 쉬어야 한다는 고정관념이 사람을 늙게 만든다는 게 할머니 발명가 김예애 사장의 주장이다.

그렇다고 해서 할머니 발명가에게 거액을 안겨 준 삼각팬티를 남성들에게 적극 권할 만한 것이라고는 생각하지 않는다. 건강한 음낭(陰囊)과 피부병의 예방을 위해서는 삼각팬티를 입지 않는 게 좋다는 의견이 나오고 있다.

2000년 9월에 발표된 독일 킬 의과대학의 보고서에 따르면 어렸을 때 고환의 온도가 섭씨 1도 가량 높은 상태가 장기간 지속되면 고환의 냉각 메커니즘이 손상되어 고환 성장과 생식 기관 발달에 중요한 저해를 가져온다는 것이다. 사우나를 하거나 열이 날 때처럼 고환의 온도가 잠시 동안 상승해도 생식 기능이 영향을 받는다고 한다.

고환에서 생성하는 남성 호르몬 분비가 부실한 남성은 인생의 활력을 잃고 신체가 급속히 노화된다. 고환의 냉각 메커니즘이 망가지면 남성 호르몬 분비가 약해진다. 남성 호르몬은 성장하는 사춘기 청년에게는 뼈를 굵게 하고 근육을 강화하며 정신적 활력을 제공한다. 이 시기에 남성 호르몬 분비가 약한 청년은 뼈와 근육이 여성화될 뿐만 아니라 성격도 내성적이고 소심해진다.

삼각팬티가 고환에 압박을 준다는 이유로 의사들은 고환 질병 환자에게 사각팬티를 권하기도 한다. 그러나 사각팬티는 피부병이 발생하기 쉽고, 잔여 소변이 허벅지를 타고 흐를 수도 있다. 운동을 할 때는 사각팬티가 위로 말려서 불편할 뿐 아니라 음낭이 흔들려서 통증을 겪게 된다. 따라서 삼각팬티와 사각팬티의 단점을 개선하는 발명품이 하루 빨리 나와야 한다.

＊실제로 삼각팬티를 발명한 인물은 일본의 '스쯔기' 여사였다.

갑자기 증발한 지적재산권

특허권을 비롯해 디자인권 등 지적재산권을 다수 보유한 K씨는 사실상 로열티 수입으로 살아가고 있었다.

그러던 어느 날, K씨는 자신이 가장 아끼던 디자인권이 증발해 버렸음을 알고 절망감에 빠졌다. 이삿짐을 알뜰살뜰 꾸리고 주소를 이전하면서도 특허청 등록 원부에 거주지 변경 사실을 신고하지 않아 생긴 사고였다.

경쟁 관계이자 유사한 디자인을 등록해 둔 L씨가 특허청에 무효 심판을 청구한 사실을 K씨는 미처 알지 못했다. 설사 자신의 디자인이 L씨의 디자인권을 침해한다는 주장이 있더라도 충분한 승산이 있어서 느긋하게 대응할 수도 있었다. 하지만 L씨는 K씨의 실수로 손쉽게 디자인권을 자유롭게 실시할 수 있는 행운을 누리게 되었다.

특허청에서 K씨 앞으로 무효 심판 청구에 대한 답변서와 자료 보완을 요청한 때는 K씨가 이미 거주지를 옮긴 뒤였다. 당연히 특허청의 우편물은 옛날 주소지로 날아갔고 수신인을 만나지 못한 우편물은 즉시 반송되었다. 한 차례 우편물이 반송되자 특허청에서는 공시 송달 절차를 밟을 수밖에 없었다. 공시 송달이라고 해봐야 특허 공보에 게재하는 게 고작이었다. 특허 공보를 매일 찾아볼 수 없었던 K씨가 모르고 넘어간 것은 당연한 일이었다. 1개월이 지나도 K씨의 답변서가 도착하지 않자 당시 특허청 심판소는 무효 심판 청구인의 주장을 그대로 받아들여 K씨의 디자인권을 무효로 처리했다.

따라서 주소가 바뀌면 반드시 출원 계류 중인 사건에 대하여는 출원인 정보 변경 신고를, 이미 등록된 권리에 대하여는 특허(상표) 등록 원부에 주소 변경을 등록해야 한다.

Story 

아내가 디자인한 팬티

− 이중팬티

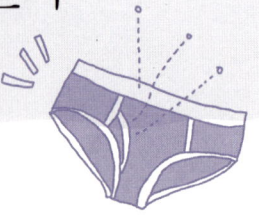

1972년 그 해 봄, 신혼의 단꿈에 젖어 있던 새색시 양미란은 순간순간 심란함을 감추지 못했다. 시댁 식구들의 얼굴조차 분간하기 어려운 데다가 중매로 만나 결혼한 남편에게 마음놓고 얘기하기도 어려웠다. 요리 솜씨도 변변치 않아서 시부모의 눈치를 봐야 하니 죽을 맛이었다.

무엇보다 심란해지는 것은 남편의 팬티 때문이었다. 새색시 양미란은 아무리 봐도 팬티의 앞부분에 달린 단추가 몹시 눈에 거슬렸다. 단추를 일일이 풀어야 용변을 볼 수 있으니 얼마나 불편할까. 남편이 그 출입구의 단추를 풀거나 잠그는 경우를 직접 확인한 적은 없었지만 그녀는 상상의 날개를 펼쳤다.

"아니, 이렇게 생긴 팬티를 입고 있다가 소변이 급하면 언제 단추를 끌러서 일을 보지? 혹시라도 단추 잠그는 것을 잊는다면?"

망측한 장면은 상상만 해도 얼굴이 화끈거렸다. 하지만 팬티에 관한 상상은 뇌리를 떠나지 않았고 눈치껏 남편의 팬티를 들춰보는 시간이 많아졌다. 남자들이 좀 더 간편하게 일을 볼 수 있는 방법이 있을 것만 같았다.

남편이 출근하고 나면 새색시 양미란의 일과가 남자 팬티에 대한 연구로 시작되었다고 해도 과언이 아니었다. 남편의 팬티를 만지작거리다가 시댁 식구들에게 들켜 난처한 입장에 처한 적도 몇 차례 있었다.

하지만 아무리 머리를 굴려도 팬티 연구 과제는 늘 제자리걸음이었다. 그러던 어느 날 아침, 남편이 출근하면서 지갑을 꺼내는 모습이 눈에 들어왔다. 양복 안쪽의 이중으로 포개진 깃 사이로 손을 넣더니 안주머니 속의 지갑을 꺼내는 게 아닌가.

"옳지! 팬티 출입구를 두 겹으로 만들어 포개지도록 하면 되겠구나!"

새색시 양미란은 지난 6개월의 과제를 한순간에 풀 수 있다고 자신했다. 그녀는 하루 종일 두문불출하며 아주 색다른 팬티를 디자인한 뒤 가위질을 하고 재봉틀을 돌렸다. 자신의 발명품을 퇴근하는 남편에게 보여 주려면 서둘러야 했다.

"여보, 당신을 위해 작은 작품을 만들어 봤어요."

잠자리에 들기 전, 양미란은 수줍은 표정으로 요상하게 생긴 팬티를 내밀었다.

"아직 미완성이니까 예쁘게 봐 주세요."

"팬티를 만들어 입을 정도로 가난하진 않잖아."

남편의 반응은 의외로 시큰둥했지만 양미란은 포기하지 않았다. 새로운 팬티를 디자인한 동기와 사용법을 상세히 설명하자 남편의 두 눈이 갑자기 커졌다.

"여보, 정말 훌륭하구려. 이 세상 모든 남자들이 입어야 할 팬티가 틀림없어!"

"당신만 애용하면 그걸로 족해요."

"그건 결코 아냐. 특허를 받아 대량 생산하면 떼돈을 벌 수도 있어."

아내의 역작을 만지작거리던 남편은 흥분을 감추지 못했고, 아예 집안에 생산 시설을 갖추자는 제안까지 내놓았다. 특허를 출원하던 날 남편은 직장을 그만두더니 집 앞 공터에 봉제 공장을 위한 건물을 짓기 시작했다.

밤낮을 가리지 않고 생산되는 이중팬티는 날개 돋친 듯 팔려나갔다. 기존의 팬티와 비슷한 가격이면서도 모든 남성들의 골칫거리를 간단하게 해결했으니 너무나 당연한 결과였다. 드디어 양미란 부부는 2년 만에 국내 남자 팬티 시장을 완전히 석권했으며, 부부가 차린 회사는 연간 수십억 원의 순수익을 올리는 의류 업체로 부상했다. 이제는 전 세계 남성들의 90% 이상이 입는 이중팬티로 자리 잡았다.

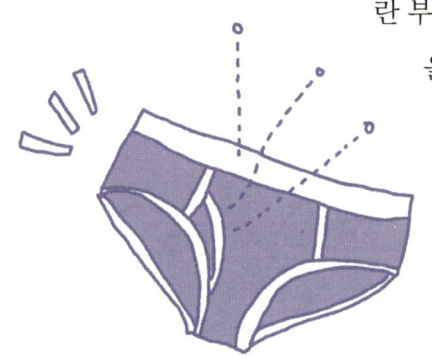

약 30여 년 전 신혼의 단꿈에 젖어 있던 새색시 양미란은 이 발명으로 샐러리맨 남편을 한순간에 유명 의류 가공 업체의 사장으로 만들었고, 자신은 여류 발명가로서 전 세계에 명성을 떨칠 수 있었다.

*실제로 남성용 이중팬티를 창안한 인물은 일본 여성이다.

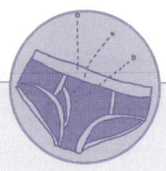

지적재산권의 상속

지적재산권도 부동산이나 동산처럼 상속할 수 있다. 특허권 등 산업재산권도 말 그대로 재산권이므로 얼마든지 이전할 수 있다. 그리고 특허권·실용신안권·디자인권·상표권과 이들에 대한 전용(독점) 실시(사용)권의 이전은 등록하지 않으면 효력이 발생하지 않지만 상속은 등록하지 않아도 효력이 발생한다.

지적재산권은 권리자가 사망하면 당연히 상속인에게 포괄적으로 이전된다. 그러나 새로 권리를 취득한 상속인이 특허청에 이를 신고하지 않으면 임자 없는 산이 되기 쉽다.

일반적으로 부동산 상속에 관한 한 이전 등기 절차를 철저히 밟으면서도 눈에 보이지 않는 지적재산권은 너무나 소홀히 취급하는 경향이 있다. 결국 귀중한 재산을 제대로 상속받지 못해 다른 사람이 몰래 가져가도 알지 못한다.

실제로 국내에서 있었던 일이다. 디자이너 P씨는 자신의 명의로 상표권을 등록한 상태였으나 갑자기 사망하는 바람에 이 사실을 자식에게 알리지 못했다. 그래서 상표권을 상속받아야 할 자식조차 관심을 두지 못했다. 이때 제삼자가 P씨와 동일한 상표를 등록하여 P씨 가족은 기업 중단은 물론 상표권마저 잃고 말았다.

이 같은 사례는 우리나라에서 자주 벌어지는 현상이다. 동산과 부동산 같은 재산은 빈틈없이 상속받으면서도 정작 기업으로 경영하는 업체의 상호를 상속받지 못해 돌이킬 수 없는 타격을 입었다. 특허청에 신고만 했어도 다른 사람에게 상표나 서비스표를 빼앗기지 않았을 텐데 말이다. 특허권은 상속이 개시된 때에 상속인이 없으면 소멸된다. 그리고 상표권자가 사망한 날부터 3년 이내에 상속인이 상표권의 이전 등록을 하지 않으면 상표권자가 사망한 날부터 3년이 되는 다음날에 상표권이 소멸된다.

Story

양치기 소년이 맞은 돈벼락

- 철조망

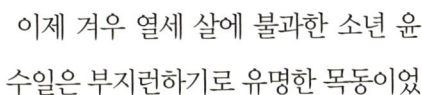

이제 겨우 열세 살에 불과한 소년 윤수일은 부지런하기로 유명한 목동이었다. 대장간을 운영하는 가난한 아버지를 도와 가며 학비를 버는 효자이기도 했다. 돈 많은 목장 주인을 찾아가 양치기 목동이 되겠다고 사정한 것도 스스로 학비를 조달하겠다는 각오가 있었기 때문이다.

소년 윤수일은 검정고시를 거쳐 대학에 진학하는 게 꿈이었다. 다른 친구들이 6년 걸려 마칠 중·고등학교 과정을 그는 3년 안에 끝낼 생각이었다. 그런 목표를 이루기 위해서 그는 용돈 수준의 품값을 받고 양을 돌보던 중에도 꾸준히 책과 씨름했다.

그러던 와중에서 공부하다 보니 양치기 윤수일의 눈을 피해 울타리를 넘어간 양들이 이웃 농장을 망쳐 놓는 경우가 더러 있었다. 그 때마다 윤수일은 목장 주인의 심한 꾸중을 들을 수밖에 없었다.

"이놈아! 양치기 주제에 책을 읽다가 사고를 쳐?"

인내심의 한계를 느낀 목장 주인은 결국 다른 목동을 구하겠다고 나왔다.

"죄송합니다. 아버지와 당장 상의해 손해를 배상해 드리겠습니다."

"벌써 몇 번째냐?"

"사장님, 두 번 다시 실수하지 않겠으니 이번만 용서해 주세요."

"좋다. 이번이 마지막이다."

가난한 집안에 태어나 독학하는 윤수일의 처지가 안쓰러웠던지 목장 주인은 다시 한 번 기회를 주었다.

"너희들 때문에 매일 혼나는 내가 불쌍하지도 않니? 얘들아, 제발 공부 좀 하게 도와 줘라."

윤수일이 양들을 토닥이며 사정했지만 별로 개선되는 기미가 보이지 않았다. 그런데 공부하는 시간을 빼앗긴 게 안타까워 안절부절못하던 어느 날이었다. 울타리를 넘으려는 양 몇 마리를 무심코 관찰하던 중에 묘한 습성을 발견했다. 양들은 장미 넝쿨로 만들어진 울타리로는 아예 접근하지 않고 듬성듬성 세운 기둥에 철사만 둘러친 울타리로만 넘나드는 게 아닌가.

"하느님께서 내게 은총을 내려주신 거야!"

윤수일은 두 눈을 부릅뜨고 외쳤다. 철물과 쇠붙이를 매만지는 대장간 주인을 아버지로 둔 것도 하느님의 은총이라고 생각했다.

"아버지, 양들이 장미 넝쿨의 가시를 무서워한다는 걸 발견했어요!"

"내 아들이 참 대단한 발견을 했구나."

정신 나간 사람처럼 달려드는 아들을 이상하게 생각하며 아버지가 비아냥거렸다.

"철사 울타리에 가시를 만들면 고민이 해결될 수 있을 거예요."

"아! 무슨 소린지 이제야 알겠다."

아버지의 목청이 한 옥타브 올라간 것은 그 순간이었다.

"얘야, 이 대장장이 아버지가 네가 원하는 대로 당장 만들어 주마."

양치기에 신경을 쓰느라고 공부할 시간이 없는 아들을 위해 아버지는 그 날 당장 철사를 자르기 시작했다. 그 이튿날 아침, 날이 밝기 무섭게 아버지와 아들은 목장으로 달려갔고 하루 종일 매달린 끝에 가시 울타리를 완성시켰다. 둘러쳐진 철사 줄 군데군데에 일정한 간격으로 철사 토막을 새끼처럼 꼬아서 가시철조망을 만들었다.

"사장님, 제가 만든 기적을 보여 드리죠."

윤수일은 목장 주인의 소매를 끌고 목초지로 달려갔다.

"제가 저 양들을 울타리 쪽으로 몰 테니 어떤 상황이 일어나는지 잘 보세요."

어리둥절한 표정의 목장 주인이 지켜보는 가운데 윤수일은 양들을 울타리 쪽으로 몰아갔다. 바로 그 순간 기적이 일어났다.

"사장님, 똑바로 보세요. 단 한 마리도 울타리를 넘어가지 못합니다."

"정말이구나. 네 말대로 기적이 일어났어."

"제가 만든 기적을 인정하신다면 제 소원을 들어주세요."

"그 소원이라는 게 뭔데?"

"저를 해고시키지 말아 주세요."

"해고라니? 말도 안 돼. 품값도 올려 주고 네가 원하는 날까지 양치기를 하도록 배려할 생각이다."

목장 주인은 그 정도의 특혜로 만족하지 않았다. 윤수일에게 특허를 출원하고 공장을 짓는 데 소요되는 자금까지 지원했다. 윤수일은 자신이 고안한 가시 울타리의 이름을 '철조망'으로 작명했고 아버지를 철조망 회사의 사장으로 앉혔다.

그 철조망이 처음 사용된 분야는 목장과 공장의 울타리였다. 그러나 제1차 세계 대전이 터지자 특수(特需)가 이어졌다. 세계 각국에서 국경선을 표시하는 용도로 사용하기 위한 주문이 쇄도하기 시작했고 윤수일 부자는 엄청난 돈을 벌 수 있었다. 윤수일이 특허권의 권리가 끝날 때까지 지구촌 각지에서 벌어들인 돈은 천문학적인 규모였다. 한국에서 이름난 경리 전문가 11명이 1년 동안 계산해도 쩔쩔매야 할 정도로 거액이었다고 한다.

"성공의 비결을 말씀해 주시지요."

어떤 신문 기자가 노년기에 접어든 윤수일에게 물었다.

"아들의 작은 발견은 훌륭한 아버지를 만났기 때문에 가능한 일이었습니다."

윤수일은 대부분의 성공 비결을 돌아가신 아버지에게 돌렸다.

"음악회에서 여럿이 연주할 때 서로 협력하여 멋진 화음을 만듭니다. 그 화음은 아름다운 음악이라는 결과로 나타나죠. 아버지와 저는 한때 가난했으나 둘이 조화를 이루어 멋진 작품을 탄생시킨 겁니다. 멋진 아버지를 만나게 해 주신 하느님께 모든 영광을 돌려 드리고 싶습니다."

비록 양치기를 하던 중에 우연히 발견한 하찮은 아이디어였지만 윤수일과 아버지는 그것을 독점적인 지식재산권으로 발전시켰다. 하지만 이 세상을 떠날 때 그들은 옛날과 다름없이 모두 빈손이었다. 평생 벌어들인 돈을 자손들에게 상속하지 않고 사회에 환원했기 때문이다.

적군의 접근이나 침입을 저지하고 그 행동을 방해하기 위해 진지 부근에 설치하는 유자철선(有刺鐵線)으로 된 장애물을 철조망이라고 한다. 지상에 쇠말뚝(철주, 鐵柱)이나 나무 말뚝을 박고, 거기에 유자철선을 종횡으로 얽어서 만드는 것이 보통이나, 원형으로 된 유자철선을 몇 겹으로 하여 그대로 지상에 치는 간단한 것도 있고, 철조망에 전류를 통하게 한 것도 있다.

철조망은 그 자체만으로도 적병의 접근에 어느 정도의 제한을 주는 효과가 있으나, 철거를 당하기도 비교적 쉽고 전차 등에 대해서는 거의 효력을 발휘하지 못한다. 하지만 철조망을 지뢰 지대나 기관총의 화망(火網)과 적절히 조화시키고 조직화할 때 큰 장애 효과를 발휘한다.

철조망의 앞뒤에 지뢰 지대를 설치하고, 그 일대에 기관총의 화망을 구성하여 두는 것이 보통이며, 이렇게 함으로써 철조망에 의해 지체된 채 그 일대에 밀집해 있는 적병을 기관총의 화망으로 살상할 수 있고, 철조망을 파괴하기 위해 전차가 진입하면 지뢰 지대에 매설한 대전차 지뢰가 폭발하는 등의 위협을 주게 된다.

철조망을 파괴하기 위해서는 포병 사격이나 폭탄 투하, 전차에 의한 답파(踏破) 방법이나 절단기가 사용되며, 때에 따라서는 철조망을 파괴하지 않고 그대로 둔 채, 그 위에 판자나 사다리, 커다란 멍석 같은 것을 걸쳐서 통과하는 경우도 있다.

한반도를 두 동강내고 가로지른 휴전선의 철조망은 우리 민족에게 비극의 상징이기도 하지만, 역사가 기록된 이래 발명품 중에서 가장 많은 돈을 벌게 만든 것이 철조망이다. 철조망은 나이 어린 목동을 세계 제일의 부자로 만든 지식재산권이기 때문이다.

*실제로 철조망을 발명한 인물은 '조셉' 이었다.

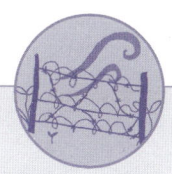

이미 존재하는 제품의 특허 출원

Q K사는 이미 3년 전부터 특정 스틸 제품을 개발하여 여러 업체를 상대로 판매하고 있었다. 실용신안이나 디자인 등록 신청 등은 미처 생각하지 못했다. 그러던 중에 K사의 거래처 A사가 실용신안과 디자인 등록을 먼저 신청하고 말았다.

그 뒤로 A사는 물론 수많은 업체가 우리 회사의 제품과 동일한 물품을 생산 판매해 왔다. 이 사실을 확인한 A사가 우리 회사만 제외하고 모든 업체 앞으로 생산을 중지하라는 문서를 보냈다. A사는 조만간 우리 회사에도 법적 조치를 취하겠다고 벼른다.

법치국가에서 과연 이런 일이 가능할까? 특허를 출원한 업체보다 먼저 제품을 개발, 생산, 판매했다는 인적, 물적 증거가 있다. 어떻게 대처해야 할까?

A 특허 출원 당시 국내에 존재하던 물건에는 특허권(실용신안권과 디자인권도 동일)의 효력이 미치지 않는다. 따라서 K사의 경우 상대방의 특허권 등을 침해하지 않은 것으로 판단된다. 이런 내용을 중심으로 증거와 법적 근거 규정 등을 명시하여 내용증명 답변서를 보내야 한다.

특허 출원하기 전에 제조 판매된 물품과 동일한 것에 특허, 실용신안, 디자인이 등록된 경우에 해당 특허는 무효 심판에 따라 무효가 될 수 있다. 무효가 되면 해당 특허 등록 등은 처음부터 없었던 것으로 본다.

특허 출원 당시의 사정에 따라 다르겠지만 일단 A사는 K사의 발명, 고안을 몰래 훔쳐서 출원한 것이 된다. K사가 특허를 취득하는 방법이 있으나 상대방이 출원하기 전에 이미 공개된 것으로 보이므로 그 가능성은 크지 않다고 생각된다.

Story

억만장자가 된 경비원
- 성냥갑

1968년, 더위의 끝자락이 남아 있는 계절이어서 무척이나 더웠다. 사방이 유리로 둘러쳐진 빌딩 관리실은 그야말로 찜통이었다. 서른 살의 경비원 김명년은 비지땀을 흘리며 고통을 참고 있었다. 그런 순간이면 신세 타령이 절로 나오곤 했다.

"내 인생을 수위로 끝낼 수는 없지."

어린 시절부터 손재주 많고 아이디어맨으로 소문난 김명년으로서도 뾰족한 수가 없었다. 인문 고등학교를 졸업한 학력으로 공장을 기웃거리다가 운 좋게 만난 빌딩 주인 덕분에 빌딩 경비원이 된 게 고작이었다.

서른 살이 지나기 전에 장가를 들어야 하지만 벌어 놓은 돈도 없는 데다 경비원에게 시집오겠다는 여자도 없었다. 일확천금을 꿈꾸며 매주 꾸준히 사 왔던 복권과도 인연이 없는지 매번 '꽝'이었다.

그렇다고 그냥 멍하니 앉아 있기가 뭣해서 성냥갑을 만지작거리는 걸 취미로 삼았다. 이 곳 저 곳에서 들어오는 판촉용 성냥갑을 모았다가 자취방에 가져가는 것에 불과했지만 꾸준히 모아 보기로 했다. 나중에 실내포장마차나 술집을 차릴 때 인테리어용으로 쓰겠다는 생각도 없지 않았다.

그러던 중에 직사각형과 팔각형의 성냥갑들이 너무 많은 것에 실망하기도 했다. 모양을 바꾸는 것도 발명이라고 하던데 디자인에 신경을 쓰지 않는 사람들을 이해하기 어려웠다. 빌딩 수위를 면하고 돈을 벌려면 성냥갑을 집중적으로 연구해 보는 것도 괜찮지 싶었다.

"그래! 성냥 박사가 돼 보는 거야!"

판촉 개발의 열기가 뜨겁게 달아오르는 요즘, 값싼 물건으로 회사와 상품을 홍보하려는 기업들의 극성에 편승할 경우 뭔가 작품이 나올 것만 같았다. 유명 대기업들이 현상금까지 내걸고 아이디어를 모집하는 판이니 머리를 굴려 볼 생각이었다.

"하루 중에 절반을 아이디어 개발에 투자하자."

그런 결심이 서자 김명년은 새로운 판촉물 개발에 운명을 걸기로 했다. 일주일에 4일만 근무하는 수위였으므로 연구 개발 시간도 충분했다. 그는 판촉물 개발에 착수하기 전에 3대 원칙을 정했고 집과 관리실의 벽에 가훈처럼 붙여 두었다.

1. 값이 싸야 한다.
2. 모든 사람의 필수품이어야 한다.
3. 독특해야 한다.

그 3대 원칙을 바라보며 끙끙 앓다가 담배 한 대를 피우려던 순간 김명년은 무릎을 쳤다. 우선 성냥갑으로 출발해 보자고 다짐했다. 그 날부터 빳빳한 종이를 구해 성냥갑을 만들기 시작했고 하루에 너덧 종류의 성냥갑을 만들었다.

"저 친구, 머리가 이상해진 거 아냐?"

"성냥 공장이라도 차릴 모양이야."

영문을 모르는 동료들이 비웃기까지 했으나 김명년은 즐겁기만 했다.

"성냥갑으로 치장한 카페를 차릴 생각이거든."

심중을 숨기며 김명년은 능청까지 떨었다. 다양한 형태의 성냥갑을 만들다 보니 시간이 어떻게 흐르는지도 몰랐다. 이단 형, 반달 형, 맥주병 형, 팔각형, 원통형…. 새로운 모양의 성냥갑이 만들어질 때마다 그의 희망도 그만큼 부풀어 올랐다.

"몇 가지를 만들 작정인가?"

"응, 백 가지를 만들 생각이야."

동료들의 호기심 속에서 마침내 김명년은 1백여 종의 성냥갑을 디자인했다. 그 중에서 50여 개를 골라 특허청에 디자인권 출원을 마치던 날 맥주 회사를 찾아갔다.

"맥주 회사의 판촉물은 아무리 고민해 봐도 맥주병 모양의 성냥갑이 어울리겠죠."

그 회사의 홍보 담당 임원을 만나던 자리에서 김명년은 자신 있게 권했다. 채택하지 않을 경우 다른 경쟁 회사를 찾아가겠다는 으름장도 놓았다.

"좋습니다. 양다리만 걸치지 않는다면 적극 검토하겠습니다."

홍보 담당 임원은 김명년을 구슬려 놓은 뒤 속전속결로 처리했다. 한국 굴지의 맥주 회사가 신제품의 홍보용 판촉물로 채용해 준 것이었다. 잘 꿰어진 그 첫 단추가 김명년의 운명을 송두리째 바꿔 버렸다.

나머지 성냥갑들도 꾸준히 팔려 나가면서 김명년이 받는 로열티도 연간 수억 원에 이르렀다. 뒤늦게 수많은 기업과 업소들이 성냥갑의 변형을 시도했으나 이미 김명년이 모두 디자인권 출원을 마쳐 버려 번번이 허사일 수밖에 없었다.

"남들이 조롱거리로 삼던 자그마한 아이디어가 그 친구의 일생을 바꿔 버렸어."

"미친 줄 알았더니 대단한 발명가였네."

여전히 수위 신세를 못 면한 옛 동료들은 그제야 부러움을 감추지 못했다.

*실제로 성냥갑 디자인으로 큰돈을 번 인물은 일본의 '쓰쓰이'였다.

특허권 침해에 대한 심층 검토

Q 실용신안 등록 결정이 끝난 뒤 특허청에 등록료를 납부하고 등록증 발급을 기다리는 중이다. 이 상황에서 우리 회사가 개발한 기계와 유사한 제품을 만드는 업체가 나타났다.

그 업체는 전단지를 시중에 유포하면서 신문 지상에 광고까지 하고 있는 실정이다. 구체적인 법적 대응 절차와 방법이 궁금하다.

단순히 전단지나 신문 광고지만으로 우리 회사 제품과 유사하다고 판단하여 법적 제재를 취하는 게 가능한지? 잘못하다간 우리 회사가 무고죄로 걸리진 않을까?

A 실용신안권, 특허권에 대한 구제 방법으로 ▶민사상 침해의 중지 ▶예방의 청구 ▶손해배상 청구 ▶신용 회복의 청구 등이 있으며, 모든 내용의 중복 청구도 가능하다. 실용신안권을 침해한 자는 엄중한 처벌을 받게 된다.

일반적으로 권리 침해 시 민·형사상 구제를 받으려면 이를 청구하는 자가 침해자의 고의 또는 과실을 입증해야 한다.

하지만 특허권, 실용신안권 침해의 경우에는 침해한 자의 과실이 있었던 것으로 추정하기 때문에 침해자의 고의 또는 과실을 입증하지 않아도 된다.

많은 시간과 비용이 소요되는 소송을 피하려면 소송 제기 전에 화해를 모색하는 것이 바람직하다.

침해의 증거를 확보한 뒤 내용증명 경고장을 보내 침해 중단을 요구하면서 화해를 유도한다. 손해배상금이나 실시료를 받고 실시권을 허락하는 조건으로 화해를 시도하는 방법도 있다.

경고장 발송이 법적 제재의 필수적인 전제는 아니지만 경제적인 방법이다. 그러나 상대방의 증거 인멸 가능성이 높으므로 침해의 증거를 사전에 확보하는 게 중요하다.

광고물만으로 침해 여부를 판단하기란 쉽지 않다. 그러나 광고물의 기재 내용으로 보아 해당 실시품이 귀하의 실용신안권의 범위에 속하는 것이 명백하다고 여겨지면 그것만으로도 침해의 증거가 될 수 있을 것이다.

특허권이나 실용신안권 침해죄는 친고죄로서, 침해자를 안 날부터 6개월이 지나면 형사 고소가 불가능함을 유념해야 한다.

특허권자가 법적 제재를 시작하면 상대방은 일반적으로 해당 권리에 대한 무효 심판 청구, 권리 범위 확인 심판의 청구 등으로 대응한다. 따라서 법적인 조치를 개시하기 전에 충분한 검토가 필요하다.

디자이너가 남긴 우화
- 미니스커트

"너무 짧은 치마를 입고 다니는 여성들이 있어 우리 사회가 혼란스럽다. 우리 청소년들이 그 꼴을 보면 묘한 충동을 느낄 것이다. 그런 의미에서 풍기 문란을 강력히 단속해야 한다."

최고 권력자가 일갈하자 일사불란한 조치가 떨어졌다.

"처벌 기준은 무릎 위 15cm로 정한다."

높은 사람이 고뇌 끝에 단속 지침을 만들었다.

"그렇다면 일일이 스커트의 길이를 재야겠군요?"

아랫사람이 물었다.

"멍청한 놈! 치마의 길이를 재는 게 아니라 무릎 위의 노출 범위를 재라는 뜻이다. 무릎 위부터 치마 끝단까지 그 길이가 15cm를 넘을 경우 처벌한다는 뜻이다."

"무엇으로 그걸 재야 합니까?"

"아예 30cm 대나무 자를 들고 다녀라."

높은 사람의 유권 해석과 지시에 따라 경찰들은 권총과 함께 30cm 대나무 자를 단검처럼 꿰차고 다녔다. 1970년대 박정희 정권 시절에는 무릎 위 15cm, 무릎부터 스커트 끝단까지 그 길이를 재어 15cm가 넘을 경우 풍기 문란 혐의로 기소되었다.

1970년대는 장발 단속, 야간 통행금지, 미니스커트 단속 등 단속과 금지라는 단어가 난무하던 시대였다. 하지만 젊은이들은 생맥주, 통기타, 청바지를 유행시키면서 악착같이 머리를 기르거나 미니스커트를 입었다.

그 많은 단속과 금지 사항 중에서 실소를 금치 못하게 하던 풍경은 미니스커트 단속이었다. 귀국하던 길의 가수 윤복희가 김포공항에 처음 입고 나타나면서 유행하기 시작한 미니스커트가 70년대를 강타했지만, 장발과 마찬가지로 미니스커트 착용도 '풍기 문란' 죄목으로 단속 대상이 되었다.

"아가씨, 잠시 검문이 있겠습니다."

30cm 대나무 자를 들고 다니던 경찰들은 지나가는 여성의 치마가 유난히 짧아 보이면 반드시 잡아 세우고 치마의 길이를 쟀다. 상대적으로 음흉스럽거나 장난기가 심한 일부 경찰들은 별로 짧지 않은 스커트를 입은 여성이 발견되어도 점잖게 시비를 걸었다.

"죄송하지만 같이 가야겠어."

치마 끝단이 무릎 위 15cm 이상 올라가 있는 여성들은 당연히 처벌을 받기 위해 파출소로 연행되어야 했다. 경찰들이 대나무 자를 들고 처녀들의 허벅지를 훑어 대자 '우리도 경찰이나 되자'는 농담이 유행했었다.

1960년 여름, 앙드레 박은 새로운 여성 의상을 선보이기 위해 연구를 거듭하고 있었다. 여성들이 가장 좋아하는 옷은 어떤 타입일까? 그것은 영원한 숙제이자 풀기 쉽지 않은 미스터리 중의 하나 같았다.

그 동안 수천 종의 디자인을 만들어 선보였고 그 중 몇 가지를 자신 있게 시장에 내 놓았으나 반응은 신통치 않았다. 인기를 누린 디자인도 적지 않았건만 대부분 반짝 유행에 그쳤고 오래도록 팔린 작품이 없었다.

오기가 발동한 앙드레 박은 그럴수록 집념이 깊어져 감당할 수 없는 지경에 이르렀다. 세상을 깜짝 놀라게 할 의상을 찾기 위한 진통은 그칠 줄 몰랐고 밤낮을 가리지 않았다. 그럼에도 불구하고 오랜 연구가 별다른 효과를 거두지 못하자 그는 모든 발상을 원점으로 되돌렸다.

"난 디자이너 자격이 없어! 아무래도 뭔가 잘못 짚고 있는 거야."

그렇게 스스로 고문하다 보니 새로운 혜안(慧眼)이 열리는 느낌이었다. 여성에 대한 아름다움의 포인트는 얼굴에서 시작한다. 하지만 그 다음은 어디일까. 특히 남성들의 관점에서 보면 가슴과 엉덩이도 무시할 수 없을 것이다. 그 밖에 많은 남성들은 곧게 뻗은 두 다리의 각선미를 확인하고 싶은 게 본능일 터였다.

"선생님은 여성의 어떤 부위가 노출되는 게 좋습니까?"

앙드레 박은 비슷한 질문을 많은 남성들에게 던졌다.

"가슴과 엉덩이도 보고 싶지만 각선미도 무시할 순 없어요."

대체적인 의견이 그랬다.

"가슴과 엉덩이의 노출은 한계가 있지만 두 다리 정도야 웬만큼 노출시켜도 괜찮지 않겠어요? 엉덩이는 조여서 감싸고 각선미를 노출시키면 더욱 좋겠습니다."

그런 답변을 들으면서 앙드레 박은 여성의 신체 부위와 더불어 남성 심리까지 분석했다. 사실상의 정답은 그 남성들의 솔직한 의견에 모두 숨어 있었다.

"아찔하게 짧은 스커트로 다리 곡선과 엉덩이를 부각시키세요."

절친한 후배 하나가 던진 그 말이 앙드레 박을 긴장시켰다. 아주 쉽고 평범한 의견 안에 숨겨진 관점이었지만 그 이상의 모범 답안은 없어 보였다.

"그것은 대단한 모험이야. 과연 그토록 노출이 심한 스커트를 거침없이 입을 수 있는 배짱 좋은 여성이 이 세상에 몇 명이나 되겠어?"

앙드레 박은 온몸에 전류가 흐르는 걸 어쩌지 못하면서도 부러 그렇게 되물었다. 사회적인 상황도 그런 의문이 들게 만들고 있었다. 그 당시만 해도 여성들이 무릎 위 허벅지를 드러낸다는 것은 상상도 할 수 없는 시대였으니까.

"아닙니다. 용기를 갖고 앞서가야 하는 것이 의상 디자이너입니다. 아름다움은 자랑스럽게 공개돼야 한다는 게 제 소신입니다."

그 후배는 앙드레 박이 해야 할 말을 대신하고 있었다.

"좋다. 네 소신을 존중하며 도전해 보는 거다."

앙드레 박은 결심이 굳어지자 비장의 카드인 미니스커트를 과감히 선보이기로 했다. 주변 선배와 여성들의 반대를 무릅쓰고 대형 패션쇼를 열어 파격적인 디자인을 시장에 내놓았다.

"여성의 몸매를 상품화하는 모험이 무척이나 역겹다. 종전의 인기를 만회하기 위한 유명 디자이너의 술수에 지나지 않는다."

"오늘 당장 그 망측한 미니스커트를 불태워 버려라. 그렇지 않을 때 무서운 저항에 부닥칠 것이다."

예상대로 처음에는 미풍양속을 해친다는 항의가 빗발쳤다. 의류 업계와 디자이너 모임에서도 만만치 않은 비판이 쏟아졌다.

하지만 그토록 비관적인 반응은 잠시였다. 미니스커트가 여성들의 폭발적인 인기를 얻기 시작하자 그 위세에 눌린 보수주의자들의 목소리는 종적을 감추어 버렸다. 그 정도는 약과였다. 무릎 위로 한참 올라간 스커트가 유행하는가 싶더니 놀라운 변화의 물결이 전국을 강타했다. 겨우 중심부만 가린 느낌을 주는 미니스커트가 단숨에 나라 전역을 휩쓸었다. 얼마 지나지 않아서 지구촌이 걷잡을 수 없는 미니스커트 열풍에 휘말려 버렸다.

동방예의지국을 부르짖으며 그 이름을 자존심의 상징으로 알던 대한 민국에서 괴상망측한 스커트가 나라 망신을 시켰다고 침을 튀기던 도덕군자들도 입을 다물었다. 눈살을 찌푸리던 정부측에서도 어쩔 수 없이 수출 공로를 인정하여 앙드레 박에게 훈장을 수여하고 말았다.

　입이 딱 벌어지는 사태는 그 다음에 일어나고 말았다. 앙드레 박은 세계적인 의상 디자이너로 급성장했고 국내에서 가장 멋진 빌딩과 기업을 소유한 재력가가 되었다. 한때나마 그의 특허권을 사려는 세계적인 갑부들이 행렬을 이루었지만 그는 끝가지 장인 기질의 고집을 부렸다.

＊실제로 미니스커트를 처음 만들어 떼돈을 번 인물은 영국의 의상 디자이너 '메리퀸트' 여사다.

권리를 침해당했을 때의 경고장

Q 실용신안 특허 전용 실시권자다. 권리 침해를 당했을 때 어떤 문서를 어떻게 작성해야 할까? 실시권을 갖고 있는 제품과 유사한 황토 불판을 다른 사람이 만들어 어떤 식당에 납품하고 있다. 그 식당 앞으로도 경고는 물론이고 권리 침해에 대한 법적 제재를 가할 수 있을까?

A 권리 침해자에게 보내는 경고장에는 일반적으로 ▶침해자의 성명과 주소 ▶특허권의 표시(특허 등록 원부, 특허 공개 공보 또는 공고 공보 첨부) ▶귀하가 전용 실시권자로서 경고장을 보낼 경우 전용 실시권의 확인(특허 등록 원부 사본 첨부) ▶침해자의 권리 침해에 대한 기술(무엇을 언제, 어디서, 어떻게 등) ▶침해에 따라 어떠한 제재를 받는지에 대한 기술 ▶시정 요구(물건의 회수 폐기, 현재까지의 판매량·재고량의 통지 요구 등) ▶회신의 기한 명시 ▶발신인의 성명, 주소, 연락처 등이 포함되어야 할 것이다.

특허 제품을 이용하여 영업하는 사람도 '특허품을 업으로 실시하는 자'라고 할 수 있으므로 원칙적으로 특허권을 침해한다고 봐야 한다. 하지만 침해의 고의 또는 과실 등 사정에 따라 구체적인 판단이 달라질 수도 있다. 우선 그 식당 앞으로 경고장을 발송하여 반응을 살펴볼 필요도 있다.

꿈을 이룬 보험 설계사

– 만년필과 볼펜

3남 1녀의 가장인 손대호는 유명 보험 회사의 대리점을 운영하고 있었다. 그는 충남 보령에서 고등학교를 졸업하고 무작정 상경한 뒤 밑바닥을 전전하다가 보험 설계사로 10여 년을 보냈다. 그는 참으로 열심히 뛰었다. 회사 조직 안에서 하루 빨리 출세하겠다는 목표가 있어 그랬다기보다는 먹고살기 위해선 그 길밖에 없다고 생각했기 때문이다.

그처럼 쫓기는 듯한 생활을 이어 가다가 보험 세일즈 노하우를 익힌 손대호는 그 동안의 인맥을 활용할 목적으로 대리점을 차려 분가했다. 하지만 예전의 고객들은 그를 외면했고 보험 약정고는 날로 줄어들었다. 나중에는 사무실 임차료를 부담하기 어렵게 되자 대리점 사무실을 아예 집으로 옮겨 버렸다. 말이 좋아 대리점 사장이지 박박 기던 예전의 보험 설계사 신세보다 못했다.

아내가 식모살이로 살림에 보태도 손대호는 자기 앞가림도 하기 힘들었다. 이름 석 자가 무색하도록 그는 형편이 말이 아닌 가장이었다. 일가친척은 물론 사돈의 팔촌까지 보험 가입자로 끌어들여 가며 신발에 탄내가 나도록 뛰었지만 보험 계약 실적은 날이 갈수록 바닥 수준을 헤매고 있었다. 비참해진 손대호에게 더 불행한 일이 벌어졌다. 어렵게 설득한 고객 앞에서 보험 계약서를 꾸미다가 그만 잉크를 쏟고 말았던 것이다.

"에이! 다음에 다시 와요!"

금싸라기 같은 시간을 쪼개어 만나 준 고객이 팔을 내저었다.

"사장님, 다시 쓰면 됩니다."

"관둬요, 관둬!"

잉크로 바지를 적신 고객은 거지를 내쫓듯 손대호를 물리쳤다. 손님 앞에서 무안을 당하고 약이 오를 대로 오른 손대호는 집에 돌아오자마자 새 필기구 발명에 몰두하기 시작했다.

"당신이 무슨 발명을 한답시고 매달려유? 당장 관둬유, 관둬!"

남편이 보험 설계사를 포기하고 주저앉아 이상한 일에 매달리자 아내마저 그 말을 반복했다. 정 할 일이 없으면 남대문 시장에 가서 지게질을 하는 게 백 번 낫다는 것이었다. 하지만 그는 아내의 멸시와 바가지를 극복하고 3개월 만에 현대식 만년필을 만들 수 있었다. 잉크가 새지 않으면서 곧바로 종이에 쓸 수 있는 모세관식 만년필을 발명했던 것이다.

"두고 봐. 이 만년필이 세상을 확 뒤집고 말 거야."

너무도 믿을 수 없어 입을 삐죽거리는 아내 앞에서 손대호는 큰소리를 쳤다.

"허풍 떨지 말고 겨우 내내 때야 할 땔감이나 구해 와유!"

"그래, 알았어."

아내의 차가운 외면에도 불구하고 손대호는 회심의 미소를 지으며 집을 나섰다. 그 날 저녁에 그는 한겨울의 땔감을 구해 온 것이 아니라 집 한 채와 3년치 양식을 살 수 있는 거금을 벌어 왔다.

"당신, 바른 대로 말해유!"

아내가 버럭 볼 터지는 소리로 손대호의 얼굴에 침을 튀겼다.

"왜 그래?"

"영감, 어디서 한탕 했지유?"

"돈 많은 사업가에게 내 발명품을 팔았어. 잘 팔리면 더 준대. 이걸 보라구. 3년 동안 더 많은 돈을 준다는 계약서야."

손대호가 낫 놓고 기역자도 모르는 문맹(文盲)의 아내에게 계약서를 내밀었다.

"이게 꿈인지 생신지 나도 모르겠네유."

그제야 아내는 남편의 능력을 믿는 눈치였다.

"두고 봐. 더 놀라운 발명품을 탄생시키고 말 테니까."

"영감, 이거면 됐어유. 괜히 몸 버리지 말구 편히 지내유."

"아냐. 오늘 벌어온 돈 중에서 일부만 헐어 줘. 그걸로 더 확실한 만년필을 만들 작정이니까."

"당신이 번 돈이니까 당신 맘대로 하시구려."

남편의 무능력을 저주하던 아내가 돌변하기 시작했다.

"만년필이 뭔지나 알아? 잉크를 한 번 넣으면 천 년 만 년 쓸 수 있는 거라구."

손대호는 아내를 끈질기게 설득하여 만년필의 펜촉을 개량하는 연구에 돌입했다. 그는 마침내 작은 공이 회전하면서 펜촉과 만년필을 대신하는 볼펜을 만들 수 있었다. 그가 새로 발명한 볼펜을 간단하게 설명하면 이랬다.

"펜 끝에 부착된 단단하고 작은 공이 지면과의 마찰로 회전합니다. 그 때마다 작은 공이 잉크 관에서 잉크를 뽑아내어 종이에 분사시키죠. 다시 말해 볼 베어링을 내장하여 특수 잉크를 사용하기 때문에 장시간 잉크를 주입하지 않아도 됩니다."

손대호는 3년의 노력 끝에 발명한 볼펜을 들고 예전의 그 재산가를 찾아갔다. 그 영감은 어느 새 만년필 공장을 차려 일취월장하고 있었다.

"이 볼펜의 장점을 말씀드리죠. 첫째, 질 나쁜 종이 위에서도 저항 없이 부드럽게 필기할 수 있습니다. 둘째, 이 볼펜 한 개로 필기 거리를 500m 이상 유지할 수 있습니다. 펜촉과 만년필이 도저히 따를 수 없는 장점을 두루 갖춘 게 바로 볼펜이죠."

설명을 듣고 난 만년필 공장 사장은 손대호를 십 년 만에 만난 친구를 반기듯 덥석 끌어안았다.

"내가 회장으로 물러날 테니 손 선생이 사장으로 앉으시지요".

돈 좀 있다고 목에 힘을 주던 옛날의 사장이 아니었다. 사장은 상전을 모시듯 허리를 굽히고 두 손을 모았다.

"아닙니다. 저는 발명품을 팔러 왔지 사장 자리가 탐나서 온 게 아닙니다."

"그건 말도 안 돼요. 이제부터 손대호 사장은 동업자가 돼야 합니다. 내 회사 주식의 절반을 손 사장님께 드리죠."

졸지에 사장이 된 손대호는 그 날 당장 회사 주식의 절반을 양도받는 약정서에 서명했다. 생산은 손대호가 전담하고 판매와 경영은 회장이 맡는 조건이었다.

"어렵던 시절을 잊지 말아야 해."

보험 설계사로 생존하다가 졸지에 만년필과 볼펜을 생산하는 업체의 사장이 된 손대호는 아내와 자식들에게 신신당부했다.

"돈은 벌면 벌수록 많으면 많을수록 사람을 타락시킨다. 나는 평생 벌어들인 전 재산의 대부분을 자식들에게 물려주지 않을 것이다. 안정적으로 학교를 마칠 수 있도록 너희들에게 학비를 지원하면 그뿐이다."

생전의 약속대로 손대호 사장은 자식들에게 결혼 기념 선물로 아파트한 채씩 상속했을 뿐 나머지 전 재산은 자식들이 졸업한 대학교에 기증했다. 그의 아내 역시 식모살이를 그만뒀을 뿐 작은 식당을 차려 변함없이 땀을 흘렸다. 남편이 출세했다는 이유로 예전과 달리 놀고 먹으며 호의호식한다는 건 마치 큰 죄를 짓는 것만 같았기 때문이다.

유럽에서 거위 깃털로 글씨를 쓰던 그 예전부터 펜촉과 볼펜은 예고된 발명이었다. 하지만 아무나 그런 행운을 잡지 못했고 발명가의 대열에 합류한 사람들은 따로 존재했다. 하느님이 특별히 지정하지 않았어도 그들은 사소한 불편을 개선하기 위해 노력하던 중에 남들보다 쉽게 기회를 잡았다. 아니, 그 발명의 기회를 놓치지 않으려고 치열한 관심을 보임으로써 명예와 돈을 한꺼번에 움켜쥘 수 있었던 것이다.

거위 깃털로 만든 펜도 출현 당시에는 혁신적인 발명 중의 하나였을 것이다. 하지만 그 획기적인 발명품도 지혜로운 일꾼에게는 아주 하찮은 물건, 불편하기 짝이 없는 필기도구에 지나지 않았다. 일일이 깃털에 잉크를 찍어서 글을 쓰자니 얼마나 번거롭게 느껴졌을까. 거위 깃털 펜을 잡은 손이 지저분해지는 걸 보고 좀 더 나은 필기도구를 고안하려는 노력이 펜촉을 탄생시켰던 것이다.

하지만 오래 지속될 줄 알았던 그 펜촉의 인기와 생명도 결코 장수를 누리지는 못했다. 영국의 산업 혁명 이후 펜촉은 강철 펜촉으로 발전되었고 잉크 주머니가 달린 펜대에 그 자리를 물려주었다. 얼마 지나지 않아서 그 펜대 역시 불편의 대명사로 자리잡기 시작하더니 만년필과 볼펜의 위세에 밀려 버렸다.

그 동안 꾸준히 개량 발명된 볼펜은 지금 1000분의 1의 오차도 허용하지 않는 정밀성과 필기 거리 1,500~2,000m 이상을 자랑하게 되었다. 펜 끝 볼의 지름은 1.0mm, 0.7mm, 0.5mm 등으로 갈수록 축소되고 있다. 예전에는 일반적으로 유성 잉크를 사용했으나 요즘 들어 수성 잉크를 사용하는 수성 볼펜도 등장했다.

한국에서는 지난 1963년 처음 생산이 시작되어 1960년대 말부터 대중적인 필기구로 자리 잡았다. 하지만 연필과 펜촉, 만년필을 몰아낸 필기도구의 대명사인 볼펜은 어느 새 워드프로세서에 자리를 물려주어야 하는 신세가 되고 말았다. 참으로 격세지감을 느낀다.

*실제로 만년필을 발명한 인물은 미국의 보험 설계사 '루이스 에드슨 워터맨'이고, 볼펜은 헝가리의 '라디스라오, 게오르그 형제'가 발명했다.

특허권 침해에 따른 손해배상금의 귀속

Q K사는 특허 제품에 관한 총판 계약을 맺고 출발한 유통회사다. 그러던 중에 판매량이 급격히 하락하는 것을 이상하게 여기고 진상을 추적한 결과, 특정 지역에서 K사가 취급하는 특허 제품과 유사한 제품이 유통되고 있는 것을 발견했다.

만약 특허권을 가지고 있는 회사에서 특허권 침해자를 상대로 손해배상을 청구하여 손해배상금을 수령했다면 그 수령금은 누구에게 귀속될까? 특허권자가 총판권을 쥐고 있는 K사와 협의 없이 일방적으로 배상액을 청구할 수 있을까?

A 특허법상 특허권의 실시권자는 전용 실시권자(독점 실시권자)와 통상 실시권자(비독점 실시권자)로 나뉜다. 전용 실시권은 반드시 특허청에 등록해야 효력이 발생한다.

손해배상 청구권은 총판 계약의 내용에 따라 다르다. 계약서에 특별한 규정이 없을 경우 전용 실시권자는 특허 침해자에게 직접 손해배상 청구권을 행사할 수 있다.

이와 달리 만약 총판 계약에 따라 귀사가 전국적으로 독점적 판매권을 소유하고 있는데도 특허권자가 특허 침해자와 합의하는 과정에서 특허 침해자에게 특허 제품의 판매를 허락했다면 K사는 특허권자에게 계약 위반을 이유로 손해배상을 청구할 수 있다.

굶주림은 창조의 어머니

― 라면

모두 배가 고팠다. 1945년 제2차 세계대전이 끝나고 일본 제국주의 치하에서 해방되었지만 굶주림은 여전했다. 게다가 엎친 데 덮친 격으로 1950년 6·25 민족 전쟁까지 치렀으니 먹을 것이 턱없이 부족했다. 여러 우방 국가에서 구호물자를 보내 주긴 했지만 기껏해야 허연 밀가루가 고작이었다. 그러다 보니 밀가루를 이용한 새로운 식품 개발이 너무도 절실히 필요했다.

"원조받은 밀가루로 단순히 빈대떡이나 부쳐 먹고 수제비와 국수를 빚어 먹는 수준을 벗어나야 한다."

선각자를 자처하는 사람들이 저마다 한 마디씩 했지만 실행에 옮긴 사람은 많지 않았다. 반면 농사꾼인 유보상은 특별한 밀가루 요리법을 개발하기 위해 연구를 거듭했다. 몇 가지 요리가 만들어질 때마다 요리 전문가를 고용하여 식당을 차렸고 거액을 들여 공장까지 지었다.

그러나 유보상에게도 뾰족한 수는 없었다. 수십 가지 요리를 만들어 봤어도 남들이 고개를 끄덕일 만한 작품이 나오지 않았다. 그래서 더욱 괴롭고 힘들었다. 도전할 가치가 있다고 장담한 밀가루 요리법은 진전을 보지 못했으니 더욱 그랬다. 몇 년 동안의 연구와 시설 투자, 인건비 지출 끝에 그는 결국 빈털터리가 되고 말았다.

"그저 미련한 농사꾼이 되어 물려받은 조상의 땅이나 부쳐 먹었다면 이 꼴이 안 됐을 거야. 괜히 까불다가 전 재산을 날렸으니 죽어도 싸."

알거지 신세가 된 유보상은 매사에 의욕을 잃었고 술집을 전전하며 빈둥거렸다. 하지만 취중에도 그는 밀가루 요리법을 뇌리에서 지우지 못했다.

그 때였다. 술집 주인이 생선에 밀가루를 발라서 기름에 튀기는 게 아닌가. 그 순간 유보상은 술기운이 일시에 달아나는 걸 느꼈다.

"그래, 바로 저거야!"

유보상은 미친 사람처럼, 아메리카 신대륙을 발견한 콜럼버스처럼 외쳤다.

"밀가루를 국수로 만들어 기름에 튀기는 방법을 어찌하여 미처 생각 못 했을까?"

그 생각에 미치자 유보상은 집으로 달려가 직접 실험에 착수했다. 먼저 밀가루를 국수로 만들어 기름에 튀겼다. 그러자 예상한 결과가 그대로 나타났다. 국수 속의 수분이 증발하고 익어 가면서 그 속에 구멍이 생기기 시작했다.

"이 상태로 건조시켰다가 필요할 때 뜨거운 물을 부으면 작은 구멍에 물이 들어갈 것이다. 결국 국수는 본래의 상태로 풀어지게 될 것이다. 암 그렇고 말고!"

비 맞은 중처럼 중얼거리며 유보상은 결과를 기다렸다. 놀랍게도 그의 취중 발상은 성공작으로 이어졌다. 이 세상에 라면이 탄생하는 순간이었다.

"기름에 튀긴 밀가루 음식인 라면을 이 세상에 선보입니다."

알거지 신세를 모면한 유보상이 자본가들의 도움을 받아 공장을 짓고 시제품을 내놓으며 터뜨린 한 마디였다. 물만 부어 끓이면 별도의 양념 없이도 바로 먹을 수 있다니, 그 당시 한국인들에게는 일대 혁명과도 같은 충격이었다.

그 해 가을, 유보상이 설립한 '보상식품'은 국수에 간단한 양념 국물을 가미한 라면을 처음 공개했다. '끓는 물에 2분'이라는 광고 캐치프레이즈로 시판하자 폭발적인 인기를 얻기 시작했다. 곧바로 수프를 분말로 만들어 첨부한 형태의 라면을 생산하게 되었을 때는 국내 매출과 해외 수출이 급격한 상승 곡선을 그렸다.

라면은 조리가 간편하고 가격이 저렴하다는 특성 때문에 '제2의 쌀'이라고 불러도 손색이 없었다. 그뿐인가. 값이 싸고 조리가 매우 편리하여 대중 식품으로 자리 잡는 데 긴 시간이 필요하지 않았다.

제조 과정에서 충분한 살균되고 제품의 수분 함량이 10% 이하로 유

지되기 때문에 제품의 부패를 막기 위해 방부제를 사용할 필요가 없었다. 특히 저장성이 좋아 비상식품으로 아주 적당하다는 평가를 얻은 지 오래였다.

"건조 식품이어서 수분이 많은 식품에 비하여 단위 중량당 영양분이 많고 가격도 상대적으로 저렴합니다. 먹기 전에 끓이는 과정에서도 다시 한 번 살균할 수 있어 위생적이죠. 간편한 조리 조작만으로도 한 끼 식사를 충족시킬 수 있고 응용 요리도 무궁무진합니다. 중량이 가벼워 여행을 떠나거나 야외로 나갈 때 부담 없이 들고 갈 수 있는 게 라면입니다."

라면 박사이자 라면 전도사가 된 유보상은 어디서나 자신의 발명품을 홍보하는 게 즐거웠다. 그는 좀 더 훌륭한 제품을 개발하기 위해 하루도 쉬지 않고 연구에 열중했다. 한때는 빈털터리로 전락한 신세를 한탄했지만 그는 분명히 운 좋은 사람이었다. 그래서 그는 노력한 대가의 열 배, 백 배를 보상받은 자신이 행복한 놈이라고 서슴없이 말했다.

"그 당시 식량 부족에서 비롯된 기업인들의 '절대 빈곤 해소 기여' 의지와 정부의 지원으로 현재와 같은 방대한 시장이 형성되었습니다. 굶주림의 50년대가 빈곤 탈피의 70년대로 이어지면서 급속한 경제 발전에 힘입어 국민 소득 향상, 이에 따른 레저 생활 증가, 영양을 고려한 주식과 간식용으로 수요가 계속 늘어난 것이 제 성공의 주요 원인이라고 할 수 있습니다."

　유보상은 가능한 한 자신이 경험했던 쓰라린 실패를 내세우지 않았다. 자신이 번 재산의 99% 이상은 굶주린 사람들이 형성해 준 것임을 강조했다.

　"굶주림은 내 발명의 어머니였습니다. 따라서 나는 내 전 재산을 불우한 이웃들에게 골고루 돌려줄 생각입니다."

＊실제로 라면을 발명한 인물은 일본의 '안도 시로후쿠'로 알려져 있다.

타인의 상표와 상호 함부로 사용하면 덤터기 쓴다

상표나 상호가 마음에 들고 식별력이 있어 독점 배타적으로 사용하고 싶다면 상표를 특허청에 출원하여 등록해야 한다. 물론 출원하기 전 등록 가능성 여부를 변리사에게 문의하는 것이 바람직하다.

상표권 침해에 대한 제재는 강력하다. 민사적 구제 방법으로 ▲ 침해 금지 청구권 ▲ 손해배상 청구권 ▲ 신용회복 청구권 ▲ 부당이득 반환 청구권 등이 있다.

벌금, 징역, 침해 물품의 압류, 몰수, 폐기 처분 등 형사적 구제 방법 등이 있다. 부정경쟁방지법에 따르면 국내에 널리 알려진 타인의 상표, 상호 등을 부정하게 사용할 경우 엄중 처벌을 받는다.

예컨대 ▲ 타인의 상품, 서비스와 관련하여 혼동을 일으키게 하는 행위 ▲ 타인의 표지 식별력이나 명성을 손상하는 행위 ▲ 원산지를 오인케 하거나 타인의 상품인 것으로 사칭하는 행위 ▲ 타인의 상표와 동일 유사한 도메인 등록, 보유, 이전, 사용하는 행위 ▲ 타인의 상품 형태(디자인)를 모방하는 행위 등이다.

일반적으로 특허, 디자인, 실용신안권 침해는 권리자가 고소해야 처벌하는 친고죄다. 하지만 상표권 침해는 비(非)친고죄다. 상표권자의 고소가 없어도 소비자들의 오인(혼동)을 방지하기 위해 공권력이 단속한 결과 상표권 침해가 드러나면 형사처벌이 가능하다.

Story 22

공포로부터 탈출하기

— 생리대

매달 여자에게만 찾아오는 반갑지 않은 손님 '월경(月經)'은 사실상 건강의 상징이다. 보통 12세 내지 17세부터 시작하여 50세 전후까지 계속되는데, 임신중이나 수유기를 빼놓고는 평균 28일마다 3~7일 계속된다. 경도(經度), 멘스, 월사(月事) 등으로 부르기도 한다.

하지만 아무리 생리가 여성의 건강과 성숙의 상징일지라도 막상 일을 치르게 되면 그 당사자들은 대부분 불편함을 호소하게 된다. 그 손님을 '기저귀'라는 원시적 수단으로 맞이하는 날일수록 여성들은 더 불편하고 고통스러웠다. 생리대인 그 기저귀를 우리는 옛날부터 순수 우리말로 '개짐'이라고 불렀으며 여자가 생리할 때마다 사용하곤 했다.

스물두 살의 회사원 박연아도 생리 때마다 원시적인 기저귀를 매일 쓰다 보니 짜증나는 건 둘째 치고 여간 불편한 게 아니었다. 기저귀를 아무리 단단히 동여매도 흘러나오기 예사였고, 동여맨 윤곽마저 옷 위로 드러나는 통에 마치 생리 중임을 광고라도 하는 것 같아서 외출조차 두려웠다. 출혈이 많거나 통증이 심할 때는 출근조차 할 수 없던 경우가 한두 번이 아니었다.

"이걸 감쪽같이 치를 수 있는 방법이 없을까?"

워낙 내성적인 성격 탓에 박연아는 몇 년 동안 혼자 끙끙 앓으며 자나 깨나 그 방법을 생각하고 있었다.

"너무 불편해 죽겠어. 넌 괜찮니?"

하루 결근한 뒤 출근한 박연아는 용기를 내어 후배에게 조심스럽게 물었다.

"언니, 비법을 알려 주지. 흡수성이 강한 종이로 만들면 샐 염려도 없고 화장실에서 감쪽같이 갈아 끼울 수도 있어요."

간단명료한 그 비법에 박연아는 귀가 번쩍 뜨였다.

"너, 그 아이디어를 나한테 팔아라."

"돈을 받고 팔 성질의 것이 아니잖아요?"

"너무 고마워서 그런다. 그 동안 얼마나 마음고생을 했는지 알면 내 마음을 깨닫게 될 거야."

속셈이 따로 있었던 박연아는 즉석에서 20만 원을 주고 그 아이디어를 사들였다. 물론 나중에 대비하여 간단한 약정서도 체결해 두었다.

그 날부터 박연아는 퇴근하자마자 방 안에 틀어박혀 새로운 기저귀를 발명하기 위해 고민하기 시작했다. 우선 각종 종이를 모은 뒤 그 중에서 흡수성이 가장 강한 것을 찾아내 알맞은 크기로 접었다. 흘러나옴을 방지하기 위해 겉부분에 얇은 방수 막을 만들고, 약품을 이용한 위생 처리를 했으며, 착용이 편리하도록 부위에 따라 두께와 크기를 조절했다.

박연아는 때마침 찾아온 생리에 대처하기 위해 자신의 발명품을 착용했다. 사용 결과는 대체로 만족스러웠다. 흘러나오지도 않고 밖으로 표시가 나지 않는 데다 날아갈듯이 가뿐했던 것이다.

그 편리함을 모든 여자들에게 나누어 주자는 생각으로 상품화한다면 큰 인기를 끌 것이라고 박연아는 단정했다. 그녀는 특허 출원을 하던 그 날 직장에 사표를 던졌다. 결근이나 휴가를 자주 신청하던 그녀가 사표를 제출하자 회사측에선 군말 없이 사표를 수리했다.

직접 회사를 설립하는 게 목표였으므로 그녀는 자본을 댈 수 있는 재력가를 찾아다녔다. 세 명을 만나기도 전에 의류 대리점으로 돈을 번 친지가 발 벗고 나섰다. 특허권이 등록되던 이튿날 그녀는 서둘러 회사를 설립했고, '새하얀 만족'이라는 상표를 출원한 뒤 생산을 개시했다.

아주 편리하고 위생적이고 자그마한 생리대가 출시되었다는 소문은 순식간에 전국으로 번져 나갔다. 상표명이 너무도 환상적이고 애교가 넘친 탓에 부끄러움을 많이 타는 여중생까지도 스스럼없이 그녀의 발명품을 찾았다.

"새하얀 만족 주세요."

어느 약국에서든 그렇게 속삭이기만 해도 금방 알아들을 정도가 되었다. 매월 어김없이 5천만 개 이상이 팔려 나갔다. 수출 요청이 쇄도했으나 국내 시장을 감당하기에도 벅찰 정도였다. 융자를 해 줄 테니 시설을 늘리라는 은행들의 주문이 줄을 이었다.

박연아의 발명품인 생리대 '새하얀 만족'은 폭발적인 인기를 끌며 3년이 채 안 되어 세계 여성들을 생리의 공포로부터 해방시켜 주었다. 그녀가 대표이사로 부임한 회사는 그 발명 하나로 거뜬히 대기업의 반열에 올라선 것은 물론이었다.

*실제로 생리대를 발명한 인물은 일본의 회사원 '사카이 다카코 여사'였다.

특허 출원 전에 공지된 경우

발명을 완성하고 제품으로 만들어 시장에서 팔아 보고 어느 정도 성공을 거둔 다음에 특허로 출원하겠다는 사람이 적지 않다. 하지만 이런 경우 특허 등록을 받을 수 없다. 특허법에 따르면 출원일 전에 공지되었거나 공연히 실시된 발명에 대해서는 특허를 허여하고 있지 않다(신규성 상실). 누구나 알고 있는 발명에 대해서 특정인에게 독점권을 주는 것은 부당하기 때문이다.

다만 특허법에서는 특허를 받을 권리를 가진 자가 공개한 경우까지 엄격하게 적용하는 것은 산업 발전에 이바지 하려는 특허법의 목적에 어긋난다고 보아, 일정한 경우 공지되지 아니한 것으로 판단한다(특허법 제30조). 이를 공지 예외 주장이라고 한다. 공지 예외 주장을 하려면 다음의 조건을 만족시켜야 한다.

1) 공지가 특허를 받을 수 있는 권리를 가진 자에 의해서 이루어져야 한다. 또는 특허를 받을 수 있는 권리를 가진 자의 의사에 반하여 공지가 되어야 한다. 의사에 반하여 공지된 경우란 예를 들어 협박 또는 스파이 등에 의해 공지된 경우를 말한다.
2) 공지된 날부터 6개월 이내에 특허출원을 해야 한다. 공지된 날부터 6개월을 넘겨 출원하면 공지 예외 규정을 적용받을 수 없다.
3) 출원 시에 공지 예외 주장 표시를 해야 한다. 반드시 출원 시에 표시해야 하고, 일단 출원되면 공지 예외 주장을 할 수가 없다.
4) 공지 사실을 증명할 수 있는 서류를 출원일부터 30일 이내에 제출해야 한다.

 Story 23

바지 한 벌로 성공한 촌뜨기

- 청바지

주인공의 이름은 조국일이었다. 그의 아버지가 조국에서 한 건 터뜨릴 수 있는 인물이 되기를 간절히 바라는 의미에서 막내아들의 이름을 조·국·일이라고 지었던 것이다. 하지만 조국일은 이름 값 한 번 못 하는 아이였다. 학교 성적도 언제나 바닥을 맴돌았고 모든 분야에서 두각을 나타낸 일이 없는 아주 평범한 아이였다.

"아버지, 저는 제 자신이 별 볼 일 없는 녀석임을 너무도 잘 압니다."

초등학교를 졸업한 뒤 몇 년 동안 큰형이 경영하는 양복점에서 사환처럼 그럭저럭 지내던 조국일이 비장한 각오를 내비쳤다.

"객지로 나가 돈 많이 벌어 오겠습니다. 우선 강원도 탄광에 가서 고생 좀 해 보겠습니다. 광부로 일하다가 기회가 오면 진로를 결정하겠습니다."

아버지 앞에서 무릎을 꿇었을 때 그 말을 믿는 부모형제는 아무도 없었다. 솔직히 말해 잠시 광부 생활을 해 보겠다는 것은 거짓말이었고 내심 장사를 해 보고 싶었을 뿐이었다.

"말도 안 된다. 그냥 고향에서 지내라."

어머니와 형과 누나들을 극구 반대했지만 조국일은 고집을 부렸다.

"아버지, 허락해 주십시오."

"가거라. 가서 고생 좀 해야 너도 세상에 눈이 뜨일 거야."

아버지는 옥이야 금이야 기른 막내아들이 어금니를 깨물자 반대 의사를 표하지 않았다. 강원도 정선의 탄광촌까지 왕복할 수 있는 여비를 쥐어 주며 등을 돌렸을 뿐이다.

1950년, 전라북도 전주의 21세 청년 조국일은 고향을 떠났다. 청운의 꿈을 안고 강원도 정선에 도착한 그는 사실상 빈털터리와 다름없었다. 양복점 사장인 큰형이 준 바지 몇십 벌이 재산의 전부였다. 그는 정부에서 불하하는 강원도 오지의 땅을 사기 위해 바지를 팔 작정으로 광산촌을 방문했다.

"광부들이 그런 바지를 살 거라고 생각하세요?"

바지를 팔러 다니던 조국일에게 광부 하나가 물었다.

"이처럼 고급 바지를 본 적이 없는 모양이군요."

조국일은 약간 시큰둥하게 대꾸했다.

"여기선 튼튼한 작업 바지가 필요하지 값비싼 바지는 필요 없어요."

그 한 마디가 조국일의 생애를 바꾸어 놓았다. 그는 우연히 만난 광부의 그 말에 힌트를 얻었고 국내에서 가장 튼튼한 바지를 만들기로 작심했다. 그 날 저녁 조국일은 큰형 앞으로 편지를 썼다.

"형, 가장 싸고 가장 질긴 바지를 만들어 보내 주십시오. 원가의 두 배에 해당하는 돈을 금명간 부쳐 드리겠습니다."

그 편지를 받은 큰형은 미군 부대에서 흘러나온 바지와 국내산 직물로 만든 바지를 여러 벌 부쳐 주었고 그 바지들은 하루 사이에 동이 났다. 그 소문은 다른 광부들에게도 전해지더니 바지를 구하기 위해 많은 사람들이 몰려들었다. 용기를 얻은 조국일은 큰형에게 다시 편지를 썼다.

"형, 질기고 값싼 직물을 구할 수 있다면 아예 이곳에 양복점을 차립시다."

큰형은 몇 차례 탄광촌을 방문한 끝에 망설이지 않고 짐을 꾸렸다. 바지 전문 양복점을 차린 조국일은 주문 물량이 쇄도하자 서둘러 대규모 공장을 차렸고 바지의 상표를 아예 '조국' 으로 정해 버렸다.

바지 공장을 차린 지 몇 년이 지나자 조국일 형제는 세계에서 가장 튼튼한 직물로 소문나 있던 데님을 재료로 쓰기 시작했다. 그리고 얼마 뒤에는 바지에 푸른 물을 들이는 인디고 물감을 사용하여 질기고 질긴 바지를 만들었다. 하지만 그토록 개선시켰음에도 광부들의 요구는 끝이 없었다.

"호주머니가 단단한 바지를 만들 수 없나요?"

"호주머니가 헤질 염려 없는 제품을 만들어 주세요."

그 당시 광부들은 무겁고 울퉁불퉁한 광석을 호주머니에 넣고 다니는 통에 호주머니 부분이 찢어지곤 했기 때문이다. 조국일은 그 불만을 받아들여 호주머니에 구리 못을 박는 아이디어를 내놓았으며 그에 관한 특허도 출원했다. 그 결과 새롭게 완성된 바지들은 탄광촌뿐만 아니라 전국적으로 널리 판매되었고 국내 최대의 의류 제조업체로 성장했던 것이다.

그럴수록 조국일 형제는 더 질기고 더 값싼 바지를 만들어 보급하기 위해 비지땀을 흘렸다. 그러다 보니 그들의 신용과 봉사 정신은 의류 업계의 전설처럼 자리 잡게 되었다. 자선 사업가로서도 이름을 날린 그들은 여러 대학에 수십 개의 장학 재단을 설립하기도 했다.

그런데 호사다마(好事多魔)였던가. 밀려드는 주문으로 톡톡히 재미를 보고 있을 때 시련이 닥쳤다. 어느 날 조국일 사장에게 군납 알선 업자들이 찾아와 뜻밖의 제의를 했다.

"대형 천막 10만여 개 분량을 납품하도록 도와주겠습니다. 소개비는 판매 대금의 1%를 주시면 족합니다."

너무도 많은 물량이었으므로 그 조건을 받아들이지 않을 수 없었다. 큰 행운을 잡은 조국일은 즉시 빚을 내어 대량 생산에 돌입했다. 공장 시설과 직원을 늘려서 밤낮으로 생산에 몰두했고 3개월 만에 주문받은 수량을 모두 만들 수 있었다.

그러나 얼마 뒤 문제가 발생했다. 빚까지 내어 생산을 마치고 나자 어찌된 일인지 납품의 길이 막혀 버렸다. 계약금을 받아 챙긴 브로커들이 종적을 감춘 것이었다. 천막들이 산더미처럼 방치된 채 쌓여 있고 빚 독촉은 심해지고 직원들은 밀린 월급을 달라고 아우성이었다. 조국일은 천막을 헐값에라도 팔아서 밀린 빚과 직원들의 월급만이라도 해결하고 싶었으나 엄청난 양의 천막을 한꺼번에 살 만한 업자가 나설 리 만무했다.

조국일은 좌절감을 이기지 못하고 술집을 들락거렸다. 그 날도 술집에 무심코 들렀다가 참으로 절박한 상황을 목격했다. 광산촌의 광부들이 옹기종기 모여 앉아 해진 바지를 열심히 꿰매고 있는 게 아닌가. 조국일은 그 서글픈 풍경을 지켜보던 순간 무릎을 쳤다.

조국일은 그 길로 큰형에게 달려가 울부짖었다.

"형님, 질기고 질긴 저 천막들을 당장 해체합시다. 질긴 바지를 다시 한 번 만들어 보는 겁니다."

동생의 그 말을 큰형은 믿어 보기로 했다. 그리고 일주일이 지났다. 두 형제의 골칫거리였던 천막들은 산뜻한 바지로 탈바꿈되어 시장에 첫선을 보였다. 잘 닳지 않는 푸른색 바지, 이름하여 '조국 청바지'는 뛰어난 실용성을 인정받아 광부들뿐만 아니라 일반인들에게까지 엄청난 인기를 끌었다.

더구나 유명 연예인들의 청바지 차림을 보고 많은 젊은이들이 흉내 내기 시작하자 조국일 형제의 사업은 불꽃이 튈 지경이었다. 특히 대학생과 노동자들은 단결을 상징하는 표시로 남녀 가리지 않고 청바지를 입게 되었다. 그 유행과 사회적 현상은 곧 유니섹스 모드의 첫 출발을 알리는 신호탄이기도 했다. 세상에 나온 지 3년 만에 조국일의 청바지는 지구촌 곳곳에 탄탄히 뿌리를 내렸고, 조국일 형제는 그야말로 평생 동안 황금 방석 위에 올라앉아 살게 되었던 것이다.

*실제로 청바지를 발명한 인물은 미국인 '리바이 스트로스'와 '스트라우스'이다.

비즈니스모델 특허를 알아 두자

1) 인터넷 비즈니스모델 특허
비즈니스모델 특허가 최근 들어 급증하고 있다. 특허 등록 성공률이 낮은 편이지만 전문가의 도움으로 높일 수 있다.

2) 비즈니스모델 특허의 정의
비즈니스모델(BM) 특허란 정보 시스템에 의해 실현된 독창적인 영업 방법이 특허로 인정받은 것을 말한다.

3) 비즈니스모델 특허의 분야
비즈니스모델 특허의 분야는 인터넷 전자 상거래, 금융 자동화, 전자 마켓, 인터넷상의 광고 방법, 인터넷 쇼핑몰 등이 있다.

4) 비즈니스모델의 특허 가능성
일반 특허 등록 성공률이 70% 내외인 데 반해 비즈니스모델 특허의 등록 성공률은 35% 내외에 머물고 있다.

비즈니스모델 관련 발명이 특허를 받기 위해서는 비즈니스모델 관련 아이디어(영업 방식)뿐만 아니라 컴퓨터·통신·인터넷 기술을 기초로 하여 시계열적인 데이터 처리 과정, 데이터 구조와 속성이 특허출원명세서 상에 구체적으로 제시되어야 한다.

비즈니스모델 관련 발명이 특허를 받기 위해서는 특허출원명세서에 단순히 프로그램에 의해 수행되는 절차나 과정만 명시하지 말고 그 절차를 수행하는 데 필요한 하드웨어 자원을 적절히 한정 또는 연관시켜 기재하는 것이 바람직하다.

남편은 피아노 조율사

– 자동 조율 피아노

26세 홍수진은 대학에서 음악을 전공한 피아니스트는 아니었지만, 피아노가 눈에 들어오는 순간마다 가슴이 찌르르 울리는 걸 어쩌지 못했다. 어느 카페 한구석에서 숨죽이고 있는 피아노를 발견해도 쪼르르 달려가 건반을 눌러 보고 싶었다. 사정이 여의치 않아서 연주를 허락 받지 못한다 해도 피아노를 애틋한 눈길로 쓰다듬어 보기라도 해야 마음이 놓였다.

피아노에 대한 홍수진의 지나친 집착은 어머니를 너무 일찍 여읜 데서 비롯되었다. 초등학교에 입학하기 무섭게 피아노 선생이나 다름없던 어머니가 불의의 교통사고로 돌아가셨다. 그 때부터 그녀는 어머니의 손때가 묻은 피아노를 애지중지 끌어안고 외롭게 성장했다. 하지만 피아노의 선율이 가슴을 건드릴 때는 그 외로움을 잊을 수 있어 그나마 다행이었다.

명문대 불문과를 졸업한 뒤 외국 은행에 취업하자마자 아버지와 새엄마로부터 독립하면서도 홍수진은 피아노를 가장 먼저 챙겼다. 새로 지은 독신자 아파트에 입주하기 전부터 그녀는 이웃에 피해가 가지 않도록 피아노 연주를 위한 방음 공사부터 착수할 정도로 신경을 썼다.

홍수진은 퇴근 후 아파트로 돌아와서 피아노 건반을 두드리는 시간이 너무나 즐거웠다. 젊은 나이에 요절하신 어머니의 영혼과 체취가 배어 있는 중고 피아노는 그녀의 가장 가까운 연인이자 친구였다.

하지만 홍수진은 피아노 연주를 그렇게 혼자 즐기면서도 때때로 불만스러웠다. 피아노에 배치된 200개의 현은 온도나 습도의 미세한 변화에 따라 긴장 상태가 달라지기 일쑤였으므로 걸핏하면 전문 조율사의 손길이 필요했다. 연주자 스스로 음을 맞추지 못하는 악기가 피아노와 오르간이라는 사실 앞에서 그녀는 절망마저 느꼈다. 그래서 반드시 조율하는 요령을 직접 터득하겠다고 다짐했지만 좀처럼 여유가 생기지 않아 차일피일 미루고 있었다.

심벌즈·큰북 등 일정한 음 높이를 지니지 않는 악기, 첼레스타·철금·벨 등 악기 제작 때에 주어진 음 높이가 오랫동안 변하지 않는 악기는 조율이 필요 없다. 하지만 피아노와 오르간처럼 오랫동안 사용하다가 기온·습도 등 주변 환경에 의해 음이 달라지기 쉬운 악기는 정기적으로 조율을 해 주어야 한다.

특히 피아노는 언제나 정확하고 아름다운 조율이 요구되는 악기다.

조율이 양호하지 않은 상황에서 멋진 연주를 기대할 수가 없기 때문이다. 완벽하게 조율되지 않아서 음이 흐트러지면 그 울림에서 대부분의 사람들은 불쾌함을 느끼게 된다.

비록 아마추어 피아니스트에 불과한 홍수진도 그처럼 가슴 답답한 순간을 적잖이 경험했다. 심지어 어느 낯선 라이브 카페에서 악상 표출이 제대로 되지 않은 연주를 듣게 될 때마다 자리를 박차고 일어나는 경우도 있었다. 조율이 안 된 채로 피아노를 오래 두면 공명 상태가 악화되어 음색이 영구적으로 나빠질 뿐더러, 튜닝 핀의 자리잡음이 불안해져 다음 조율에도 지장을 초래하게 된다는 사실을 알지 못하는 카페 주인과 종업원들이 너무도 불쌍했다.

하지만 그녀에게 조율 작업 역시 심리적으로 부담을 주기는 매한가지였다. 반드시 필요한 작업이긴 하나 계절이 바뀔 때마다 조율해야 하는 것이 무척이나 불편했다. 더구나 피아노의 위치를 이동시켰거나 갑자기 음이 달라진 점을 느낄 때마다 즉시 조율을 해야 했으니 참으로 귀찮았다.

피아노 조율은 현의 장력을 가감하여 음 높이를 서양 음계에 적합하도록 조절하는 작업이다. 그것은 현의 물리적 진동 현상을 음악적 상황에 부합시키는 행위로서 고도의 기술을 요구하고 있다.

"피아노는 살아 있어야 한다."

홍수진은 버릇처럼 그 말을 되뇌었다. 아름다운 음과 우수한 터치의 피아노를 만들기 위해서는 목재, 양모, 크로스 등 많은 천연 소재가 사용된다. 이러한 재료는 온도와 습도의 영향을 민감하게 받기 쉬운 특성을 갖고 있다. 결국 살아 있는 물건이 피아노라고 강조해도 무리가 없을 정도로 주변 환경의 변화에 의해 소리나 터치가 미세한 영향을 받는 것이다.

어머니의 유일한 유품인 피아노에 유난히 신경을 쓰던 홍수진은 어느 날 갑자기 손수 조율하고 싶다는 유혹에 시달리기 시작했다. 무엇보다 자기만의 공간에 낯선 조율사가 드나드는 게 싫었으므로 조율의 필요성이 생길 때마다 직접 피아노를 매만져야 한다는 생각이 들었다. 마침내 그녀는 당장 피아노 조율 학원을 찾아가 조율 기법을 배우기로 결심했다.

"피아노 현의 장력과 해머의 충격으로 변화하는 음의 높이를 정확한 주파수에 맞추기 위해, 줄을 감고 있는 튜닝 핀을 조이거나 풀어 주는 작업이 조율의 첫 단추입니다."

학원 강사 김윤수의 설명에 귀를 기울이던 첫 수업 시간부터 홍수진은 짜릿한 흥분에 휘말렸다. 머잖아 혼자서도 얼마든지 피아노를 조율할 수 있을 것이라는 생각에 미치자 절로 행복해졌다. 어머니가 물려준 그 피아노를 직접 조율하는 순간을 상상할 때마다 너무 즐거웠다.

"건반 깊이, 타현 거리, 건반 무게, 연타와 댐퍼의 지음 작용, 해머와 현을 때리는 힘 등을 점검하고 원인을 규명하여 바로잡는 작업이 바로 조율입니다."

30대 초반의 김윤수 강사는 샐러리맨답지 않게 의외로 정열적이었다. 홍수진은 조율사의 역할과 피아노의 기능을 하나도 빠짐없이 이해하기 위해 참으로 열심히 공부해 가며 실전 감각을 익혔다. 단 한 번도 지각하거나 결근한 적이 없었으며 미흡한 부분이 있을 때마다 강사 김윤수를 찾아가 의문점을 해결하곤 했다.

하지만 실습에 들어가면 난감해지기 일쑤였다. 현을 감고 있는 튜닝 핀을 튜닝 해머로 돌려 가면서 현을 조이거나 풀어 주어 장력의 가감으로 현 각각의 진동수를 일정하게 만들어 음을 맞추는 조율 작업은 생각보다 어려웠다.

"차라리 자동으로 조율되는 피아노를 만들면 어떨까?"

그런 생각이 떠오르던 날부터 홍수진은 '자동 조율 피아노'를 개발해야겠다는 엉뚱한 의욕에 사로잡혔다. 단순히 피아노 조율사 자격을 취득하는 데 그치지 않고 전혀 새로운 피아노, 조율사가 필요 없는 피아노를 발명하겠다는 것이 그녀의 포부이자 지상 목표로 변해 버렸다.

마침내 피아노 조율사 자격증을 따던 날 홍수진은 직장에 사표를 던졌다. 아버지가 지원한 자금에 퇴직금을 보탠 뒤 낡은 피아노를 사들여 조율이 필요 없는 피아노 개발에 뛰어들었다. 홍수진과 김윤수는 스스로 해결할 수 없는 문제가 떠오를라치면 피아노 제조업체에 근무하는 기술자 선배를 만나서 자문을 얻었다. 그렇게 2년이 흘렀을 때 홍수진은 머릿속에 채워진 설계도의 완성에 머무르지 않았다.

"이제 이 세상에서 피아노 조율사가 필요 없게 될지도 모른다."

영국의 과학 잡지 '뉴사이언티스트'는 자동으로 조율할 수 있는 피아노가 한국에서 개발되어 1년 뒤 시판할 예정이라고 보도했다.

"한국의 아마추어 피아니스트 홍수진이 개발한 이 피아노는 스위치를 켜고 약 40초만 기다리면 조율이 끝난다. 이 제품은 1년 전에 이미 국제 특허를 얻은 바 있다."

그랬다. 홍수진이 개발한 피아노는 세계 각국에서 특허를 출원 등록했고 그녀에게는 거액의 로열티 수입이 예상되고 있었다. 그 잡지는 홍수진이 발명한 '조율이 필요 없는 피아노'를 다음과 같이 설명하고 있었다.

피아노에 들어 있는 200개의 현은 금속 핀에 감겨 있다. 조율사는 음이 낮으면 핀을 감아 현을 더욱 팽팽하게 만들고, 음이 너무 높으면 핀을 풀어 현을 좀 헐겁게 해 줌으로써 음을 맞춰 준다. 한국의 발명가 홍수진이 개발한 자동 조율 장치는 이 조율 작업을 전류가 대신한다.

금속선은 열을 받으면 팽창한다. 홍수진의 자동 조율 장치가 장착된 피아노는 출고 전에 반음의 3분의 1 정도 높은 음으로 맞추어져 있다. 자동 조율 장치는 피아노 현에 전류를 흘려줌으로써 현을 팽창시켜 높은 음을 정상 음으로 낮춰 준다.

현이 정상 음인지 아닌지는 전자기 유도 현상을 이용하여 측정한다. 홍수진은 각각의 현에다 2개의 전자석 코일을 감아 두었다. 이 코일 한쪽에 전류를 흘려주면 자기력이 발생하여 현이 진동하게 된다. 이는 다시 두 번째 코일에서 작은 전류를 유도하게 된다. 피아노 안의 마이크로컴퓨터는 이 전류로 피아노 현의 현재 진동수를 측정하여 미리 입력되어 있는 각 현의 표준 진동수와 비교한 다음, 다시 트랜지스터를 통해 현의 진동수를 바꿀 수 있는 전류를 발생시킨다. 이 전류가 현을 달구어 팽창시킴으로써 진동수가 보정되는 것이다.

그 '조율이 필요 없는 피아노'가 세상에 출현한 지 3년이 되던 해 발명가 홍수진은 드디어 30대의 나이에 접어들었다. 백만장자가 부럽지 않게 된 그녀는 여러 건의 특허 등록증과 50억 원이 예금된 통장을 어머니 묘소 앞에 놓고 큰절을 올렸다. 그녀 옆에서 장래를 함께 하기로 약속한 남자는 예전의 조율 학원 강사 김윤수였다.

*실제로 2002년 자동 조율 피아노를 특허 출원한 인물은 미국의 '돈 길모어'였다.

비즈니스모델 특허의 심사 기준

특허를 받기 위해서는 새롭고(신규성) 진보된(진보성) 발명으로 산업상 이용할 수 있는 것이어야 한다. 인터넷 관련 발명의 경우 일반적인 발명의 요건과 마찬가지로 특허로 등록되기 위해서는 컴퓨터, 통신, 인터넷 기술을 기초기술로 하여 비즈니스모델인 영업방식과 상기 영업방식을 구현하기 위한 시계열적인 데이터 처리 과정(프로세서 모델), 데이터 구조와 속성이 구체적으로 제시되어야 한다.

- 발명의 목적, 구성, 작용, 효과 등 기재 여부
- 통상의 지식을 가진 사람이 실용화할 수 있는 정도의 구체성 여부
- 추상적이지 않은가?
- 청구 범위는 적합한가?
- 산업상 이용 가능 여부
- 정보의 단순한 제시는 아닌가?
- 수학적 알고리즘 기재 여부
- 선행 기술과 동일성 여부 판단
- 선행 기술과 비교해 현저한 진보성 여부 판단

비즈니스모델 특허의 대표적인 형태인 미국의 프라이스 라인사의 역경매 특허와 아마존사의 원클릭 특허의 명세서를 분석해 보면, 권리 범위에 따른 상세한 설명이 제삼자가 실시할 수 있도록 데이터 속성, 각 데이터 저장장치, 처리 과정, 데이터, 흐름, 하드웨어와의 결합 관계 등이 상세하게 기재되어 있다.

그녀의 주름치마
- 코카콜라병

미국 조지아 근교에서 가난한 농군의 아들로 태어난 루드는 유별난 성격의 소유자였다. 그는 일곱 살 때 토끼 한 마리를 잡으려고 15시간이나 쫓아다닐 정도로 놀라운 집념을 보이던 소년이었다.

하지만 루드는 어려운 가정 형편 때문에 중학교 진학은 꿈도 꿀 수 없었다. 결국 그는 진학의 열망을 접은 채 대도시로 뛰쳐나갔다. 나이도 어린 데다 학벌이 없던 그는 신문 배달과 갖가지 막일꾼 등을 거치며 험난한 소년기를 보냈다. 어느 정도 나이가 들자 그는 병을 만드는 회사의 정식 공원으로 일하게 되었다.

비록 배우지는 못했어도 무척이나 성실했던 루드는 다행스럽게도 고

독을 달랠 만한 여자 친구를 사귈 수 있었다. 그녀의 이름은 주디였고 보면 볼수록 사랑스러운 처녀였다. 그녀는 루드가 원하는 일이라면 무엇이든 도와주려고 애를 썼다.

"루드야, 이걸 봐. 마치 너를 위해 만들어진 기회 같아."

주디가 내민 것은 신문 쪼가리였다.

"이게 뭔데?"

"보면 몰라? 새로 등장한 음료 코카콜라의 병 디자인을 현상 공모한다는 광고야. 너처럼 재주가 많은 친구는 충분히 해 낼 수 있어."

그제야 루드는 신문 광고에 눈길을 주었다.

"코카콜라 병 디자인 현상 모집. 상금은 최저 1백만 달러에서 최고 1천만 달러!"

한참 읽어 가던 루드는 거액의 상금에 구미가 당겼지만 응모 조건이 의외로 까다로운 것에 부담을 느꼈다.

조건1 병의 모양이 예뻐야 한다.
조건2 물에 젖어도 미끄러지지 않아야 한다.
조건3 병의 크기에 비해 콜라의 양이 적게 들어가야 한다.

"생각보다 단순한 작업이 아냐."

루드는 한참 동안 망설였다.

"바보, 너처럼 감각이 있는 친구만이 해 낼 수 있는 조건이야."

"그렇다면 직장을 그만두고 매달리겠어."

"그건 곤란해. 근무하면서 연구해도 충분해."

"아냐. 어정쩡하게 도전하긴 싫어. 정 곤란하면 휴직이라도 할 거야."

루드는 주디의 간곡한 만류에도 불구하고 휴직 요청서를 공장에 제출했다. 말이 좋아 6개월 동안의 휴가였다. 만약 코카콜라 병의 디자인이 당선된다면 직장을 때려치울 작정이었다.

"주디야, 당분간 우리 만나지 말자. 그래야 디자인에 몰두할 수 있을 거야."

"좋아. 딱 6개월 동안 만나지 않는 거야."

주디가 루드에게 새끼손가락을 내밀었다.

집념이 대단했던 루드는 여자 친구와의 만남도 뒤로한 채 오로지 병 모양을 고안하는 데 총력을 기울였다. 주디는 루드의 재능과 양심을 믿었으므로 그리움을 참아가며 약속대로 6개월을 기다렸다.

하지만 6개월이 다 되었는데도 루드의 작업은 여전히 시작 단계에 불과했다. 정확히 6개월이 되던 그 날 약속대로 주디가 찾아왔지만 그는 그녀를 볼 면목이 없었다. 아니, 그녀가 보기에는 디자인은 백지 상태에 가까웠다.

"루드야! 약속한 대로 내가 왔어."

"…"

등 뒤에서 그녀의 목소리가 들려 왔지만 루드는 차마 고개를 돌릴 수 없었다.

"나야, 주디가 왔어!"

간절히 보고 싶던 그녀의 목소리가 다시 들려오자 절로 가슴이 떨렸다.

"주디, 미안해."

용기를 내어 돌아서는 순간 루드의 두 눈동자가 커졌고 얼굴은 햇살처럼 빛났다. 그 순간 어떤 영감이 뇌리에 스파크를 일으키는 것 같았다.

"잠깐! 주디 그대로 서 있어!"

"왜 그래? 무슨 일이야?"

영문을 모르고 안절부절못하는 그녀를 응시하며 루드는 스케치북과 연필을 잡았다. 그녀의 모습을 빠른 속도로 스케치해 가는 루드의 손이 가늘게 떨렸다.

"정말 알 수가 없어. 병을 디자인하라고 했더니 왜 나를 스케치해?"

"나를 믿고 잠깐만 기다려! 움직이지 말란 말야!"

루드가 정신없이 스케치하며 주디에게 경고했던 이유는 다른 데 있지 않았다. 그 날 그녀가 입은 옷은 그 당시 널리 유행하던 주름치마였다. 통이 좁고 엉덩이의 선이 아름답게 강조되는 긴 주름치마였던 것이다.

"어때? 내 작품이."

"정말 멋져 보이는데."

그 치마의 주름을 강조한 병 디자인을 보면서 주디가 만족한 미소를 지었다.

"이 디자인으로 당장 응모하고 싶어."

"루드야, 미쳤어? 함부로 덤비면 일을 그르치기 쉬워. 가장 먼저 해야 할 일은 특허를 출원하는 일이야."
 주디의 견해가 옳았으므로 루드는 그 다음날 당장 그 디자인을 미국 특허청에 출원했다. 그리곤 시제품 작업에 착수했다. 그는 철공소에서 일한 경험을 충분히 살려 가며 직접 병의 견본을 만들었다. 마침내 병이 완성되자 코카콜라 회사의 사장을 찾아갔다.
 "사장님! 이 병은 모양도 예쁘고 물에 젖어도 미끄럽지 않습니다. 이 디자인을 채택하면 사업의 성공이 충분히 보장될 겁니다."
 루드의 목소리는 확신에 차 있었다.
 "아, 참으로 훌륭한 디자인입니다."
 "고맙습니다."
 "하지만 가운데 볼록한 부분 때문에 콜라가 많이 들어갈 것이 틀림없소. 매우 유감스럽지만 이 디자인을 채택할 수는 없습니다."
 부정적인 답변을 들었다고 쉽게 물러설 루드가 아니었다.
 "사장님! 한 가지만 더 봐 주십시오."
 루드는 사장 앞으로 바싹 다가앉았다.
 "그럼 빨리 용건만 설명하시오."
 사장이 몹시 피곤하다는 듯 재빠르게 대답했다.
 "제가 디자인한 병과 사장님의 물 컵 중 어느 것에 더 많은 양이 들어갈까요?"
 사장의 물 컵을 들고 루드가 캐물었다.
 "아니, 그걸 말이라고 하나! 당연히 당신의 병에 많은 양이 들어가지 않겠소?"

"좋습니다. 사장님의 판단이 옳지 않다는 걸 증명해 드리죠."

루드는 자기가 디자인한 병에 물을 가득 채운 뒤 이를 다시 사장의 물컵에 따랐다. 그 순간 놀라운 일이 벌어졌다.

"자, 보십시오. 물 컵의 80% 정도를 겨우 채웠을 뿐입니다."

루드가 회심의 미소를 지었다.

"내가 너무 경솔했습니다. 당신의 디자인을 채택하겠소."

더 이상 시비할 필요가 없어졌다. 즉석에서 계약이 이루어졌고 루드가 받은 계약금은 무려 600만 달러에 이르는 거금이었다.

"주디야, 사랑한다."

하루아침에 600만 달러의 사나이가 된 루드는 그녀에게 청혼했다. 마침내 결혼에 골인한 두 사람은 고향으로 내려가 유리 제품 공장을 운영하면서 행복하게 살았다.

"그 때 세상의 빛을 본 코카콜라 병이 시종일관 그 모양을 계속 고집하는 이유가 뭐라고 보십니까?"

"너무 많이 홍보된 디자인이어서 바꾸기가 쉽지 않겠지요."

"틀렸습니다. 코카콜라 회사측에서 간절히 원했던 대로 콜라의 양이 적게 들어가니까 그렇죠!"

얼마 전에 어떤 코미디언이 그와 같은 개그로 세상 사람들을 웃겼고 코카콜라 회사 상업성의 정곡을 찔렀다.

미끈한 곡선을 자랑하는 코카콜라 병은 이제 모든 상품 패키지의 어머니라고 불린다. 1915년 첫 선을 보인 이래 전 세계 200여 개국의 소비자들에게 애용되는 이 병은 단순한 음료 제품의 용기라기보다 현대 문화를 대표하는 이미지로 통한다.

미국의 주간지 '비즈니스위크'는 최근호에서 세계 주요 브랜드의 자산 가치를 조사한 결과 '700억 달러에 가까운 높은 브랜드 자산을 보유한 코카콜라가 작년에 이어 1위를 차지했다'고 발표했다.

우리나라에서도 주위 여건의 영향을 받지 않고 승승장구하며 높은 자산 가치를 지닐 수 있는 파워 브랜드에 대한 관심이 부쩍 늘어나고 있다. 브랜드 중심 경영, 브랜드 매니저 시스템 도입 등 브랜드 전반에 걸친 연구와 활동이 활발해졌기 때문이다.

"코카콜라의 함유 성분을 당장 밝히시오!"
미국 정부가 으름장을 놓았다.
"콜라의 99.5%가 설탕과 물로 이뤄졌습니다. 나머지 함유 성분은 너무 미미해 구태여 밝힐 가치가 없습니다."
코카콜라는 강력하게 반박했다. 왜 그랬을까. 코카콜라의 제조 비법은 소위 영업 비밀의 하나로서 법적 보호를 받고 있을 뿐더러 아직도 몇몇 사람만 아는 극비 사항이기 때문이다.

코카콜라는 본사에서 제조법이 공개되지 않은 원액만을 제조하여 국내외의 특정 회사에만 공급하는 프랜차이즈 방식을 채용하고 있다. 특정 회사에서는 원액에 물·탄산·설탕 등의 첨가물을 배합하여 병 또는 캔에 넣고 루트 세일즈(직매) 방식에 의하여 판매한다.

그래서 더더욱 코카콜라가 얄미운 건 사실이지만, 그래도 입맛을 당기게 하는 싸한 유혹은 뿌리치기 어렵다. 그 정체를 잘 모르기 때문에 더 맛있다는 사람도 적지 않다.

"인체에 해로운 물질을 섞어서 사람들을 중독에 빠뜨리고 있다!"

그런 유행어가 떠돈 적도 있으나 지금 그 유언비어를 믿는 사람은 없다. 코카콜라를 개발한 존 펨버튼은 코카나무 잎에서 코카인을, 콜라 나무 잎에서 카페인을 추출하여 코카콜라를 만들었다고 한다. 물론 중독성이 있는 코카인은 1902년부터 사용이 중지되었다.

코카콜라와 같은 다국적 기업들은 흔히 '공룡'에 비유된다. 덩치가 크고 세계적 네트워크를 가진 기업이라는 뜻이다. 그러나 공룡들이 조그마한 알에서 부화되는 것처럼 다국적 기업들도 처음에는 작고 초라하게 출발한 경우가 대부분이다. 세계적 명성을 지닌 다국적 기업 코카콜라가 태동한 시기는 자유의 여신상이 세워진 1886년이었다.

미국 조지아 주 애틀랜타에서 조그마한 약국을 운영하던 존 펨버튼 박사. 그는 이런저런 실험을 하던 중에 우연히 시럽 한 가지를 발명했다. 그 당시는 약국에서 음료수를 만들어 팔던 시대였으므로 소다에 갖가지 약재를 섞어 소화제 대신 판매할 수 있었다. 그러니까 처음엔 콜라가 청량음료 대접을 받지 못한 채 그저 소화제처럼 팔렸던 셈이다.

펨버튼 박사는 이 시럽에 탄산을 섞어 친구들에게 권했다. 전에는 맛볼 수 없었던 새롭고 상쾌한 맛이라는 찬사가 쏟아졌다. 이에 고무된 펨버튼 박사는 이 제품을 약국의 신상품으로 내걸었다. 부하 경리 직원의 권유에 따라 '코카콜라'라고 이름 붙였다. 그러나 펨버튼 박사를 비롯한 어느 누구도 이 5센트짜리 음료가 장차 태평양을 건너고 만리장성을 넘어 전 세계 200여 개국에서 초당 1만 1600잔을 마시게 되는 '탄산음료의 대명사'가 되리라고는 상상하지 못했다.

시골 약국의 음료수에 불과하던 코카콜라를 본격적으로 상품화한 주인공은 아서 캔들러라는 인물이었다. 1873년 단돈 1달러 75센트를 들고 애틀랜타로 이주한 그는 펨버턴이 죽은 뒤 코카콜라에 대한 일체의 권리를 2,300달러에 매입했다. 콜라의 잠재력을 예감한 사업가 캔들러는 그 제조법을 사들이고 1893년 '코카콜라'를 상표명으로 등록함으로써 콜라의 본격적인 역사가 시작된 것이다. 캔들러는 코카콜라 시럽 개선 실험에 착수하여 '7X'라는 첨가물을 만드는 데 성공했다. 이 첨가물은 지금까지도 극히 일부 책임자를 제외하곤 극비에 부쳐져 있는 물질이다.

캔들러는 도시 구석구석에 광고물을 내걸어 '코카콜라는 언제 어디서나 마실 수 있는 음료'라는 이미지를 심는 데 성공했다. 1899년이 되자 벤저민 토머스와 조셉 화이트헤드라는 또 다른 장사꾼들이 등장한다. 두 사람은 캔들러에게 코카콜라를 병에 담아 팔자는 아이디어를 제안하여 코카콜라가 세계로 진출할 수 있도록 교두보를 만들었다.

113년 이상의 역사를 지닌 코카콜라는 전 세계 소비자들에게 변함없는 사랑을 받고 있다. 이는 코카콜라의 특유의 맛뿐만이 아니라, 코카콜라사가 코카콜라 아이콘, 콘투어 병, 북극곰 캐릭터, 그리고 산타클로스와 같은 코카콜라를 상징하는 대표적인 자산을 활용하여 적극적이고 다양한 마케팅 활동을 펼친 결과이기도 하다.

세계 최고의 브랜드 가치를 지닌 코카콜라의 로고가 새겨진 품목들은 많은 수집가들에게 인기 있는 수집품으로 인식되고 있다. 이러한 수집 문화는 다른 일반 소비재 제품 중에서는 보기 드문 현상으로서 이 역시 코카콜라의 대표적인 자산의 일부에 포함된다.

공개하고 싶지 않은 디자인의 관리 요령

Q 우리 회사의 디자인실에서 개발한 디자인 몇 점을 출원하여 등록하고 싶지만, 경쟁 업체들의 모방이나 도용 가능성이 높아 고민이다. 특허청에 출원 등록을 추진하되 디자인의 모양은 공개하지 않는 방법이 있다는데 상세히 알고 싶다.

A 디자인은 미적 외관의 창작이므로 발명이나 고안과 달리 손쉽게 남에게 모방 도용당할 우려가 높다. 유행에 매우 민감한 디자인은 라이프 사이클이 짧다는 약점도 갖고 있다. 이러한 취약점을 보완하기 위해 디자인권자는 특허청장에게 공개 거부 의사를 표시할 수 있다. 디자인 등록 공고는 하되 내용은 비공개로 하자는 취지의 요청인 것이다.

디자인 등록 출원인은 디자인권의 설정 등록일로부터 3년 이내의 기간을 지정하여 그 디자인을 비밀로 할 것을 청구한다. 등록 후에는 비밀 디자인 청구가 불가능하므로 등록되기 전에 신중을 기해야 하며 반드시 서면으로 특허청장에게 청구해야 한다.

디자인 등록 출원인 또는 디자인권자는 당초에 청구한 3년 이내의 기간 안에서 비밀 디자인 기간의 연장 또는 단축을 요청할 수가 있다. 비밀 기간 동안에는 그 디자인의 내용을 공표하지 않는다.

디자인 공보에는 디자인권자, 출원 등록 번호, 연월일 등만 게재할 뿐 등록 청구의 범위, 도면, 사진, 모형 또는 실물 견본의 사진, 도면의 디자인 설명 기재 사항은 공개하지 않는다. 또한 일반에게도 열람시키지 않으며 특허청 직원이 이를 누설하면 형사처벌을 받는다. 그러나 비밀 디자인의 비밀 기간이 경과한 후에는 디자인 공보에 게재한다.

  비밀 디자인권자와 그의 전용 실시권자는 일반 디자인권자와 같이 침해자를 상대로 손해배상을 청구할 수 있다. 하지만 일반적인 디자인권을 침해할 때 적용되는 과실의 추정 규정은 적용되지 않으므로 비밀 디자인권자가 침해자의 고의 과실 여부를 입증해야 한다.

  침해 사실 경고를 받은 사람에게 그 사실을 소명하고 그 비밀 디자인의 열람을 청구할 수 있는 기회가 주어진다.

Story 26

건설 신화를 만든 원예 업자

– 철근 콘크리트

서울 근교의 작은 화원에서 화초를 재배하던 한우석은 씁쓸한 표정으로 혀를 차고 있었다. 그는 걸핏하면 깨지는 화분을 다룰 때마다 속이 몹시 상했다. 그 당시의 화분은 단순히 진흙으로 모형을 뜬 다음 불에 구워 만들었기 때문에 작은 충격에도 쉽게 깨졌던 것이다. 계란 깨지듯 툭하면 부서지는 화분으로 골탕을 먹던 한우석은 직접 견고한 화분을 만들기로 결심했다.

궁리를 거듭한 끝에 시멘트와 모래를 섞은 후 물로 이겨서 굳힌 콘크리트 화분을 만들어 냈다. 흙으로 빚은 화분보다는 훨씬 견고했으나 여전히 불만스러웠다.

그 뒤로도 계속된 한우석의 연구는 2년 동안 이어졌다. 1백여 가지가 넘는 종류를 만들고 부수기를 반복하다 보니 심신이 몹시 지쳐 버렸다.

"여보, 철사 그물로 화분 모형을 만들어 시멘트를 입히면 어떨까요?"

화분에 관한 반 도사가 되어 있던 아내가 옆에서 거들었다. 아내가 시키는 대로 시멘트 화분을 만들었더니 튼튼하기 이를 데 없었다. 아주 심한 충격이 아니면 좀처럼 깨지지 않았다.

"성공했다고 그냥 있으면 어떡해요? 당장 특허를 출원해야지요."

아내의 말이 옳았다. 한우석은 즉시 화분 제작법에 관한 특허를 출원하고 나서 대량으로 생산하기 시작했다. 반응은 순식간에 나타났다. 시멘트 화분을 사려는 상인들이 전국 각지에서 줄지어 몰려들었고, 그 해 화분 판매만으로 벌어들인 순수익은 자그마치 20억 원을 넘어섰다.

"이 돈으로 멋진 농장과 별장 주택을 지읍시다."

아내가 들뜬 목소리로 말했다.

"아냐. 그보다 먼저 투자할 곳이 있어."

큰돈을 벌게 된 한우석은 화분 공장과 화원 주변을 멋지게 개조하기로 작정했다. 경사진 곳에는 계단을 만들고 개울을 가로질러 다리를 세우는 것이 1단계 작업이었다. 이번에는 철사 그물 대신 철근을 넣어 계단과 다리를 만들었다. 그것은 철근 콘크리트 방법을 이용한 세계 최초의 공사라고 할 수 있었다.

"여보, 철근 콘크리트 공법을 창안하고도 떠오르는 생각이 없어요?"

그 순간에도 아내의 지혜가 또 다시 빛났다.

"맞아. 특허를 다시 출원하는 거야."

한우석의 철근 콘크리트 공법이 특허로 출원되고 그 사실이 세상에 알려지자 가장 먼저 화원을 방문한 사람은 유명한 건설 회사의 회장 김주팔이었다.

"정말 우리가 해야 할 일을 한우석 사장님이 해 내셨어요."

김주팔 회장은 흥분을 감추지 못했다.

"제가 발명한 이 방법이야말로 장래 으뜸가는 건축용 재료와 공법이 될 것이라고 확신합니다."

한우석이 우쭐거렸다.

"그래서 찾아온 게 아닙니까?"

김주팔 회장은 한우석에게 특허권을 팔라고 간청했다.

"로열티로 50억 원을 드리겠소."

두 사람의 계약은 즉석에서 이루어졌다. 그 날의 만남은 한우석을 국내 제일의 원예가로 만들었고, 김주팔 회장은 국내 최고의 건축가로 성공할 수 있었다.

"발명은 의외로 쉬울 수도 있습니다. 알맞고 훌륭한 소재를 찾는 것만으로도 절반은 성공한 셈이죠. 오늘날 하늘을 찌를 듯한 고층 건물을 세울 수 있었던 것은 바로 '철근 콘크리트 기법' 덕분입니다."

특허권을 팔아 갑부가 된 한우석 사장이 남긴 말이었다.

*실제로 철근 콘크리트 공법을 발명한 인물은 프랑스의 '모니에'였다.

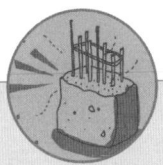

국제특허출원비용 지원

1) 사업 개요
- 개인 발명가나 중소(중견)기업이 보유한 특허·실용신안·디자인의 기술성과 사업성이 우수한 특허를 엄선·지원하는 우수 특허 사업화 지원 사업(국제출원비용·시작품 제작·발명의 평가비용 지원)
- 특허·브랜드·디자인 경영 등 지식재산경영 컨설팅 사업을 연계하여 기업별 실정에 맞게 맞춤형 패키지 형태로 지원

2) 지원 분야와 대상
- 개인이나 중소기업(중견기업 포함)으로서 특허·실용신안·디자인을 해외에 출원한 자
- 해외 출원 국가의 출원 단계 비용을 이미 송금한 기술로 신청일 기준 출원비용 송금 일자 5년 이내

3) 지원 조건과 내용
- 국제출원비용 : 연간 1인당 5건까지 지원
- 개별 출원국 국내 단계 진입 이후 신청 시점까지 지출한 PCT국제출원의 비용과 개별국 출원 단계 또는 심사 단계까지의 모든 출원비용 등

4) 권리별 지원 금액 한도
- 특허/실용신안 : 700만 원 이내
- 디자인 : 200만 원 이내

5) 지원 절차
- 패키지 지원 신청·접수→사업별 심사→각 사업별 세부 지원 절차 진행→

최종 수혜자 선정→지원

6) 신청 방법과 서류
- 우편 또는 방문 접수
- 주소 : (우 135-980) 서울 강남구 역삼동 647-9 한국지식재산센터(18층) 한국발명진흥회
- 신청서
- 기타 구비 서류

7) 접수 기관
- 한국발명진흥회 전화번호(02-3459-2792)
- 홈페이지 URL http://www.kipa.org

8) 기타 사항
- 한국발명진흥회(02-3459-2792, 2843, 2848, 2846)
- 자세한 사항은 한국발명진흥회(http://www.kipa.org)→사업 공고 참조

장난감 황제가 된 여행가
― 훌라후프와 요요

그 해 여름, 정원수는 친구들과 함께 아프리카 오지 여행을 떠났다. 시간이 허락하는 대로 국내외 여행을 즐기던 그였지만 괜히 두려움이 앞서는 걸 어쩌지 못했다. 현대 문명과는 거리가 먼 오지인 데다가 토인 원주민들이 살고 있는 원시 밀림 속의 마을이 여행지였기 때문이다.

막상 목적지에 도착해 보니 두려움은 더 커져만 갔다. 원주민들의 성격이 모두 난폭한 것은 물론이고 말을 주고받을 때마다 심하게 싸우는 것처럼 보였다. 남녀노소 가리지 않고 즐기는 놀이 또한 문명인으로서는 이해하기 어려웠다. 정원수는 어른들의 원색적이고 난폭한 놀이보다는 어린이들의 익살스러운 놀이에 한결 흥미를 느꼈다.

어린이들이 즐기는 놀이는 대체로 두 가지 유형이었다. 하나는 나무 덩굴로 만든 둥근 테를 허리에 끼고 빙빙 돌리는 놀이였다. 다른 하나는 실낱처럼 생긴 나무껍질에 돌멩이를 갈아 만든 원판을 꿰어 올렸다 내렸다 하는 방법이었다.

친구 일행은 마을을 구경하는 데 정신을 빼앗기는 동안 정원수는 아이들과 어울렸다. 장난감 공장의 사장이 아니랄까 봐 그는 아이들의 놀이에 신경을 집중시켰고 그 장면을 카메라에 담았다.

아이들의 놀이는 문명인이 지켜봐도 아주 재미있어 보였다. 그 정도로 재미가 넘치는 놀이라면 현대 문명인들도 좋아할 게 틀림없다고 생각했다. 정원수는 그 두 가지 놀이를 문명인들에게 전파하기로 결심했다.

무사히 여행을 마치고 돌아온 정원수는 토인 어린이들이 가지고 놀던 원시 놀이 기구와 비슷한 현대적 놀이 기구를 만들기 시작했다. 그 작업은 다른 장난감들을 만들 때보다 의외로 쉬웠다. 구조도 간단해서 재료인 나무덩굴과 납작한 돌멩이를 플라스틱으로 대체하는 것만으로도 충분했다.

플라스틱으로 둥근 테를 만든 것이 훌라후프의 전부였고, 두 개의 원판 축에 탄력 넘치는 실을 매어 놓은 것이 요요의 전부였다. 정원수는 이 두 가지 장난감에 대해 서둘러 특허 출원을 마치고 생산에 들어갔다.

1개월도 안 되어 폭발적인 인기를 얻었으니 예상이 너무 빨리 적중했던 것이다. 1년이 되기도 전에 훌라후프와 요요의 붐이 전국에서 일어났다. 만들기가 무섭게 팔려 나가자 공장을 풀가동해야 했다. 워낙 공정이 간단하다 보니 수익도 높았다.

"지구촌 점령은 시간문제다."

곧이어 두 놀이 기구의 성공은 외신을 타고 전 세계로 알려졌다. 정원수는 여러 나라의 현지에 지사와 공장을 설립한 뒤 세계 각국을 상대로 생산과 판매를 시작했다. 요요와 훌라후프가 순식간에 세계 장난감 시장을 석권했음은 물론이고, 각국의 언론들은 정원수를 '장난감 황제'로 그의 사업적 성공을 '장난감 놀이 기구의 혁명'이라고 극찬해마지 않았다.

정원수가 얼마나 큰돈을 벌었는지는 정확히 알려지지 않고 있다. 하지만 그가 황금 의자에 앉았다는 사실만큼은 너무도 확실했다.

전 세계 어린이들을 열광시켰던 장난감 '훌라후프'와 '요요'는 세심한 관찰이 발명에 얼마나 중요한가를 웅변하는 대표적 발명품이다. 그 놀이 기구들을 발명한 사람은 조그만 장난감 공장을 운영하던 정원수 씨였다. 그는 두 가지 장난감으로 하루아침에 '장난감 황제'가 되었던 것이다.

*실제로 장난감 훌라후프와 요요를 발명한 인물은 미국인 '루이 마크스'였다.

브랜드 작명 힌트 얻기

브랜드 파워가 온 세상을 점령한 듯하다. 브랜드 파워가 강한 제품들이 최고의 인기를 끌며 많이 팔리는 비결은 무엇일까. 어쩌면 브랜드명의 '의미'일 수 있다. 사람의 이름도 물론 중요하지만 브랜드 파워가 강력한 제품들의 이름은 도대체 무슨 뜻일까.

자동차 에쿠스(Equus)는 라틴어로 '개선장군(凱旋將軍), 멋진 마차, 하늘을 나는 천마(天馬)'를 의미한다. 영어로는 '독창적인 명품 자동차'라는 의미다.

담배 에쎄(ESSE)는 2009년 한국 산업 브랜드 파워 조사 담배 부문에서 2008년에 이어 2년 연속 1위를 차지했다. KT&G의 에쎄는 '삶의 본질' '정수'라는 뜻이다. 인생의 순수함과 기본을 상징하는 'Essence'를 활용하여 이름을 붙였다.

휴대폰 애니콜(Anycall)은 언제(any time) 어디서나(anywhere) 잘 걸리는(call) 휴대폰이란 의미다. 에어컨 휘센(Whisen)은 회오리바람(Whirlwind)과 전달한다(Sender)는 합성어로 '휘몰아치는 센 바람'을 이르는 말이다.

그거 참, 하나같이 이름 한번 멋지게 지었다. 그래도 왠지 품질과 편리성이 중요하다고 생각하지만 소비자들의 심리는 의미와 이미지에 호감을 더 느낀다. 그런 측면에서 브랜드를 작명하는 데 적극 참고해야 할 것이다.

지구를 뒤흔든 뜀틀
– 스카이 콩콩

전문대학을 졸업하고 출판사 영업부 견습사원으로 근무하던 신백섭은 장래가 불투명한 젊은이였다. 오죽하면 그의 어머니조차도 '우리 아들 장래가 걱정스럽다'고 말할 정도였을까. 2년 동안 경영학과를 다녔어도 졸업 성적이 신통치 않아서 전공을 살리는 게 쉽지 않았다. 아는 게 별로 없는 데다 2년제 경영학과 출신 젊은이를 받아 줄 수 있는 대기업의 경리 부서를 찾기란 하늘의 별 따기였다.

"어떤 일을 하든 한 우물을 파야 한다."

생계 유지를 위해 작은 분식집을 운영하던 어머니의 말도 틀린 건 아니었지만, 신백섭은 박봉의 출판사 영업부를 전전하다 보니 의욕을 잃어버리고 말았다.

그저 퇴근하고 나면 비디오를 빌려다 보거나 영화를 보러 가는 게 유일한 취미였다. 30여 년 전 어느 가을 날, 그는 미국 농촌을 배경으로 한 영화를 감상하기 위해 극장을 찾았다.

영화가 시작되자마자 흑인 어린이들의 노는 모습이 화면을 장식했다. 흑인 어린이들은 대나무로 만든 말(馬) 같은 놀이 기구를 타고 점프를 하면서 즐겁게 뛰놀고 있었다. 언어와 풍습이 다른 그 곳에서도 아이들의 천진난만한 모습은 별 차이가 없다는 데 우선 놀랐다.

"미국 어린이들도 저런 놀이를 즐기는구나."

신백섭은 영화의 줄거리를 따라가는 데 흥미를 잃은 채 상상의 날개를 펼쳤다. 어린 시절 농촌에 살 때 그도 친구들과 어울려 그렇게 놀았다. 농기구인 삽 위에 올라서서 깡충깡충 뛰어 놀던 모습을 떠올린 것도 그 순간이었다.

"맞아. 저 놀이와 어릴 때 추억을 접목시키면 좋은 아이디어가 떠오를 수도 있을 거야."

영화 내용은 안중에도 없었다. 메모지를 구해 자신의 발상을 적기 바빴다. 제작이 의외로 쉬울 것이라는 데 생각이 미치자 가슴이 뛰기 시작했다.

신백섭은 자리를 박차고 일어섰다. 여러 나라의 어린이들을 동시에 만족시킬 수 있는 놀이 기구를 만들 경우 틀림없이 성공할 거라는 확신을 갖게 되었다. 대나무 말이나 삽 같은 기능을 갖춘 아주 단순한 운동 기구를 만든다는 게 그의 생각이었다.

집에 돌아오자마자 신백섭은 백지 위에 스케치를 하며 연구를 시작했다. 이미 대나무 말과 삽의 기본 원리를 깨우친 만큼 다음 단계는 식은 죽 먹기였다. 때마침 스프링을 사용한 각종 기구가 개발되고 있어서 스프링을 활용한다면 생각보다 쉽게 발명품 제작을 완성할 것만 같았다.

뜀틀의 원리를 염두에 두고 머리를 굴리자 기발한 아이디어가 떠올랐다. 손잡이를 두 손으로 잡고 발판 위에 올라서서 깡충깡충 뛰면 스프링의 탄력으로 하늘을 나는 듯한 짜릿함을 즐길 수 있을 것이었다.

"이거 괜찮다."

다소 엉성하긴 해도 견본 놀이 기구를 직접 타보고 난 어머니의 평가였다. 친구들도 긍정적인 견해를 보이긴 마찬가지였다. 신백섭은 서둘러 특허 출원을 마친 뒤 외삼촌의 자금을 빌렸고, 작은 공장에 하청을 주어 생산을 시작했다.

예상대로 놀라운 인기였다. 입에서 입으로 번진 소문으로 불티나게 팔리자 광고가 필요 없었다. 밤을 새워 생산해도 밀려드는 주문을 감당할 수가 없을 정도였고 수출은 엄두도 낼 수가 없었다.

특허를 사겠다고 찾아오는 기업체 관계자들이 줄을 이었다. 결국 신백섭은 로열티를 받는 조건으로 특허 기술을 양도했다.

"얼마를 벌어들이셨나요?"

수많은 사람들의 질문이 쏟아졌지만 신백섭은 빙그레 웃기만 했다.

사람들은 다만 그가 사회단체에 기부한 돈이 백억 원대에 이른다는 사실을 놓고 소득 금액을 대충 짐작만 할 뿐이었다. 어쨌든 신백섭이 주체할 수 없을 정도로 많은 돈을 벌었다는 것은 세계적으로 널리 알려진 사실이다.

  어린이들이 노는 모습에서 힌트를 얻어 만든 놀이 기구가 사업화에 성공한 사례는 훌라후프와 요요를 비롯해 수없이 많다. 지구촌 어린이와 청소년들의 인기를 독차지했던 뜀틀(Hopping). 우리나라에서도 '스카이 콩콩'이란 이름으로 전국을 강타했던 뜀틀을 모르는 사람은 없다. 어린이들의 노는 모습을 관찰하는 것 그 자체도 발명의 지름길이 될 수 있다는 사실을 명심하자.

*실제로 스카이콩콩을 발명한 인물은 일본의 '스기토 사부로'였다.

변리사의 역할은 무엇인가

● 국내 지적재산권의 취득
- 특허, 실용신안, 디자인, 상표의 등록 출원
- 의견제출통지서에 대한 의견서 제출
- 특허심판원에 거절 결정 불복 심판 청구
- 특허법원에 거절 결정에 관한 심결 취소 소송
- 대법원에 거절 결정에 관한 심결 취소 소송에 대한 상고

● 국내 지적재산권의 사후 관리
- 상표 갱신 등록 출원
- 특허, 실용신안, 디자인 등록권 유지 관리 – 연차료 관리
- 권리의 이전, 사용권, 주소, 상호 변경 등록

● 국제 지적재산권의 취득과 사후관리
- 국제특허출원 (PCT), 국제특허출원 국내 단계, 개별 국가 출원
- 상표의 국제 등록 출원 (Madrid Protocol), 유럽 상표
- 등록 출원 (CTM), 개별 국가 등록 출원
- 해외 거절 이유 통지에 대한 의견서 작성
- 해외 상표 갱신 등록 출원
- 해외 특허, 실용신안, 디자인 등록권 유지 관리 – 연차료 관리
- 해외 특허 상표 권리의 이전, 사용권, 주소, 상호 변경 등록
- 국제 특허 심판 소송 업무

- 국내외 지적재산권 분쟁의 해결
  - 이의 신청
  - 취소심판, 무효심판, 권리범위확인심판, 심결 불복 대법원 상고
  - 권리 범위 또는 침해에 관한 감정, 지적재산권의 가액 감정
  - 경고장 작성이나 답변서 작성
  - 부정 경쟁 방지

- 지적재산권의 계약, 라이선싱과 이전
  - 상표, 디자인 등 지적재산권의 라이선싱(사용권 또는 실시권 등록 포함)
  - 상표, 디자인, 특허 등 지적재산권의 거래와 그 이전 등록

- 지적재산권 관계의 고문 업무
  - 고문 계약 체결로 지적재산권 관계 자문 서비스 제공
  - 지적재산권의 조사, 정보의 제공, 개발 자문
  - 국내외 지적재산권 정보 조사 서비스
  - 상표와 디자인의 개발 자문
  - 특허 상표의 검색, 사용, 등록 가능성 평가

- 국내외 지적재산권 분쟁의 해결
  - 특허 · 상표 침해 여부 분석, 협상 등 분쟁의 해결 서비스

그녀의 말 한 마디

- 유선형 만년필

가난한 집안의 막내아들 조재범이 만년필 가게에 취업한 것은 14세 때였다. 초등학교를 졸업하고 철이 들기도 전에 생활 전선에 뛰어든 그는 열심히 일만 했다. 남보다 배우지 못했으니 배운 친구들보다 앞서려면 땀 흘려 노력하는 길밖에 없다고 생각했던 것이다.

"이 아비가 못난 탓이다. 그저 열심히 일하거라. 너희들이 사는 길은 부지런히 일하여 인정받는 것밖에 없느니라."

돌아가신 아버지의 유언도 그랬다. 아버지의 뜻을 받들어 그 만년필 가게에서 한눈 팔지 않고 근무했다. 그랬더니 4년 뒤 경쟁자가 없을 정도로 돋보이는 숙련 기술자로 성장했다. 당연히 월급도 많이 받게 되었고 자신의 직업에 대한 긍지도 대단해졌다. 나이 20세가 가까워졌을 때는 여자 친구도 사귈 수 있었다.

"재범아, 넌 지금의 처지가 만족스럽니?"

어느 날 여자 친구가 물었다.

"보수가 많다고 생각은 안 하지만 대체로 만족해. 많은 손님들이 나한테만 만년필 수리를 맡기거든."

조재범은 약간 우쭐해진 심정으로 대답했다.

"하지만 네가 아무리 만년필 수리를 잘 해도 높은 사람이나 부자가 될 수는 없을 거야. 진심으로 하는 얘기니까 섭섭하게 생각하지 마."

그녀의 말을 듣던 순간 조재범은 칼로 가슴을 저미는 듯한 통증을 느꼈다. 그래도 이만큼 자리를 잡은 것이 얼마나 다행인가. 겨우 초등학교를 졸업한 시골뜨기가 그 동안의 피나는 노력으로 인정받는 기술자가 되었는데 이를 과소 평가하는 그녀가 미웠다.

"네가 무슨 말을 하는지 충분히 알겠어."

대꾸는 그렇게 했어도 조재범은 깊은 회의에 빠졌다.

"생각을 바꿔야 해. 정말 일하는 만큼 받고 있는지 곰곰이 되짚어 보라구."

그녀가 다시 던진 그 말이 조재범의 가슴을 후벼 팠다. 그는 그 이튿날부터 출근조차 하지 않고 방황하기 시작했다. 그의 결근으로 가장 큰 손해를 본 사람은 만년필 가게 주인이었다. 몸이 바싹 달아오른 그 주인은 조재범을 찾아왔고 책 한 권을 선물했다.

"재범아, 이 책을 읽고 생각을 바꿔 봐라. 출근 안 해도 좋으니 그 책

만큼은 반드시 읽어야 한다."

사장이 돌아가자 조재범은 무심코 책을 펼쳤다. 그 책 속에는 만년필을 발명한 워터맨의 이야기가 들어 있었다.

옛날 우리 조상들의 필기구는 붓이었다. 붓글씨는 쓰기도 어렵지만 일상적으로 사용하기도 상당히 불편하다. 우선 먹을 갈아야 하고, 실내에서만 사용이 가능할 뿐 가지고 다닌다는 것은 거의 불가능한 일이었다.

20~30년 전만 하더라도 사람들은 붓보다 편리한 잉크를 찍어 쓰는 펜을 많이 사용했다. 하지만 붓보다 훨씬 간편하다고 생각한 펜촉 또한 불편한 점이 많았다. 항상 펜과 잉크를 같이 가지고 다녀야 하고, 옷이나 손에 잉크가 묻는 등 불편한 점이 한 두 가지가 아니었다.

펜 사용의 불편한 점을 인식한 누군가가 궁리를 거듭했다. 펜과 잉크를 한데 묶어서 쓸 수 있는 필기구를 만들 수는 없을까? 그러다가 튜브에 잉크를 담아 넣고 펜에 연결하여 쓸 수 있는 만년필을 만들어 냈던 것이다.

루이스 에드슨 워터맨이 잉크가 흐르지 않는 만년필을 발명하자 그 날로 필기구의 역사가 바뀌었다. 워터맨이 개발한 만년필은 잉크가 흐르지 않으면서도 글씨가 잘 써져 기존의 만년필 사용에 불편을 느끼던 많은 사람들로부터 폭발적인 인기를 끌었다.

워터맨이 새로운 방식의 만년필을 발명하기 전에도 만년필은 존재했었다. 1809년 영국인 프레더릭 B. 폴슈가 밸브를 열고 닫음으로써 잉크 저장 탱크의 잉크가 펜촉에 흘러내리게 하는 방식의 만년필을 발명했다. 폴슈의 만년필은 잉크 저장의 기능은 갖추었지만 잉크 유출 조절을 할 수가 없어서 글씨를 쓰는 도중에 잉크가 흘러내릴 뿐 아니라 주머니에 휴대할 수도 없었다.

그 때 워터맨은 잉크가 흐르지 않는 펜을 만들겠다고 결심했고, 연구를 거듭하여 결국 오늘날과 같은 형태의 만년필 개발에 성공했다. 워터맨은 펜과 몸체를 연결하는 부위를 가는 관으로 연결해 잉크가 적당히 흘러나오게 했으며, 펜촉 중간에는 작은 구멍을 내어 잉크가 종이로 흘러내리는 것을 막았다.

워터맨은 자신이 만든 만년필이 인기를 끌자 1883년 '워터맨' 이라는 만년필 회사를 만들어 본격적인 만년필 사업에 뛰어들었고 1884년에는 특허를 받았다. 워터맨 만년필은 1884년 '레귤러(REGULAR)' 라는 모델을 시초로 시중에 판매되기 시작해 100년이 넘도록 고급 만년필의 지위를 지켜 오고 있다.

심지어 그 책에는 눈물겨운 이야기도 담겨 있었다. 조재범은 '되돌아온 만년필' 이라는 제목의 그 아름다운 실화를 읽으며 눈시울을 적셨다.

필 박사는 몇 명의 외국인과 함께 독일을 여행하던 중에 한 무리의 소년들을 만났고 그들에게 사인을 해 주었다. 그런데 사인이 끝나자마자 대기하고 있던 자동차가 오는 바람에 그는 급히 승차하려다가 그만 만년필을 떨어뜨리고 말았다.

잠시 뒤에 창밖을 보던 필 박사는 자신의 만년필을 든 채 달려오는 소년을 발견했다. 하지만 그는 '만년필 하나쯤이야' 하는 생각에 차를 멈추지 않고 소년에게 만년필을 가지라는 뜻으로 팔을 흔들어 보았다. 그러자 자동차를 필사적으로 뒤쫓아 오던 소년의 모습도 희미하게 멀어졌다.

그 뒤 육 개월이 지난 어느 날, 필 박사는 다 찌그러진 만년필과 한 통의 편지가 들어 있는 소포를 받았다.

> 필 박사님께.
>
> 그 날 박사님의 만년필을 우연히 손에 쥔 소년은 제 아들이었습니다. 제 자식은 만년필을 들고 온 다음날부터 선생님의 주소를 알아내기 위해 무척 애를 썼지요. 겨우 열세 살 난 아이에겐 쉽지 않은 일이었지만, 반드시 주인에게 만년필을 돌려주어야 한다고 생각했답니다.
>
> 그러기를 5개월, 어느 날 예기치 않게 박사님의 글이 실린 신문을 본 제 아들은 그 신문사로 찾아가 주소를 알아 왔습니다. 그 때 몹시 기뻐하던 아들의 표정이 아직도 눈에 선합니다.
>
> 약 한 달 전이었죠. 제 아들은 '어머니, 우체국에 가서 그 박사님께 만년필을 부쳐 드리고 오겠습니다.'라는 말을 남긴 채 집을 나섰습니다. 그리곤 영영 돌아오지 못했습니다. 너무 즐거웠던 나머지 우체국으로 신나게 뛰어가다가 달려오는 자동차를 미처 발견하지 못했기 때문이죠.
>
> 하지만 그 아이가 죽어서도 주먹 안에 꼭 쥐고 있었던 만년필만큼은 무사히 제게 돌아왔습니다. 비록 찌그러진 만년필이지만 박사님께 반드시 돌려드려야겠다고 생각했습니다. 하늘나라로 떠난 그 애도 간절히 원할 테니까요.
>
> 박사님, 한 독일 소년의 정직한 마음을 오래도록 기억해 주시기 바랍니다.

그 책을 읽고 난 조재범은 생각을 바꿨다. 소금에 절인 듯 풀이 죽어 있던 그의 얼굴에 활기가 넘치기 시작했다. 주인을 따라 가벼운 발걸음으로 다시 출근한 그의 하루하루는 또 다시 즐거움으로 가득 채워졌다.

"재범아, 내 말에 그토록 충격을 받았다니 정말 미안해. 사실 너를 아끼고 사랑하기 때문에 그랬던 거야. 제발 오해하지 마."

만년필 가게까지 찾아온 여자 친구가 조재범을 불러내더니 두 손을 잡고 매달렸다. 그는 남자답게 그녀를 포옹했다.

"너 때문에 내가 새로 태어났어. 워터맨처럼 멋진 인생을 가꿀 생각이야."

"워터맨? 그게 누군데?"

조재범은 워터맨에 관한 이야기를 소상히 들려 준 뒤 입술을 깨물었다.

"만년필은 워터맨이 발명했으니 나는 만년필의 디자인 쪽에 관심을 둘 생각이야. 이미 그 얼개는 내 머리 속에 들어 있어."

그 말은 거짓이 아니었다. 조재범의 뇌리 속에는 이미 '유선형 만년필'이라는 아이디어가 자리 잡았다. 그는 시대 조류를 읽고 있었다. 그 무렵 출시되기 시작한 자동차도 비행기도 모두 유선형이었고 각종 생활용품도 유선형으로 바뀌는 '유선형의 전성시대'였던 것이다.

"재범아, 가장 먼저 해야 할 일이 있어. 그 디자인을 특허 출원해."

밤낮을 가리지 않고 매달려 완성한 그 디자인을 살펴보다가 말고 그녀가 한 말이었다. 그녀는 훌륭하고 멋지다는 평가도 잊지 않았다.

서둘러 디자인 등록 출원을 마친 조재범은 밤마다 날렵한 유선형 만년필대를 만들었다. 그리곤 자신이 일하는 만년필 가게에 그 물건을 진열해 놓았는데 한 시간도 못 돼 동나 버렸다.

"여보, 우리가 직접 회사를 차리면 어떻겠어?"

결혼하여 아내가 된 그녀가 집요하게 꼬드겼다.

"친정아버지가 자금을 대기로 했으니 그렇게 해요."

며칠 동안 망설이던 조재범은 결심을 굳혔고 만년필 가게를 그만두자마자 독립할 수 있는 터전을 마련하기 시작했다. 당연히 자신의 회사를 차렸다. 오로지 유선형이라는 한 가지 특징밖에 없었으나 조재범의 만년필은 대기업의 제품들을 제치고 그 해 시장 점유율 1위에 올라섰다.

오늘날 만년필의 제왕으로 불리는 유선형 만년필. 만년필 가게 수리공이었던 조재범은 각진 만년필대를 유선형으로 바꾼 디자인 하나로 자기 회사의 반석을 다졌다고 해도 과언이 아니다.

돌풍 같은 조재범 만년필의 등장에 당황한 대기업들이 이를 모방하려 해도 디자인권에 꽁꽁 묶여 전혀 손을 쓸 수가 없었다. 조재범 만년필의 인기는 거칠 것 없는 상승 기류를 타고 치솟아 그 매출 실적은 매년 두 배 이상 쑥쑥 늘어났다. 세계 각국에 수출하기 시작하면서 조재범은 만년필의 황제로 자리 잡았다.

*실제로 각진 만년필을 유선형으로 바꾼 인물은 '파커' 였다.

저작권의 발생과 등록

● 저작권 표시

　책의 표지나 웹사이트의 초기 화면을 보면 저작권 표시 ⓒ를 많이 하고 있다. 저작권은 저작물을 창작한 순간 자동적으로 발생하고 저작권 표시 ⓒ가 없어도 저작권법에 의하여 보호를 받는다.

　저작물을 창작하면 저작권이 자동적으로 발생하고 어떠한 절차나 방식을 요하지 않는 것을 '무방식주의'라 하고 우리 저작권법은 저작권에 관한 국제조약인 베른협약이 정하는 규정에 따라 '무방식주의'를 채택하여 따르고 있다.

● 저작권의 발생과 등록

　저작권 등록은 저작물의 존재를 세상에 알리고 침해가 발생할 경우 법적 보호를 받기 위해 소송 등에서 자신의 저작물을 입증하는 증거 자료로서 유용하다.

　저작권 등록 중 양도 등록은 특히 유용하다. 저작권자가 저작권을 이중으로 양도하더라도 먼저 저작권의 양도 사실을 등록해 놓으면, 나중에 저작권을 양도받은 사람에 대하여 항상 법적 대응을 할 수 있기 때문이다. 이를 제삼자에 대한 대항력이라고 부른다.

　저작권 등록은 한 번의 등록으로 저작자 생존 기간 동안과 사후 50년 동안 저작권보호를 받는다. 등록 수수료는 신청 수수료 1회에 지나지 않는다.

　신청료와 등록료, 연간 수수료 등이 따로 존재하지 않는다. 저작권 등록과 양도 등록은 저작권위원회에서 하고 있다.

아내를 위한 선물

– 골무

골무는 바느질할 때 바늘을 눌러 밀기 위해 바늘 쥔 손가락 끝에 끼는 물건이다. 요즘은 거의 쓰이지 않지만, 옛날 할머니와 어머니들에겐 참으로 소중하고 흔한 물건 중의 하나였다. 최근 들어서는 구두 수선을 하는 구두 미화원이나 골무를 사용하고 있는 형편이다.

하여튼 한때는 바느질할 때 없어선 안 되는 물건이 골무였다. 이 하찮은 골무를 발명한 평범한 소시민은 어엿한 중소기업 사장이 되었다.

그 주인공은 형편없이 무능력한 월급쟁이였다. 피혁 공장 노동자 곽동근이 벌어다 주는 쥐꼬리만한 봉급으로 살기 어려웠던 그의 아내는 결국 취업 전선에 나서야 했다. 그래봐야 삯을 받고 해 주는 바느질이 고작이었다.
 퇴근해 집에 들어서던 길에 곽동근은 아내가 생계를 돕기 위해 삯바느질을 하는 모습을 목격했다. 그 풍경을 지켜보던 곽동근의 두 눈에 눈물이 핑 돌았다.
 "아니! 당신, 언제 왔어?"
 아내가 바느질을 하다 말고 재봉용 곰보 쇠골무를 벗던 순간 곽동근은 아예 눈물을 흘리고 말았다. 곱디곱던 손가락이 빨갛게 부어올라 있었기 때문이다.
 "당신 손가락이 왜 그래?"
 "별거 아냐. 바늘에 몇 번 찔렸을 뿐인데.."
 대수롭지 않은 듯 그렇게 말하면서도 아내는 몹시 따가운 듯 입김으로 손가락을 호호 불고 있었다. 그러더니 연신 자신의 손가락을 빨았다.
 "식사는 했어요?"
 "직장에서 회식 마치고 오는 길이야."
 "그러면 다행이네. 일이 잔뜩 밀려 있거든."
 아내가 다시 그 쇠골무를 끼고 바느질을 계속하는 동안 곽동근은 가슴이 저려 견디기 어려웠다. 재봉용 곰보 쇠골무가 손가락에 박혀 아파하는 아내의 모습을 보며 그는 속으로 혀를 끌끌 찼다. 당장이라도 아내에게 삯바느질을 그만두라고 말하고 싶었으나 자신의 월급으로는 도저히 생계를 꾸려나갈 수가 없었기에 아무 말도 하지 못했다.
 "방법이 없을까?"
 그 날 저녁부터 곽동근은 머리를 싸매고 매달렸다. 그는 손가락을 아프게 하지 않는 골무를 만들어야겠다고 생각했다. 하지만 세상일이 모두 그렇듯 새로운 골무 개발이 쉽지 않았다. 그러던 어느 날 공장에서 작업을 하던 그는 쓰레기통에 버려진 가죽 조각을 발견했다.

"바로 이거야!"

곽동근은 기발한 아이디어가 떠오르던 순간 외쳤다. 골무를 만들 때 쇠붙이 대신 부드럽고 질긴 가죽을 사용하면 손가락이 아프지 않을 것이라는 확신이 생겼던 것이다. 쉬는 시간을 이용하여 가죽 골무 하나를 만든 그는 퇴근하기 무섭게 집으로 달려갔다.

"당신에게 가장 필요한 골무야."

"어떻게 구하셨어요?"

"내가 직접 만들어 본 거야. 맘에 들지 모르겠네."

"너무너무 훌륭한 작품이네요. 진짜 고마워요."

아내는 정말 눈물을 글썽거리며 기뻐했다. 그래서 그녀는 그 뒤로 더 열심히 삯바느질을 했다. 손가락이 아프지 않으니 능률이 올랐고 수입도 늘어갔다.

"내가 발명한 골무를 특허로 출원할 생각이야."

어느날 술에 취해 집에 들어온 곽동근이 다짜고짜 그렇게 말했다.

"여보, 요렇게 작은 골무 하나로 발명가가 되겠다니 그건 너무 무리예요."

아내가 농담으로 받아들였다.

"절대 농담이 아냐. 이 가죽 골무의 실용신안 등록 출원을 마치면 골무 공장을 설립할 작정이야. 친구 놈과 그 일을 구상하며 술을 마셨어."

"그래요? 그게 가능한 일 같아요?"
순박한 아내는 실감하지 못했다.
"재료는 내가 다니던 공장에서 얼마든지 무료로 구할 수가 있거든."
"아니! 다니던 공장이라니? 사표를 냈다는 말야?"
"작업은 안방에서도 가능해. 별도의 공장을 설립할 돈도 필요 없어."
곽동근은 아내를 설득하기 위해 밤을 지새워야 했다.
"여보, 아무래도 불안해요. 그냥 직장에 다니면서 추진하면 어떨까?"
"나를 믿어 봐. 내 일생의 승부를 이 골무에 한번 걸어 보겠어!"
곽동근의 결단 앞에서 결국 아내가 두 손을 들고 말았다. 며칠 뒤부터 시장에 나온 곽동근의 가죽 골무는 인기를 얻었고 주문량도 날로 늘어갔다.
"아직도 결함이 많은 제품이야."
곽동근은 그 정도에 만족하지 않고 고민을 거듭했다. 유사품의 난립을 막기 위해 신제품 개발에도 힘을 기울였다. 가죽 안쪽에 셀룰로이드를 붙이기도 하고, 나무판자를 붙이기도 하는 등 무려 11종에 이르는 신제품을 개발하여 실용신안 등록을 받았다. 어느 새 '골무' 하면 '곽동근 골무'를 떠올릴 정도로 그의 골무는 유명 상품의 반열에 오르는가 싶더니 마침내 시장을 석권했다. 그 뒤 50여 건이 넘는 골무를 개발한 그는 '골무의 대부'라는 칭송을 들으며 부와 명예를 누릴 수 있었다.

*실제로 골무를 발명한 사람은 일본의 '이시가와'였다.

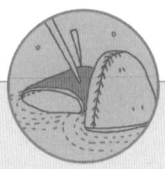

특허 침해의 함정, 이렇게 탈출하라!

어느 날 국내 P사는 사업계획대로 물건을 생산하여 대량 판매하기 시작했다. 그런데 갑자기 프랑스계 회사로부터 경고장이 날아왔다. 이 회사가 이미 P사의 제품과 비슷한 디자인을 우리나라 특허청에 등록해 두었다는 내용이었다. P사가 디자인권을 침해했으므로 제조 판매 금지 가처분 신청은 물론 형사 고소와 손해배상을 청구하겠다는 게 디자인 등록권자의 입장이었다.

필자는 가장 기초적인 세 가지 요건을 검증하는 데 초점을 맞추기로 작정했다. 신규성, 창작성, 공업적 이용 가능성이 그것이었다. 그 중 하나라도 결함이 발견되면 디자인 등록권자의 등록을 무효로 만들 수 있기 때문이다.

출원 전에 국내에 널리 알려졌거나, 국내 또는 외국에서 반포된 간행물에 기재된 것은 신규성을 인정받지 못한다. 디자인 등록을 출원하기 전에 그 물품을 공개하면 디자인 등록이 되지 않고 등록되어도 무효 심판 청구가 가능하다.

따라서 필자는 한 가닥 희망을 버리지 않고 프랑스의 신문, 잡지 등 간행물에 광고가 수록된 사실이 있는지 확인하기 시작했다. 드디어 어떤 잡지에서 디자인 등록권자의 광고를 발견했다. 하늘이 무너져도 솟아날 구멍이 있다고 하더니 그 말이 맞았다.

곧바로 등록 무효 심판을 청구하자 프랑스측 디자인 등록권자가 신청한 침해 금지 가처분이 보류되었다. 마침내 가처분 신청은 기각되었고 우리 고객이 승리했다.

양털 세척제의 변신

- 샴푸

앞으로 살아갈 길이 막막했다. 잘나간 다고 소문이 자자하던 남편이 직장을 잃었으니 그 생각만 해도 뱃속에서 꼬르륵거리는 소리가 들려오는 것만 같았다. 정말이지 몹시 난감했다. 어디 가서 하소연하여 남편의 일자리를 만들어 주고 싶었다.

벌써 40대의 나이에 접어든 박미숙은 자신이 직장을 잃은 것처럼 며칠 방황하다가 대학 동창을 만났다. 그 친구와 함께 찾아간 곳은 비누 제조 회사였다. 그 회사 임원으로 근무하던 친구의 남편이 조언했다.

"양털 세척제를 만들어 보시지 그래요."

박미숙의 처지가 안타까워 그런 건의를 한 것이었다.

"그 세척액 수요가 얼마나 되겠어요?"

박미숙이 믿을 수 없다는 듯 고개를 저었다.

"뭘 모르시는 말씀! 수요는 한정되어 있지만 목장에 납품할 경우 얼마든지 제값을 받을 수 있답니다. 양털은 깨끗이 세척하여 오물을 완전히 제거해야만 상품으로서의 가치를 인정받을 수 있기 때문이죠."

워낙 그 친구 남편의 설명이 진지했으므로 박미숙은 결심을 굳혀 갔다. 시장 조사를 끝내자 그녀는 남편의 퇴직금을 털어서 양털 세척제를 만들어 파는 중소기업을 차렸다. 예상 밖으로 물로 만든 세척제는 불티나게 팔리기 시작했다.

그러던 어느 날 아침, 박미숙은 딸애들이 단단한 비누로 머리를 감는 것을 보고 영감에 사로잡혔다. 사람들도 양털처럼 물 세척제로 감는 것이 편리하지 않겠는가.

"양털 세척제를 분석하여 인체에 해로운 독성이 무언지 파악하세요."

박미숙 사장은 연구실 직원에게 지시하여 양털 세척제를 분석했고 인체에 해로운 독성을 제거하는 데 심혈을 기울였다.

"이번에는 여성들이 가장 좋아하는 냄새가 무언지 조사하세요."

그 결과 인체에 해롭지 않으면서 향기가 넘치는 샴푸를 만들었다.

"사장님, 굳이 이런 식으로 돈 들여 양털 세척제를 만드는 이유가 뭡니까?"

연구실 직원이 불어터진 얼굴로 물었

다. 그런 방법으로 양털 세척제를 생산할 경우 수익성을 기대하기 어렵다는 것이었다.

"이건 양털 세척제가 아닙니다. 사람들의 관심을 끌 수 있는 비누로서 머리를 감을 때 사용되는 물비누예요. 좀 더 연구, 개발하면 히트가 가능한 비누로 탄생될 게 분명해요."

박미숙 사장의 결론은 간단명료했다. 인체에 해로운 독성 제거, 사람이 좋아하는 향료 첨가, 그 두 가지 방법으로 양털 세척제는 '모발용 세척제(일명 샴푸)'로 둔갑하게 된 것이었다.

"이 발명품에 우리 회사의 운명을 걸 생각입니다."

첫 작품의 시중 판매를 앞두고 열린 회의석상에서 박미숙 사장이 의미심장한 표정으로 한 마디를 던졌다. 그 이튿날부터 그녀는 더 바빠졌다. 발명 특허, 실용신안 특허, 의장 특허 등을 출원하기 위해 금싸라기 같은 시간을 보내야 했다.

"부드럽고 향기로운 모발용 세척제 탄생!"

샴푸의 탄생을 알리는 매스컴들의 기사는 극찬을 아끼지 않았다. 실업자 남편 때문에 고민하던 아내는 졸지에 중견 기업의 사장으로 변신했고, 그녀의 남편은 그 회사의 회장으로 부임하더니 하루아침에 유명인사가 되었다.

그러나 초창기의 샴푸는 환경 문제에 관한 고려를 하지 않아 수질 오염 등의 논란을 받았다. 그 당시 환경 오염 문제까지도 해결된 샴푸가 개발되었다면 그 명예는 영원히 지속되었을 것이다.

사람들이 머리를 감을 때 가장 많이 사용하는 것은 샴푸다. 전 세계 여성들이 가장 즐겨 사용하고 있는 비누도 샴푸일 것이다. 최근 들어서는 공해의 주범으로 지목되어 천덕꾸러기 취급을 받기도 하지만, 여전히 샴푸를 많이 쓰고 있다.

한때 전 세계를 주름 잡던 발명품인 이 샴푸를 다시 한 번 개선한다면 더 멋진 작품이 탄생될 수도 있지 않을까. 그 용도를 바꾸고 문제점을 보완하고 품질을 개선하려는 노력이 뒤따를 때 또 다른 발명가가 탄생할지 누가 알겠는가.

*실제로 샴푸를 발명한 인물은 일본의 '다케우치 고도에' 여사였다.

배보다 배꼽이 더 큰 손해배상
- 몇 십 배로 바가지 쓰는 무임승차 -

● 디자인 도용 업체의 파산이 주는 교훈

 디자인권자 L씨는 어떤 가구 업체가 자신의 디자인을 도용하여 장사를 하고 있어도 반응이 없었다. 알고도 모르는 척하기로 했다. 날개 돋친 듯 팔리는 제품을 구경하면서 무려 2년 동안 기다렸다. 어느 정도 시간이 성숙했다고 판단되자 L씨는 가구 업체 앞으로 경고장을 보냈다.

 그제야 내용증명서를 받은 가구 업체에서 비상이 걸렸다. 디자인권자 L씨가 손해배상 액수를 늘리려고 일부러 시간을 끌었다는 심증이 들었지만 디자인권을 침해한 가구 업체로서는 특별한 대책이 없었다. L씨는 수사기관에 고소하겠다며 수시로 위협했고 막대한 손해배상을 요구하기 시작했다.

 L씨가 쳐놓은 그물에 걸려든 가구 업체는 디자인권 침해 사실을 부인하지 못했다. 디자인권자가 요구하는 조건을 모두 수용할 수밖에 없었다. 당장 생산을 중단하고 사과문을 내는 것은 물론 손해를 배상하기로 했다. 2년 동안 벌어들인 소득을 넘어 거액을 물어주고 나니 회사는 파산하게 되었다.

 이처럼 특허권이나 상표권을 침해하다가 걸려들면 몇 십 배 바가지를 쓰는 경우가 보통이다. 특히 부정 출판과 부정 복제가 발각되면 치명적 손실을 입기도 한다.

사랑의 선물

– 안전핀

　　12월 초, 엄동설한의 칼바람은 눈이 내려 꽁꽁 얼어 버린 대지를 휘젓고 다니며 심술을 부렸다. 그 날 따라 아침 기온이 영하 20℃까지 내려갔으니 예년에 없는 강추위였다.

　하지만 열애에 빠진 안승찬과 정혜진 두 청춘 남녀의 가슴까지 얼게 할 수는 없었다. 두 사람은 어른들의 반대를 무릅쓰고 사랑을 키웠으며 추위에도 아랑곳하지 않은 채 그 날도 만났다. 안승찬이 정혜진의 아버지에게 결혼 승낙을 받기로 한 날이었기 때문이다.

　"자기, 보기보다 약해 보여."

　그녀가 안승찬의 두 눈을 들여다보며 말했다.

"바보 아냐? 내가 정말 그렇게 보여?"

떨리는 가슴을 억누르며 안승찬이 되물었다. 무작정 상경하여 아무런 수입도 없이 공무원 임용 시험을 준비 중인 처지가 아닌가. 그런 녀석이 남의 귀한 딸을 달라고 하면 그녀의 아버지 입에서 어떤 대답이 나올까. 솔직히 자신이 없었다.

"그렇다면 강한 남자란 걸 보여 줘. 당장 우리 아버지에게 가자구."

그 말에 용기를 얻은 안승찬이 그녀의 소매를 끌더니 앞장섰다. 정혜진의 집으로 가기 위해서였다.

"아버님, 혜진이를 사랑합니다. 결혼을 허락해 주십시오."

오랫동안 연습을 거친 두 마디였지만 입술이 실룩거렸고 무릎꿇은 두 다리는 덜덜 떨렸다. 사랑 하나만 믿고 무모하게 덤비는 자신이 너무도 처량하게 느껴졌다.

"자네에겐 아직 경제력이 없으니 결혼을 승낙할 수가 없어. 사랑만 앞세워 결혼한다면 두 사람 모두 불행해질 걸세."

염려했던 대로 전혜진의 아버지는 난공불락의 요새였다. 하지만 그는 그대로 물러설 수가 없었다.

"제게는 돈을 벌 수 있는 충분한 두뇌와 의지력이 있습니다."

"말은 제법 근사하군…."

안승찬의 대답이 끝나자 그녀의 아버지는 잠시 생각에 잠겼다.

"어쨌든 그 배짱 하나는 좋네. 그렇다면 열흘 안에 5백만 원을 벌어 오게. 그 때 가서 결혼 승낙을 적극 검토해 보지."

안승찬의 순발력을 익히 알고 있던 그녀의 아버지가 조건을 제시했다.

"좋습니다."

"단, 정정당당한 방법으로 벌어야 하네."

"물론이지요. 열흘 뒤에 다른 말씀을 하시면 안 됩니다."

어른의 으름장 앞에서도 그는 물러서지 않았다. 겉으로는 자신 있고 당당하게 대답했지만 마음속으로는 벌써부터 걱정이 앞섰다.

그 당시 서울 변두리의 단독주택 한 채 값인 5백만 원을 어떻게 열흘 안에 벌 수 있을 것인지 안승찬은 암담하기만 했다. 자취방으로 돌아가 밤새 누워 뒤척이며 생각했지만 방법이 떠오르지 않았다. 새벽까지 잠들지 못하다가 일어나 앉은 그는 자신의 유일한 공작 솜씨를 한번 믿어 봐야겠다며 입술을 깨물었다.

"무엇을 만들어야 5백만 원을 벌어들일 수 있을까?"

하루 종일 꼼짝 않고 궁리하던 안승찬이 두 주먹을 불끈 쥐었다.

"안전한 핀, 안전핀을 만들어 보는 거야."

그 무렵의 여자들은 큰 행사 때마다 바늘 모양의 핀으로 리본을 꽂았었다. 하지만 일(一)자 모양의 바늘 핀은 리본이 쉽게 떨어지는 결점은 물론이고, 행여 포옹이라도 하게 되면 바늘에 찔리는 위험까지 있었다. 안승찬은 핀을 안전하게 사용할 수 있도록 개선하겠다는 결심을 굳힌 것이었다.

"나 땜에 고생하는 자기를 보면 미안해. 나보다 더 좋은 여자를 찾아 봐. 지금이라도 늦지 않았어."

철사를 비롯한 각종 재료를 매만지며 벌써 5일째 밤을 새우던 안승찬을 보며 그녀가 눈시울을 적셨다.

"자기가 성공하는 날까지 나도 같이 있을 거야."

불안하고 초조한 마음으로 며칠째 안승찬을 지켜보던 그녀는 비몽사몽 헤매고 있었다.

"아야!"

이른 새벽에 안승찬의 울부짖음 같은 괴성에 놀라 잠을 깬 정혜진이 사방을 두리번거렸다. 어리둥절한 표정의 그녀가 다가갔을 때 그의 손에는 이미 안전핀이 들려져 있었다. 우리에게는 '옷핀' 이라는 이름으로 더 잘 알려진 안전핀(safety pin), 바늘 끝이 안전하게 덮이도록 뚜껑이 붙어 있는 그 핀이 탄생하는 순간이었다.

"이 안전핀의 용도를 설명할게. 첫째, 각종 의복이 벌어지지 않고 서로 붙어 있게 하는 데 사용할 수 있어. 둘째, 옷자락이나 목도리를 고정시키는 데 사용할 수 있어. 셋째, 소매의 벌어진 곳을 맞붙이는 데도 사용할 수 있지. 넷째, 예쁜 꽃에 매달아 브로치 대용이나 장식용 핀으로도 요긴하게 쓸 수 있을 거야. 그리고 다섯째…"

"됐어, 됐어! 오늘 당장 특허를 내고 팔러 다니면 돼.

두 사람은 서로 얼싸안고 펄쩍펄쩍 뛰며 성공을 자축했다. 날이 밝자 그들은 특허 출원을 마친 뒤 부푼 가슴으로 리본 가게를 찾아갔다. 하지만 여러 가게를 기웃거린 끝에 실망만 안고 돌아서야 했다.

"멋진 아이템이긴 하나 너무 비싸."

"50만 원에 판다면 몰라도 투자 가치가 없어."

반가운 표정으로 흥정하다가도 이 핑계 저 핑계를 대며 계약서 작성을 머뭇거렸다. 영세한 리본 가게들로서는 5백만 원이라는 금액이 너무도 벅차서 선뜻 계약할 수 없었던 것이다.

하지만 하느님이 두 사람의 진심에 감동하셨던 것일까. 실망감으로 눈물짓던 두 사람에게 행운의 천사가 들이닥쳤다.

"자그마치 두 시간이나 헤맸어."

안승찬의 자취방을 찾아온 털보 사장님은 조금 전에 찾아가 만났던 리본 가게 주인이었다. 비지땀을 흘리던 그 사장님이 안승찬에게 내민 것은 5백만 원이 든 편지 봉투였다. 그런 우여곡절 끝에 열흘째를 맞던 그날, 안승찬은 보무도 당당하게 정혜진의 아버지를 다시 만날 수 있었다.

"아버님, 5백만 원입니다."

안승찬은 정정당당하게 벌었음을 증명하는 특허권 매매 계약서도 함께 내밀었다.

"약속대로 결혼은 승낙하겠네. 하지만 자네는 생각보다 어리석은 사람 같아."

그녀의 아버지는 밝은 표정 안에 아쉬움을 담았다.

"무슨 말씀인지…."

"이 사람아! 이토록 훌륭한 발명을 겨우 5백만 원에 팔아 버려?"

"제겐 너무도 부담스러운 돈입니다."

5백만 원을 과소 평가하는 게 섭섭했던 나머지 안승찬은 서운한 표정을 감추지 못했다.

"아빠, 그 돈을 벌기 위해 얼마나 고생했는지 아세요?"

정혜진은 더욱 안달이었다.

"어리석은 녀석! 그 엄청난 특허를 한 방에 날려 버려?"

"아빠, 그럼 어떻게 해야 했어요?"

"뭘 모르는구나. 로열티 계약, 이른바 특허 실시권 계약을 맺었어야 옳았단 말이다. 한 개 팔리는 데 얼마의 로열티를 받는다거나 매출액의 일정 비율을 정해 로열티를 받는 식으로 계약을 하지 않고…."

정혜진의 아버지 말은 조금도 틀리지 않았다. 5백만 원에 그 특허를 사들인 리본 가게 주인은 전 세계를 상대로 그 안전핀을 팔아서 엄청난 돈을 벌어들였던 것이다. 닭 쫓던 개 지붕 쳐다보는 격이 그런 것인가. 그녀의 아버지, 아니 장인 영감은 두고두고 안승찬의 경솔한 결정을 원망했다.

"이 사람아, 2퍼센트의 로열티만 받았어도 자네는 엄청난 부자가 되었을 걸세."

정혜진의 아버지는 몇 년의 세월이 흘러서도 사위를 만날 때마다 특허를 헐값에 넘긴 것을 나무랐다. 안타까워하는 장인을 볼 때마다 안승찬도 할 말을 잃었다.

"하지만 저는 2퍼센트의 로열티보다 더 큰 보물을 얻었습니다. 따님을 아내로 맞은 것이 2퍼센트쯤의 로열티보다 더 기쁘고 소중합니다."

"에이! 그래도 그렇지. 멍청한 우리 사위 땜에 내 딸애는 망했어."

"아빠, 그런 말씀 접어 두세요. 전 망하지 않았어요."

"맞아요. 발명은 또 할 수 있지만 이처럼 사랑스런 아내를 얻는 것은

일생에 단 한 번뿐입니다."

안승찬은 버릇처럼 그렇게 대꾸하곤 했다.

모양은 조금씩 바뀌었지만 150여 년 세월 동안 지구촌 사람들의 사랑을 받아 온 안전핀. 그 안전핀은 돈보다는 사랑을 얻은 '로맨스 발명'으로 발명계의 살아 있는 전설처럼 널리 통하고 있다.

*실제로 안전핀을 발명한 인물은 미국의 '한트'였다.

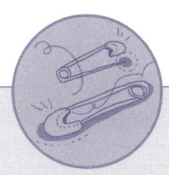

특허 전쟁과 특허 침해 소송에서 살아남자

● 특허 침해 증거 확보와 대응 특허

지금 이 순간에도 지구촌의 수많은 기업들 사이에 특허 전쟁이 벌어지고 있다. 경쟁 기업의 특허 침해 증거를 꾸준히 확보하여 분쟁 발생에 대비하거나, 제품 개발 전에 미리 문제 발생 가능성이 있는 특허에 대해 대응 특허를 내어 경쟁 기업의 영업활동과 이의 제기를 무력화한다. 지식재산권 전문가들인 변리사들이 기업 편에 서서 법률적으로 뒤를 받치고 있기 때문이다.

● 경쟁 업체의 핵심 기술 미리 특허 출원

때에 따라서는 경쟁 업체의 기술 개발 동향을 사전에 파악하여 그 핵심 기술의 특허를 등록해 두었다가 결정적일 때 무기로 사용하기도 한다.

● 돈이 될 만 한 것은 대부분 특허 출원

자연법칙을 이용한 것이 아니면 특허로 인정되지 않는다는 기존 특허 제도의 규정마저 깨지고 있다. 수학적 논리와 문제 해결 방법, 자연 현상의 발견과 지식, 시각, 청각, 후각, 미각, 촉각 등 오감(五感)까지 돈이 될 만한 것이면 대부분 특허권으로 인정되는 세상이다.

● 특허 침해 소송에 걸려들면 막대한 출혈

외국 기업은 지뢰밭 같은 특허 전쟁에서 살아남기 위해 순수 과학적인 아이디어라도 돈이 된다면 모두 특허로 출원하고 있다. 특허 분쟁에 휘말려 큰 손실을 입은 적이 있는 기업일수록 극성스럽게 지식재산권 확보와 관리 업무에 매달리게 마련이다.

할머니의 손자 사랑 2
- 실내화

함박눈이 펑펑 내리고 있었다. 아무리 군불을 지핀 시골 온돌방 안이어도 한겨울의 냉기를 이기긴 쉽지 않았다. 60대 초반의 할머니 김갑순 여사는 아들 내외가 외출하자 두 살 난 손자와 집을 지키고 있었다.

이제 막 걸음마를 배운 손자는 온 집 안을 돌아다녔다. 녀석은 아예 문을 박차고 나가는가 싶더니 어느 새 마루를 쓸고 다니기 시작했다. 그 순간부터 그녀는 마음을 졸여야 했다.

"이 녀석! 그렇게 까불다가 감기 든다. 당장 들어와!"

반들반들하게 청소해 놓은 마루 위에서 곡예를 하듯 기어 다니는 손자 녀석이 불안해 보여 마루 끝을 오락가락해야 했다. 그래도 비틀거리며 아장아장 걷는 모습을 볼 때마다 김갑순 여사는 마냥 즐겁기만 했다.

"아니! 저런!"

양말 신은 발이 미끄러운 듯 아기가 금방 넘어질 것 같아 소리쳤다. 하지만 녀석은 막무가내로 돌아다니는 게 즐거운 모양인지 깔깔댔다.

"그래, 건강한 녀석이니 감기가 대순가. 넘어져 다치는 것보다는 나을 게다. 너 이 녀석, 아예 양말을 벗어 버리자꾸나."

김갑순 여사는 아기의 양말을 벗겼다. 아, 그랬더니 잘 뛰어 놀던 녀석이 이번에는 발이 시린 듯 발가락을 움츠리는 게 아닌가. 양말을 신겨 놓자니 넘어질 것 같고 벗겨 놓자니 발이 시린 것 같고…. 손자를 위해 그녀는 좋은 방법이 없을까 궁리했다.

무엇보다 마루나 방바닥을 뛰어다녀도 미끄러져 넘어지지 않는 양말이 있으면 좋겠다고 생각했다. 그 날 밤 그녀는 손자의 양말 바닥에 둥글게 자른 고무를 붙여 보았다. 신기하리만큼 미끄러지지도 않았지만 여간 따뜻한 게 아니었다.

다음날 김갑순 여사는 손자가 그 양말을 신고 즐겁게 노는 모습을 지켜보며 흐뭇한 표정을 감추지 못했다. 그러다 보니 아들과 며느리에게도 만들어 주고 싶었다. 어른들용으로 방 안에서 신발 대신 신을 수 있도록 양말 윗부분을 잘라내었다. 쉽게 신고 벗을 수 있으니 여간 편리한 게 아니었다.

"어쩜 이렇게 좋을까. 어머니께서 직접 만드신 거예요?"

며느리가 신어 보더니 탄성을 질렀다.

"어머니, 대단한 아이디어입니다."

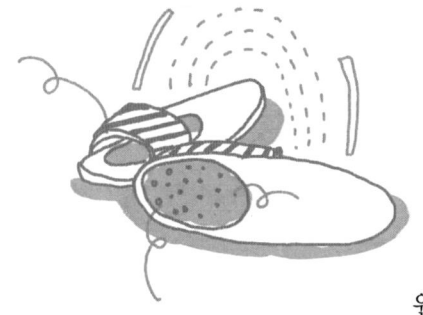

아들도 그 슬리퍼를 신어 보는 순간 감탄했다.

"우리 식구만 신기엔 너무 아깝습니다."

그 말 끝에 아들은 특허 출원을 생각했다.

"어머니 이름으로 특허를 출원해 드리죠."

그 이튿날 김갑순 여사는 아들과 함께 외출하여 특허를 출원했다. 변리사 사무실에서 돌아오자마자 김 여사와 며느리는 밤이 이슥하도록 실내화를 만들었고 며칠 뒤 시제품을 시장에 내놓았다. 놀랍게도 진열하기 무섭게 팔려 나갔다.

요즘 흔한 것처럼 사용되고 있는 실내화는 그렇게 탄생되었다. 김갑순 할머니는 그 소박한 특허 하나로 자손들에게 8층 빌딩을 유산으로 남길 수 있었다. 그 당시 돌아가시기 전에 성공 비결과 동기를 묻는 기자들에게 그녀가 남긴 단어 '가족 사랑'은 많은 사람들의 가슴 속에 긴 여운을 남겼다.

"할머니, 발명 비결을 말씀해 주세요."

"오직 '가족 사랑' 때문이었어요."

"할머니, 구체적으로 발명 동기를 말씀해 주셨으면 좋겠네요."

만면에 웃음을 띠우며 할머니는 답했다.

"그것뿐이었다니까요."

예로부터 우리 조상들은 하늘과 신령의 도움을 받았다고 생각될 때마다 천우신조(天佑神助)라고 표현했다. 도저히 예상하지 못했던 행운을 만나면 그게 바로 천우신조였고, 발명의 경우에도 천우신조처럼 다가온 사례가 적지 않았다.

　물론 우연치 않게 놀라운 발명을 하게 되는 경우도 많지만, 앞에서도 읽었듯이 인간 사랑이 그 뿌리가 된 사례도 상당히 많았다. 특히 가정주부들의 발명 중에는 사랑에서 비롯된 것들이 의외로 많아 옷깃을 여미게 한다. 대부분 남편이나 가족들을 위해 만든 것이 자신도 모르는 사이에 세계적인 발명품이 되어 버리는 경우가 바로 그것이다. 발명이 뭔지도 모르는 전형적인 시골 할머니의 실내화도 이러한 '가족 사랑'에서 비롯된 발명품 중의 하나였다.

*실제로 실내화를 발명한 인물은 일본의 '마츠이' 여사였다.

특허로 보호받을 수 없는 발명

실시가 불가능한 발명이거나 반복 실시가 불가능한 발명 등 미완성 발명, 인체를 대상으로 하는 치료 방법, 업으로서 이용할 수 없는 발명 등은 산업상 이용할 수 없는 발명이기 때문에 특허를 받을 수 없다.

그 외에도 특허 출원된 발명이 국방상 필요하다고 인정되는 때에는 그 특허를 받을 수 있는 권리를 국가가 강제 수용할 수도 있다. 물론 이 경우에는 정부가 정당한 보상금을 지급한다. 특허를 받을 수 없는 발명을 간략하게 소개하면 다음과 같다.

- **자연법칙 자체**

  이미 자연계에 존재하는 법칙으로 열역학의 법칙, 에너지 보존의 법칙 등 자연법칙 자체는 발명에 해당되지 않음

- **추상적인 아이디어**

  목적 달성을 위한 구체적인 기술 수단이 결여된 발명

- **문학, 연극, 음악, 예술적 창작 등**

  저작권법의 보호 대상

- **인체를 대상으로 하는 수술, 치료 방법**

- **단순 정보 제공을 위한 데이터 베이스(Data Base)**

- **인간의 정신 활동을 이용하는 사업 전략 등 영업 방법(인터넷, 컴퓨터 등을 이용한 영업 방법은 비즈니스모델 특허로 등록 가능)**

- **실시가 불가능한 발명이거나 반복 실시가 불가능한 미완성 발명**

병마개에 담긴 사랑

– 왕관 병마개

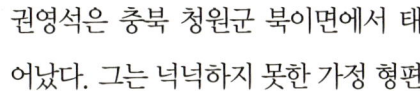

권영석은 충북 청원군 북이면에서 태어났다. 그는 넉넉하지 못한 가정 형편 때문에 마음에 없는 상업고등학교에 진학했다. 사실 농업고교에 입학하고 싶었지만 장학금 없이는 진학이 어려웠기 때문이다. 하지만 머잖아 상고를 마치면 취업하여 돈을 번 뒤 곧바로 농과 대학에 진학할 생각이었다. 고교 3학년이 되었을 때 권영석은 아버지로부터 편지 한 통을 받았다.

"얘야, 아무래도 학업을 그만두고 돌아와야 할 것 같다. 내 여생이 머지 않았다는 예감이 드니 고향에 돌아와 땅을 지키거라."

60대 중반에 외아들 권영석을 낳은 아버지는 이미 여든 살을 넘긴 고령이었다. 어쩔 수 없이 권영석은 아버지의 소원을 들어주기 위해 낙향했다. 권영석을 사랑하던 조명희도 농사꾼의 아내가 되기로 결심했으며 두 사람이 백 년 가약을 맺던 해 아버지가 돌아가셨다.

충북 청원군 북이면의 한 농촌에는 그 마을의 모습처럼 아름답고 사이좋기로 유명한 권영석·조명희 부부가 살고 있었다. 그들의 농촌 생활은 넉넉하지 않았으나 누구보다 성실하게 일하며 서로 아끼고 사랑하는 마음으로 살았다.

그 해 여름, 뜨거운 햇살이 내리쪼이는 들판에서 이들 부부는 여느 날과 다름없이 비지땀을 흘리며 일하고 있었다. 어느덧 해는 완전히 기울었고, 하루 일을 마감한 그 부부는 다정한 모습으로 손을 맞잡고 돌아왔다. 하루 종일 땀 흘리며 일한 권영석은 집으로 돌아오자마자 사이다 한 병을 따서 단숨에 들이켰다. 그러나 권영석은 복통을 일으키며 앓아눕고 말았다. 엉성한 병마개로 사이다가 변질된 것을 모르고 마셨기 때문이었다. 권영석은 꼬박 사흘 동안 앓으며 고생해야 했다.

"병석에서 일어나자마자 완벽한 병마개를 만들겠어."

병마개를 저주하며 앓던 권영석은 완쾌되자 다시 부지런히 농사일을 했다. 하지만 어쩌다 쉬는 날이면 어김없이 읍내에 나가 온갖 병마개를 주워 모았다. 조명희도 남편의 진의를 알게 되자 병마개 수집을 적극 돕기 시작했다.

그러기를 5년, 그들의 집 창고 안에는 자그마치 500여 종류의 병마개가 쌓였다. 수량으로는 3만여 개가 넘는 엄청난 병마개를 모았고 본격적인 병마개 연구에 들어갔다. 다시 1년 동안 틈틈이 그 많은 병마개를 연구 분석한 그는 드디어 아주 특수한 병마개를 발명할 수 있었다. 그 병마개란 말 그대로 나사처럼 병 안으로 마개를 돌려 넣어서 막는 '나사식 병마개'였다.

권영석이 발명한 나사식 병마개는 그 이전의 병마개보다 훨씬 효과적인 것이었으나 역시 사이다나 맥주를 담았을 때 가스의 압력을 견뎌 내지 못하는 문제가 있었다. 권영석이 자신의 발명품에 실망하여 울분을 터뜨리자 조명희가 위로했다.

"여보, 그만한 일로 실망하시는 건 당신답지 않아요. 당신의 발명품은 훌륭했어요. 하지만 그것에도 문제가 있다면 다른 방법을 생각해 내면 되잖아요."

"좋은 생각이 있으면 계속 얘기해 줘요."

권영석은 그제야 아내의 손을 잡으며 재촉했다.

"아주 간단할 수도 있어요. 병에 철판을 모자처럼 씌운 다음 그 둘레를 왕관 모양으로 꽉 찍으면 되잖아요?"

아내의 답변은 명쾌했다.

"그래, 당신 말이 맞아요. 하지만 왜 이제야 그 말을 하는 거요?"

"사실은 저도 방금 떠오른 생각이거든요."

권영석은 즉시 아내가 말한 대로 실험해 보았다. 아내가 시키는 대로 동그랗게 자른 쇠붙이를 병의 입구에 올려놓고 그 둘레에 압력을 가해 눌러 보았다. 아내의 생각은 한 치도 어김없이 적중했다. 이른바 '왕관 병마개'가 탄생하는 순간이었다.

특허 출원을 거친 그 발명품은 한국은 물론 전 세계로 날개 돋친 듯 팔려 나갔다. 권영석·조명희 부부가 돈방석에 앉은 것은 순식간의 일이었다. 농토를 늘리고 과수원과 저택을 마련한 뒤 남은 돈을 각종 공익 재단에 기부하면서 그들 부부는 더 행복한 전원생활을 만끽할 수 있었다.

병마개라고 하면 가장 먼저 떠오르는 것은 '왕관 병마개'일 것이다. 왕관 병마개는 소주나 맥주·콜라·사이다 등 가장 소비가 많이 되는, 이른바 대중적인 술과 음료수의 병마개로 사용되고 있기 때문에 우리에게 더욱 익숙하다.

병마개를 발명한 사람은 가난한 농부 권영석이었다. 5년여 동안이나 이어진 남편의 끈질긴 집념과 아내의 순간적인 기발한 착상이 조화롭게 빚어낸 이 발명품은 아마도 영원히 사라지지 않을 걸작 가운데 하나임이 틀림없다.

"돈 한 푼 없는 사람도 베풀며 살고 있습니다. 하물며 돈방석에 앉은 우리 부부가 이웃들을 외면할 순 없었어요."

전 재산을 여러 사회단체에 기증하고 단출하게 아내와 함께 말년을 즐기던 권영석이 여성지 인터뷰 때 맺은 말이었다.

*실제로 병마개를 발명한 인물은 미국의 '페인타' 부부였다.

특허 전쟁, 작은 고추가 맵다

최근 들어 녹색 성장 관련 기업이 주식시장은 물론 세계 시장에서 주목받고 있다. 그 중에서 자전거 산업도 국내 시장을 뜨겁게 달군다. 국내 자전거 전문 업체인 엠비아이가 일본의 세계 최대 자전거 회사를 상대로 1조 원 규모의 특허권 소송에서 승소한 뉴스가 화제다.

중소기업 엠비아이가 일본 시마노 사(社)를 상대로 전면 승소한 것은 국내 특허 관련 기술의 우수성을 입증하는 쾌거였다. 일본 특허청은 최근 일본 시마노 사가 엠비아이를 상대로 제기한 특허 무효 심판 청구 심결에서 소송비 전액을 원고인 시마노 사에 부담시키는 등 전적으로 엠비아이의 손을 들어줬다.

시마노 사는 엠비아이가 앞서 2008년 3월 독일 뒤셀도르프 지방법원에 '시마노 사가 일본과 독일에서 많이 생산되는 자전거 변속기의 속도 변환 장치에 대한 특허권을 침해했다'며 변속기 특허권 침해와 손해배상 청구소송을 제기하자 자국 특허청에 이 같은 소송을 제기했다. 엠비아이는 일본 특허청의 판결 후 시마노의 합의 제안에 대해 2004년부터 현재까지의 손해배상과 남은 독점적 특허 권리 기간의 로열티를 합쳐 약 1조 원의 합의금을 제안했다.

엠비아이는 자전거 내장형 변속기, 전기자전거와 전기스쿠터 모터 변속기, 자전거 타이어 공기압 유지 장치 등 자전거 관련 특허 14개를 전 세계 38개국에 출원 등록했다.

시마노는 연간 매출 수조 원에, 직원이 수천 명인 자전거 업계의 세계적인 골리앗이이지만, 엠비아이는 아직 매출 실적이 없는 데다 직원은 겨우 9명뿐인 다윗이다.

Story 35

고민보다 먼저 할 일이 있다

- 셀로판 테이프

"고민하기 전에 먼저 한 걸음 내딛어 보자."

가난한 청년 이현수의 생활 신조였다. 혈혈단신의 처지를 극복하고 밝은 미래의 문을 두드리기 위해서는 그와 같은 행동 강령이 필요하다고 그는 늘 생각했던 것이다.

고아원에서 자란 이현수는 고학으로 공업고등학교를 졸업한 뒤에도 학업에 대한 갈증을 삭이지 못했다. 어렵사리 방송통신대학교 기계공학과를 수료한 것도 그 때문이었다.

이현수가 라이프화학 연구소의 조수로 취직한 것은 그 해 봄이었다. 그가 입사한 직장은 광물을 취급하는 회사로 당시는 샌드페이퍼를 제조하고 있었다. 신입사원 이현수는 자동차의 색깔을 다시 칠하는 공장들을 상대로 자기 회사의 샌드페이퍼를 선전하는 일을 맡았다.

그 무렵에는 자동차의 색깔을 차체를 둘로 나누어 칠하는 디자인이 유행하고 있었다. 먼저 한쪽을 어떤 색깔의 페인트로 스프레이하고서 이 부분에 종이를 덮고, 나머지 부분에 다른 색깔을 스프레이 하는 방법이었다. 두 색깔의 경계 부분이 깨끗이 마감되기 위해서는 덮어놓은 종이가 고정되어야 했다. 그 틈으로 페인트가 스며들지 않도록 종이를 테이프로 간단히 붙여 두는 것도 중요했다.

대부분의 도장 공장에서는 반창고나 자체적으로 만든 풀을 이용했지만 제대로 효과를 보지는 못하고 있었다. 이현수는 매일 도장 공장을 순회할 때마다 엉성한 테이프 때문에 공원들이 항상 투덜대는 것도 잘 알고 있었다.

그러던 어느 날, 이현수는 한 공원이 큰소리로 떠드는 것을 들었다. 고무풀의 접착력이 너무 강해 칠까지 벗겨졌다는 사실을 알고 이현수는 무심코 말참견을 했다.

"좀 약한 테이프를 써 보시지 그래요?"

"그런 테이프는 페인트가 스며들어서 곤란해. 빌어먹을!"

그 공원의 짜증 앞에서 이현수는 답답해진 가슴을 쓸어 내렸다.

'내가 한번 만들어 보면 어떨까?'

그런 상상을 한 것도 그 순간이었다. 이현수는 연구소 선반에 놓여 있는 풀을 떠올렸다. 샌드페이퍼를 만들 때는 두꺼운 종이 위에 풀을 바른 뒤 그 위에 모래를 펴서 말렸다. 그러나 막상 포장지 조각에 그 풀을 발라 본 결과 그 실험은 실패였다. 풀의 접착력이 너무 강했던 것이다.

그로부터 반 년 동안 이현수는 좋은 풀을 만들기 위한 연구를 포기하지 않았다. 각종 실험 끝에 아교와 글리세린을 혼합한 풀을 만들어 냈다. 그렇다고 모든 게 만족스러운 것은 아니었다. 이번에는 풀 바른 테이프를 감아올리는 일이 숙제였다.

"말아 놓았다가 필요할 때 당기면 쉽게 풀리는 테이프여야 한다. 반면에 붙이고 싶은 곳에는 잘 달라붙는 테이프가 필요하다."

그렇게 목표를 설정해 두자 일이 제법 잘 풀리는 것만 같았다. 결국 이현수는 얇은 천을 풀 위에 겹치는 방법으로 여러 문제점을 해결했다. 하지만 아직도 몇 가지 단점은 남아 있었다. 그는 더더욱 분발했으나 그 뒤 일 년 반이 지나도 그 이상의 진전은 없었다. 이를 주시하던 회사 경영진은 당분간 테이프 실험을 중지하라고 명령했다.

"이현수 씨, 제발 그만둬요."

"딱 한 달만 기회를 주세요. 반드시 성공해 보이겠습니다."

회사측에서 어떤 결정을 내리든 이현수는 조금도 개의치 않았다. 그의 머릿속은 특수 용도의 테이프들로 가득 차 버렸다. 다시 샌드페이퍼 연구실로 돌아오던 첫날, 이현수는 샌드페이퍼용의 딱딱한 종이를 생각해 냈다.

"그래! 그 종이라면 잘 될 거야."

연구를 재개한 이현수는 결국 완전한 접착테이프 발명에 성공했다. 그가 발명한 유형의 테이프는 이른바 '감압 접착테이프'였다. 이현수 한 사람 덕분에 라이프화학은 대기업으로 급상승할 수 있었다.

그로부터 얼마 뒤 이현수는 색다른 테이프 개발에 나섰다. 그는 오래 전부터 셀로판에 풀을 발라서 접착테이프로 만드는 방법을 생각해 왔었다. 셀포판이란 비스코스로 만든 투명하고 얇고 매끈매끈한 종이가 셀로판이었다. 그러나 셀로판은 보통 종이와 달라 안팎이 없었다. 따라서 풀을 바르고 말아 올리면 풀이 반대쪽의 셀로판 뒤에 달라붙곤 했다. 이것을 방지하려면 안팎이 있는 셀로판이 필요했는데 그러한 종이를 구하는 것은 거의 불가능했다.

"고민하기 전에 먼저 한 걸음 내딛어 보자."

이현수는 자신의 생활신조를 상기했고 우선 실험부터 해보자는 게 그의 생각이었다. 그는 벼르고 벼르던 실험을 실천에 옮겼다. 생각만으로는 아무것도 해결되지 않으니까, 먼저 셀로판에 풀을 바르고 그것을 또 한 장의 셀로판에 접착시켰다. 그리곤 맨 처음 풀을 발랐던 셀로판을 벗겨 보았다. 아니, 그런데 이게 웬일인가. 놀랍게도 풀을 바른 셀로판이 말끔히 벗겨지는 게 아닌가.

우연치고는 놀라운 결과였다. 이현수는 똑같은 과정을 다시 한 번 반복해 보았다. 이번에도 결과는 마찬가지였다. 이유는 알 수 없지만 어쨌든 깨끗이 셀로판이 벗겨짐으로써 가장 어려운 문제는 해결되었다.

하지만 상품으로 셀로판테이프를 판매하기 위해서는 더 많은 연구를 해야 할 것 같았다. 투명한 풀의 개발과 셀로판에 바른 풀이 꼭 달라붙도록 하는 약도 필요했다. 결국 되풀이된 실험 끝에 천연 고무와 수지를 섞은 풀을 바르게 되면서 지금처럼 널리 쓰이는 셀로판테이프가 발명되었다.

셀로판테이프의 용도는 실로 다양해졌다. 이제 생활 필수품 중의 하나로 자리잡았고 집이나 직장에서 없어서는 안될 귀중한 물건이 되었다. 이와 함께 가난했던 청년 이현수는 '100만 달러의 발명가'로 불렸으며, 셀로판테이프를 생산 판매한 라이프화학은 세계적인 대기업으로 부상한 건 물론이었다.

마침내 라이프화학의 최고 경영자로 성장한 이현수 회장은 자신의 좌우명을 중심으로 청소년들에게 미래의 비전을 제시하며 여생을 보냈다. 그가 생전에 집필한 자서전의 제목 역시 그 좌우명 '고민하기 전에 먼저 한 걸음 내딛어 보자'와 같은 것이었다.

*실제로 셀로판테이프를 발명한 인물은 미국의 '리처드 돌'이었다.

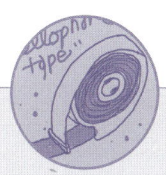

특허 등록되지 않은 것도 권리다

특허 출원보다는 그 특허가 등록되어야 진정한 특허권의 가치를 인정받을 수 있다. 그런 측면에서 특허권이 반드시 등록되어야 그 권리를 주장할 수 있다고 생각하는 사람이 의외로 많다.

하지만 반드시 그런 것도 아니다. 특허되지 않은 아이디어도 임시 보호의 권리를 유지할 수 있다. '특허 출원 상태'에서도 '특허를 받을 수 있는 권리'이기 때문에 이 권리를 양도하거나 다른 사람에게 실시권을 주는 것이 가능하다. 다만 출원 중이기 때문에 실시권을 특허청에 등록하지 못할 뿐이다.

특허 출원일부터 1년 6개월이 경과하거나 출원인의 조기 공개 신청에 의하여 심사관의 심사 여부와 상관없이 출원을 공개할 수 있다. 출원이 공개되면 출원인은 침해자에게 경고장을 보낼 수 있고, 이후 특허로 등록될 경우 소급하여 보상금 청구권 행사가 가능하다.

따라서 비록 특허 출원 상태이더라도 적극적으로 사업화 전략을 추진할 필요가 있다. 로열티를 받고 실시권을 주거나 직접 특허 제품을 생산하여 판매하는 것은 물론이고, 타인이 특허권을 침해하는 사례가 없도록 보호 조치를 취해야 한다. 이와 함께 특허 심사를 빨리 받기 위해 우선 심사란 제도를 활용할 수 있어야 한다.

고철 야적장을 뒤져라
−스테인리스강

윤기웅은 유명한 제강 회사 연구실의 말단 사원이었다. 그는 여느 날처럼 점심식사를 마친 뒤 공장 뒤뜰을 거닐며 명상에 잠겼다. 그러다가 고철 야적장 한구석에 쌓여 있는 쇳조각 더미 안에서 햇빛에 반사되어 반짝거리는 물체를 우연히 목격했다.

고철 야적장에 다가서서 한참 쳐다보던 윤기웅은 무심코 그 반짝이는 쇳조각을 주워들었다. 그것을 들고 이리저리 살펴보던 그는 고개를 갸웃거렸다. 얼마 전에 철과 크롬을 합금하여 실험하다가 소용 없는 것이라고 판단하여 버린 그 쇳조각임을 알게 되었다. 윤기웅은 그 반짝이는 쇳조각을 다시 야적장 바닥에 버리려다 말고 세심하게 관찰했다.

정말이지 너무너무 이상했다. 야적장에 버린 지 꽤 오래 되었고 그 사이 몇 차례 비도 내렸는데 웬일인지 전혀 녹슬지 않고 있었다. 윤기웅은 그 쇳조각이 녹슬기는커녕 오히려 햇빛에 반사되어 반짝거리는 현실에 충격을 받았다. 연구실로 가져가 다시 분석해 볼 필요가 있다고 생각했다. 그 금속은 철과 크롬의 합금이었으므로 윤기웅은 당연히 그 속에 포함된 철과 크롬의 비율을 측정해 보았다. 그 다음에는 두 가지 종류의 금속을 동일한 비율로 녹여서 합금 덩어리를 만들었다. 즉, 철과 크롬을 녹여서 다시 몇 개로 나눈 것이었다.

윤기웅이 실험용으로 만든 그 합금은 공기중에 두어도 녹슬지 않았고 과일즙을 묻혀도 전혀 얼룩이 생기지 않았다. 결국 그는 운 좋게도 녹슬지 않는 새로운 강철 즉, '스테인리스 강철'을 발명하게 되었다.

하지만 새로운 특수 강철의 출현은 바로 현실적인 벽에 막히고 말았다. 새로운 발견이나 발명이 있을 때마다 흔히 그렇듯이 고용주와 노동자·소비자들의 강렬한 반대에 부딪친 것이었다.

새롭게 출현한 그 강철은 그들이 지금까지 다루어 오던 강철과는 많은 부분이 달랐다. 그 당시까지 쓰이던 가장 양질의 식탁용 나이프는 대장장이가 손으로 마름질하여 만들었으나, 이 새로운 강철은 대장장이의 손을 거칠 필요가 없었다. 그것은 또한 기존의 강철처럼 일반적인 담금질이 안 되었고 보통 강철처럼 쉽게 날을 갈 수도 없었다.

그 같은 어려움에 직면하자 윤기웅은 몇 가지 단점을 보완하기 위해 새로운 합금 연구에 들어갔다. 그는 크롬 외에도 다른 기타의 금속을 섞어 가며 다양한 방법으로 실험했다. 그리하여 윤기웅은 수많은 난관과

반대를 극복하고 보통 강철처럼 녹슬지 않는 강철을 만드는 데 성공했던 것이다.

그 새로운 특수 강철은 보통 강철처럼 날이 오래 갔고 아주 쉽게 특수 강철 제품을 생산할 수 있었다. 스테인리스강과 스테인리스의 역사는 윤기웅에 의해 시작되었고 현재는 각양각색의 목적으로 널리 사용되고 있다.

뿐만 아니라 철과 크롬 외에도 니켈·몰리브덴·구리·니오브·티탄 등의 다른 금속을 첨가했다. 그 비율을 서로 다르게 함으로써 내식성이 대단히 강해졌고 가공에 의해 강도나 경도 등도 대폭 향상시킬 수 있게 되었으며 지금의 스테인리스강처럼 용접성도 훨씬 좋아지게 되었다. 스테인리스강은 크롬이 많이 함유되어 있을수록 내산성(산에 강한 성질)이 향상되고 니켈 등을 합금할 경우 황산·아황산과 그 염류에 대한 내식성이 강해진다.

어쨌든 스테인리스강의 발명으로 현대 건축 기술이 눈부신 발전을 거듭했고, 연구실의 말단 사원은 부와 명예를 한꺼번에 거머쥐었다. 알고 보면 그 같은 철강과 건축의 혁명은 우연한 발견에서 출발했으니, 스스로 주변의 현상이나 변화를 주의 깊게 관찰하는 습관부터 길러야 할 것이다.

아니나 다를까. 3세대 스테인리스강이 한국에서 등장했다. 강도가 높고 바닷물 등에서도 녹슬지 않는 새로운 스테인리스강이 국내 연구진에 의해 탄생되었다. 연세대 금속공학과 박용수 교수팀은 최근 바닷물 등과 같은 환경에서 부식되지 않는 금속으로 알려진 니켈 합금이나 티타늄 합금 등과 같이 내식성이 강하면서도 생산 단가가 낮고 강도가 높은 제3세대 스테인리스강인 'SR-6DX'를 세계에서 처음으로 개발한 것이다. 물질 특허와 함께 국내 기업에 기술을 이전하여 실용화하는 데도 성공했다.

실용화에 성공한 'SR-6DX'는 니켈 합금에 비해 생산 단가가 40% 수준으로 낮아 주물 제품과 판재 등으로 상품화가 본격 이루어질 경우 해수의 담수화 설비, 발전 설비, 환경 설비, 유화 설비 등은 물론 인공 관절 등과 같은 생체 의료 분야에서 세계 시장을 주도할 전망이다. 박 교수팀은 이와 관련하여 일본 특허청으로부터 물질 특허를 받은 데 이어 유럽 특허청으로부터 특허 결정 통지를 받았다.

*실제로 스테인리스강을 발명한 인물은 영국의 '브리얼리'였다.

특허 심사를 빨리 받는 길

일반적으로 특허가 등록되려면 1년 6개월 정도 걸린다. 그러다 보니 빨리 특허권을 받고 싶어 안달복달하기 십상이다. 하지만 걱정할 것 없다. 급행료 없이 먼저 심사를 받을 수 있는 길이 열려 있다. 우선 심사 대상을 요약하면 다음과 같다.

- 출원인이 출원된 발명을 실시하고 있거나 실시 준비 중인 출원
- 우선 심사를 신청하려는 자가 출원된 발명에 관하여 전문기관에 선행 기술의 조사를 의뢰한 경우로서, 그 조사 결과를 특허청장에게 통지하도록 해당 전문기관에 요청한 출원
- 방위산업 분야의 출원(국방부장관 추천)
- 녹색기술과 직접 관련된 출원(환경부장관 추천)
- 수출 촉진에 직접 관련된 출원(주무 부처 장관 추천)
- 국가 또는 지방자치단체의 직무에 관한 출원
- 벤처기업 확인 기업, 기술혁신 형 중소기업으로 선정된 기업의 출원
- 국가 신기술 개발 지원 사업 또는 품질 인증 사업의 결과물에 관한 출원
- 조약에 의한 우선권 주장의 기초가 되는 출원
- 전자 거래와 직접 관련된 출원
- 특허청장이 외국 특허청장과 우선 심사하기로 합의한 출원

Story 37
성공의 원천이 된 부부싸움
- 쌍소켓

초등학교 4학년이 되었을 때 마쓰시타의 불행은 시작되었다. 아버지가 사업에 실패하자 가세가 급격히 기울었고 학업을 중단해야 하는 처지에 놓이게 되었다. 초등학교도 다 마치지 못한 마쓰시타는 그 때까지 살았던 시골을 떠나서 오사카 시내의 가게에 견습 점원으로 취직했다.

그 때부터 어린 마쓰시타가 겪은 고생은 이루 말할 수 없었다. 화로 가게, 자전거 수리 점포, 전구 회사 등지를 10여 년 동안 전전하며 땀 흘려 일한 끝에 2평짜리 전기용품 가게를 겨우겨우 마련할 수 있게 되었다.

23세의 마쓰시타는 달랑 3명의 종업원을 데리고 오사카시의 변두리에서 작은 셋집을 하나 얻어 조그마한 공장을 차렸다. 그가 새로 개업한 그 조그만 가게에서 만들어 판매한 물건들은 전선, 플러그, 소켓 등 일반 가정에서 흔히 사용하는 전기용품이었다. 그 중에서 가장 많이 만들어 팔았던 상품은 소켓이었다.

그렇게 전기용품 공장의 주인으로 성실히 일하던 어느 날이었다. 거래처에 들렀다가 돌아오는 길에 갑자기 쏟아지는 비를 피하기 위해 어느 민가의 추녀 밑에 서서 비가 개이기를 기다리고 있었다. 그러던 중에 그 집 안방에서 어느 부부의 다투는 소리가 들려 왔다.

"여보, 어두워졌어요. 전등을 켜야 식사를 하지."

남편의 목소리였다.

"배고프더라도 좀 기다리세요. 옷을 마저 다림질해야 하니까요."

아내가 약간 목청을 높였다.

"옷은 내일 낮에 마저 다리면 돼요." 남편의 목소리도 약간 높아졌다.

"지금 마저 안 다리면 옷이 말라서 곤란해요."

"빌어먹을! 배고프니까 불 부터 켜요!"

소켓 한 개 때문에 일어난 부부싸움이었다. 하나뿐인 전기 소켓에 다리미를 꽂아 놓고 아내가 옷을 다림질하고 있던 중에 남편이 들어섰고 남편은 날이 어두워졌으니 전등을 먼저 켜야 한다고 우겼던 것이다.

"옳지. 하나의 전등에 두 개의 소켓을 달면 되겠어!"

부부 싸움의 원인을 알게 된 마쓰시타는 고개를 끄덕거렸다.

"저렇게 싸우지 않으려면 한꺼번에 두 사람이 함께 사용할 수 있는 쌍소켓이 있어야 한다. 그래, 맞아. 동시에 사용할 수 있는 쌍소켓을 만들면 모든 문제가 해결되는 거야."

가게로 돌아온 마쓰시타는 그 동안 익혀 온 기술을 멋지게 발휘하기로 결심했다. 그 순간부터 쌍소켓을 만들어 사용하는 것이 가능한지 시험 제작에 들어갔다. 천장에 매달린 외줄 전선에 쌍소켓을 달면 전등도 켜고 다리미나 선풍기도 동시에 쓸 수 있어 매우 편리할 것이라고 생각했다.

마쓰시타가 시제품으로 만든 쌍소켓은 그대로 팔아도 될 만큼 우수한 제품이었다. 그는 며칠 뒤 특허 출원을 마치고 쌍소켓을 판매하기 위해 많은 양을 생산하기 시작했다. 어느 정도 예상하긴 했지만 그 반응은 의외로 빨랐다. 대리점을 열겠다는 사람들이 선금을 들고 몰려들었다. 드디어 마쓰시타의 2평짜리 가게는 1년 사이에 마쓰시타전기회사로 바뀌었다.

그 쌍소켓이 전 세계로 팔려나가면서 그 해 1년 사이에 30억 엔이라는 엄청난 수익을 올렸다. 그 자본으로 회사가 점점 자라면서 마쓰시타는 오늘날 일본에서 몇 째 안 되는 대 실업가로 성장했다.

1920년경, 전설적인 발명가가 그 당시 벌어들인 돈은 30억 엔(한화 330억 원). 일본에서 처음으로 가장 큰돈을 벌게 만든 히트 상품이 바로 쌍소켓이었다. 그 작은 발명품으로 세계 굴지의 대그룹을 이룩하는 신화를 낳은 주인공은 모방의 천재로 알려진 일본인 '마쓰시타 고노스케'였다. 하지만 그는 화려한 명성에도 불구하고 초등학교 4학년을 중퇴한 것이 학력의 전부인 사람이었다.

마쓰시타의 발명은 계속되었다. 직입식 플러그, 세 발 달린 휴대용 라디오, 세탁이 끝나면 자동으로 세탁이 끝났음을 알려 주는 세탁기용 자명종 등 그의 발명은 끝날 줄을 몰랐다. 어떤 물건이든 마쓰시타의 손만 거치면 새롭게 개량되어 실용신안 특허 출원이 가능하게 되었고 생산되는 물건은 하나같이 날개 돋친 듯 팔려 나갔다.

'마네' 라는 언어는 일본어로 '모방' 이라는 뜻을 가진 말이다. 마쓰시타가 모방에 천재적인 재질을 가지고 있다는 의미로 사람들은 그를 '마네시타' 라고 부르기도 했다.

이처럼 작은 발명들이 모이고 모여, 또 대히트가 연속되면서 드디어 세계 37개국에 450여 개의 계열 회사를 거느린 마쓰시타 그룹이 탄생한 것이다. 이제 그 그룹은 파나소닉·내쇼날·테크닉스 등 귀에 익은 상표만으로도 1만 4천여 종의 각종 전기 제품을 생산하고 있으며, 연간 매출액만도 6조 엔을 넘어서는 세계적 대재벌로 성장했다.

지금은 쌍소켓뿐만 아니라 세 개, 네 개짜리 소켓들도 팔리고 있다, 하지만 쌍소켓이 발명되기 전에는 모두 하나의 소켓으로 전기 제품을 쓰면서 많은 불편을 감수해야 했다. 이제 쌍소켓은 전 세계 어디를 가도 쉽게 구할 수 있는 흔한 전기용품이 되었다. 그처럼 전 세계적으로 일반화된 쌍소켓 하나가 일본 최대의 가전 업체인 마쓰시타그룹을 탄생시키는 씨앗이 되었다.

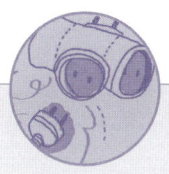

동일한 하나의 발명에 대해 다양한 권리 확보를!

디자인권의 존속 기간은 등록일로부터 15년이다. 이에 반해 상표권은 10년마다 갱신이 가능하기 때문에 사실상 반영구적인 권리다. 또 상표 등록을 위해서는 디자인 등록에 필요한 신규성 요건(출원 전에 공개된 것이 아닐 것)도 갖추지 않아도 된다. 그렇다면 디자인도 식별력이 있으면 평면이건 입체이건 상관없이 상표로 등록받아 디자인 보호의 수명을 반영구적으로 늘려야 한다.

슬리퍼 디자인을 상표로 등록한 아디다스(Adidas)가 그 대표적인 경우다. 아디다스는 슬리퍼 덮개에 그린 세 개의 흰 비닐 줄무늬 디자인에 관한 디자인권은 보유하고 있지 않았으나 이 디자인을 상표로 등록하여 보유하고 사용했기 때문에, 다른 사람이 이 디자인을 적용한 신발을 사용하는 것은 아디다스 사의 상표권을 침해하는 것이라고 하는 획기적인 대법원 판결(2008후2834 권리범위확인 2008.10.9.)을 받아낼 수 있었다.

아디다스 사는 디자인권의 존속 기간 만료나 신규성 상실로 디자인 등록을 할 수 없었던 디자인을 상표권으로 등록하여 다른 사람이 자사의 디자인을 모방하는 것을 막을 수 있었던 것이다.

루이비통(Louis Vuitton) 사도 가방류에 적용하는 여러 디자인적 요소를 상표로 등록하여 두고 있다가 이 상표권을 가지고 다른 사람의 디자인 모방을 막는 데 성공했다(서울고등법원 2003나57101, 2004.5.12. - 2004.9.23. 대법원에 의해 확정). 페라가모(Ferragamo) 사도 유사한 성공 사례를 가지고 있다(2008.10.9. 대법원 2008후 2834 권리범위확인).

이처럼 디자인적 요소의 상표 등록으로 다른 사람의 디자인 모방을 막은 침해 사례는 귀중한 교훈을 던지고 있다. 디자인권을 등록하는 것도 중요하지만 이를 상표로도 등록받을 수 있는 것은 반드시 상표로 등록하여 폭넓게 권리를 보호받을 수 있다는 점이다.

지구촌에서 선풍적 인기를 모으는 스위스 신발 특허 제품 A가 있는데, 우리나라에서 유사 모방 제품들이 범람해도 손을 쓸 수가 없다. 그 기업이 특허권 침해를 이유로 제소했으나 모방품에는 특허 제품의 청구 범위의 한두 가지 요소가 빠져 있다는 이유로 패소했다.

만약 이 회사가 이 특허 제품의 외관 형상에 대해서 디자인 등록도 받아 두었더라면 그 신발 형상을 흉내 낸 모방품들을 손쉽게 막을 수 있었을 텐데 참으로 안타까운 일이다.

그래서 나온 결론이 있다. 비록 동일한 하나의 발명이지만 ▲ 기술 사상(원리)에 관한 것은 특허나 실용신안권으로 ▲ 물품의 형상, 외관(모양)은 디자인권으로 ▲ 식별력 있는 형상과 외관은 상표권으로 권리를 다양하게 등록해야 확실하게 권리를 행사하거나 보호할 수 있다.

한 남자를 갑부로 만든 구멍

-구멍 뚫린 주전자

정일수는 그저 평범한 샐러리맨이었다. 비록 고졸 학력으로 크게 성공하지는 못했으나, 열심히 일한 보람이 있어 나름대로 행복한 가정을 꾸려 갈 수 있었다. 그는 별다른 욕심 없이 최선을 다해 노력하는 자신의 생활에 만족을 느끼며 살아가는 인물이었다. 하지만 어떤 일이든 자신에게 맡겨지면 열과 성의를 기울여 반드시 결실을 이루어 내는 집요한 성격의 소유자이기도 했다.

그래서 며칠 동안 밤낮으로 회사 일에 매달리는 바람에 과로가 겹친 탓이었을까. 정일수는 감기 몸살로 몸져눕게 되었다.

"여보, 더 악화되기 전에 하루쯤 푹 쉬는 게 좋겠어요."

아내의 권유가 아니더라도 정일수는 침대에 그대로 드러누워 있을 참이었다. 참으로 오랜만에 쉬어 보는 편안한 하루였다. 침대 옆에는 따뜻한 난로가 놓여 있고 그 위에서는 물이 담긴 주전자가 수증기를 열심히 뿜어 대고 있었다. 침대에 누워 있던 정일수는 자신도 모르게 잠에 빠져 들었다. 그런데 바로 그 순간이었다.

"덜커덩, 덜커덩…."

단잠을 방해하는 소리가 끈질기게 귓전을 괴롭혔다. 눈을 떠 보니 주전자 속의 물이 끓어오르면서 뚜껑이 들썩거리는 소리였다. 시간이 지날수록 수증기의 힘도 세어져 덜컹거리는 소리가 더 요란해져 갔다.

"뚜껑이 덜컹거리는 소리 때문에 제대로 잠을 잘 수가 없네."

옆에 있던 죄 없는 아내에게 투덜거렸다.

"방안이 건조하니 어쩔 수 없이 주전자를 올려놓아야 해요. 그렇다고 아예 뚜껑을 열어 놓을 수도 없는 노릇이고요."

아내가 안절부절못하던 그 순간, 정일수의 눈에 얼핏 들어오는 물건이 있었다. 바로 송곳이었다. 그는 벌떡 일어나더니 송곳을 집어 들고 신경질적으로 주전자 뚜껑에 구멍을 뚫었다. 그러자 신기하게도 뚜껑이 들썩거리는 소리가 멈춰 버렸다. 구멍을 통해 빠져 나온 수증기 또한 집 안의 습도 유지에 안성맞춤이었다. 정일수는 다시 침대로 돌아가 정신없이 잠 속으로 침몰했다.

"아! 참 잘 잤다."

한참 동안 늘어지게 자고 난 정일수는 정

신을 차리고 주전자 뚜껑을 살펴보았다. 주전자 속의 물은 계속 끓고 있었지만 덜컹거리는 소리는 더 이상 들려오지 않았다. 송곳으로 뚫은 구멍 사이로 수증기가 알맞게 새어 나오기 때문이었다.

"그렇다. 모든 주전자 뚜껑에 구멍을 뚫는다면 지금보다 여러 모로 훨씬 편리해질 거야. 그래, 구멍 하나를 뚫는 것으로 족하다. 그러면 만사형통이다."

그런 생각이 떠오르자 정일수는 침대 속에 계속 누워 있을 수가 없다. 간단하지만 매우 실용적인 그 아이디어를 특허 출원하여 상품화해야겠다고 결심했다. 미처 완쾌되지도 않은 몸으로 변리사 사무소를 찾은 정일수는 '구멍 뚫린 주전자 뚜껑'의 실용신안 특허 출원을 마칠 수 있었다. 그 소식이 알려지자 주전자 공장은 물론 냄비 공장 임직원들까지 정일수를 찾아왔다.

"정일수 선생님, 로열티를 지불하겠으니 저희들에게 그 권리를 양도하십시오."

"아예 그 특허권을 파시지 그래요. 원하는 금액을 드리겠습니다."

그들은 한결같이 정일수에게 권리를 양도해 달라고 사정했다. 그로서는 거절할 이유가 없었다. 그는 조건이 좋은 업체를 골라서 특허 실시권 계약을 체결했다.

시간이 지날수록 구멍 뚫린 주전자 뚜껑과 냄비 뚜껑의 인기가 폭발적으로 상승했다. 그에 따라 정일수의 수입 또한 기하급수적으로 늘어만 갔다. 무심코 지나치기 쉬운 작은 발견이 훌륭한 발명을 이루었고 부자로 만든 셈이었다.

작은 구멍 하나도 이렇게 큰 발명으로 이어질 수 있다. 발명은 멀리 있는 것이 아니다. 주변을 면밀히 살펴보면 우리 이웃들에게 절실히 필요한 새로운 아이디어가 무궁무진하게 깔려 있다.

주인공 정일수처럼 어려운 상황에 처하지 않더라도 세심한 관심은 그대를 더더욱 행복하게 만들 것이다. 그는 건강관리를 소홀히 하여 독감을 얻었으나, 습도 조절을 위해 침대 옆 난로 위에 놓아 둔 주전자 뚜껑에 작은 구멍 하나를 뚫음으로써 엄청난 부와 명예를 동시에 누리는 발명가가 되었다. 지금 이 순간에도 어느 곳에 구멍 하나를 뚫어야 할지 고민해 봐야 하지 않을까?

*실제로 구멍 뚫린 주전자를 발명한 인물은 일본의 '후쿠이에' 였다.

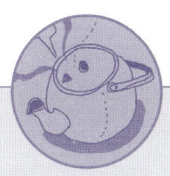

특허 분쟁에서의 공격 전략

특허 관련 분쟁이 일어나면 대부분 감정적으로 대응하고 강경 일변도로 나가는 경향이 짙다. 그럴 이유가 전혀 없다. 합리적이고 차분하게 대처해야 여러 모로 바람직한 결과를 얻을 수 있다. 특허 분쟁이 발생할 경우 특허권자의 공격 방법을 간략하게 소개한다.

가장 먼저 특허 침해의 증거를 확보하고 경고장을 지체 없이 발송한 뒤 가처분 신청, 증거보전 신청 등 가보호 권리를 활용해야 한다.

민사상 조치로

▲ 침해 금지 예방 청구 ▲ 손해배상 청구 ▲ 신용 회복 청구 ▲ 부당이득 반환 청구 등이 있다.

형사상 조치로

▲ 침해죄를 묻고 ▲ 침해 물품을 몰수하고 ▲ 개인과 법인을 모두 처벌하는 양벌 규정을 활용하고 있다.

그 밖의 조치로

▲ 침해 물품이 자신의 특허권 범위에 속한다는 사실을 확인하기 위해 적극적 권리 범위 확인 심판을 청구하는 길이 있다.

특히 크로스 라이선스(cross license), 즉 특허상호실시허락(特許相互實施許諾)을 통해 특허 실시 계약 당사자들이 자기가 가진 특허권의 실시(사용)권을 상호 부여하는 방안도 면밀하게 검토할 필요가 있다. 물론 경비와 인력 절감 등을 감안하여 원만한 화해와 합리적인 조정도 고려해야 할 것이다.

우표 한 장의 행운
- 커터 칼

글이나 그림 따위를 옮기거나 베끼는 전사 석판에 쓰이는 얇은 가공지(加工紙)가 바로 전사지(轉寫紙)다. 도기나 양철에 인쇄할 때에 쓰이는 인쇄용 화지를 이르기도 한다. 전사지는 공장에서 출하될 때 규격에 따라 알맞은 크기로 잘라야 상품으로서의 가치가 높아지기 때문에 일일이 재단 작업을 거쳐야 했다.

설창호는 제지 공장에서 칼질을 담당하는 생산직 사원이었다. 하루 종일 칼질을 하면서 봉급을 받아야 하는 그로선 불만이 적지 않았다. 맡겨진 일이 너무 벅찼기 때문이 아니라 그놈의 칼 탓이었다. 손가락에 쥐가 날 정도로 힘을 주어 전사지를 자르다 보면 금새 칼날이 무뎌지곤 했던 것이다.

　누구나 경험해 본 일이지만 칼날은 쓰면 쓸수록 무뎌지고, 칼날이 무뎌지면 일의 능률은 그만큼 떨어지게 마련이다. 그 때문에 설창호는 칼날이 무뎌질 때마다 강제로 힘을 가해 칼을 부러뜨렸다. 그러다 보니 하나의 칼로 여러 차례까지 쓸 수 있었고, 설창호의 그 같은 아이디어만으로도 회사에서는 큰 이익을 볼 수 있었다.

　하지만 그렇게 원가를 절감하는 일이 결코 쉽지는 않았다. 칼을 강제로 자르려다가 손을 다치는 경우마저 있었다. 그럴 때마다 설창호는 붕대로 감싼 손가락을 쥔 채로 멍하니 앉아 생각에 잠기곤 했다.

　"칼날을 좀 더 쉽고 자연스럽게 자를 수는 없을까?"

　그럴 수만 있다면 경비도 훨씬 절감될 터이고 작업도 수월해지는 데다 손가락을 다치는 일도 없을 것이라고 설창호는 생각했다. 한숨을 쉬며 그런 상상에 빠져 있던 그는 간밤에 써 놓은 편지를 부치기 위해 우체국으로 달려갔다. 우체국의 여직원이 우표를 정갈하게 잘라 내는 모습을 물끄러미 바라보던 설창호는 자신도 모르게 손뼉을 쳤다.

　"아가씨, 그 우표 좀 이리 줘 보세요."

　설창호는 의아한 표정의 여직원에게서 강제로 빼앗다시피 건네받은 우표를 찬찬히 뜯어보았다. 조그만 우표들이 수많은 바늘구멍으로 연결되어 있었다. 바로 그 바늘구멍 때문에 우표를 쉽고 부드럽게 잘라 낼 수 있었던 것이다.

　"그래, 바로 이거야. 칼날의 몸체에도 이처럼 일정하게 간격을 두어 자름 선을 넣으면 되겠어."

칼날이 무뎌져 도저히 사용할 수 없을 때는 도마뱀이 자기 꼬리를 스스로 자르듯 끊어 내면 만사형통이라고 생각했다. 퇴근 뒤 귀가한 설창호는 작업할 때 쓰는 칼날을 꺼내 자름 선을 넣어 보았다. 손으로 처리하는 작업이어서 제대로 되지 않았고 힘도 들었지만, 계획대로 자름 선을 넣자 칼날은 비교적 부드럽게 잘려 나갔다. 기계적인 힘을 활용하여 자름 선을 넣는다면 훨씬 더 개선될 것이라고 판단했다.

30여 년 전의 그 아이디어는 지금의 신소재 발명만큼이나 대단한 것이었다. 설창호는 자신의 아이디어를 회사의 경영진에 보고했고, 회사에서는 설창호의 발명을 직무 발명으로 채택했다. 따라서 특허 출원은 회사 명의로 했으나 설창호는 직무 발명에 상응하는 보상을 받았음은 물론이다.

얼마 뒤, 회사에서 새로운 절약형 칼을 대량으로 생산하기 시작했다. 종이를 자를 수 있도록 만들어진 문구용 칼, 베니어판 등 자재를 자를 수 있도록 만든 공업용 칼. 두 가지로 만들어져 판매된 그 칼의 이름은 '커터'였다. 칼날을 조금씩 잘라 내어 쓸 수 있다는 의미로 붙여진 이름이었다.

설창호는 여기에 만족하지 않고 커터 칼을 끼우는 칼집, 칼날을 자를 때 쓸 수 있는 홈이 파인 칼꽂이도 개발했다. 그 제품의 시판 결과는 대성공이었다. 당시 세계 언론은 '칼의 대혁명'이라며 극찬했고, 언론의 찬사를 등에 업은 '커터 칼'은 순식간에 세계 시장을 장악하기 시작했다.

학생들이나 사무실에서 많이 사용하는 커터 칼. 박봉의 생산직 사원이 우표 바늘구멍에서 아이디어를 얻어 떼돈을 만들어 낸 걸작이다. 날이 무뎌지면 한 토막을 잘라 낸 뒤 새 칼처럼 다시 쓸 수 있는 칼이 바로 '커터 칼'이다.

기발한 아이디어가 돋보이는 이 커터 칼은 중소기업을 건실한 대기업으로 끌어올리는 데 큰 보탬이 되었다. 주인공은 그 커터 칼의 발명으로 승진은 물론 거액의 로열티까지 받는 행운을 누렸다.

*실제로 커터 칼을 발명한 인물은 일본의 '오모'였다.

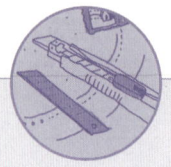

특허 분쟁에서의 방어 전략

특허권자로부터 특허(지식재산권)를 침해했다는 연락이 오면 대체로 당황하기 쉽다. 하지만 지식재산권의 분쟁에 대하여 먼저 진중하고 겸손한 자세로 접근하는 것이 중요하다. 화들짝 놀라서 겁부터 먹고 저자세로 일관하는 대응 방법은 화근이 될 수도 있다.

● 특허 실시자의 입장에서의 특허 분쟁 시 방어 방법

경고장이 접수되면 답변서를 제출하고 권리 침해 여부를 검토한다. 침해 여부 판단 방법으로 전요소주의(all elements rule)가 적용된다. 침해 물품이 특허 청구항에 기재된 요소를 빠짐 없이 갖추어야 침해로 인정하고, 어느 한 개 요소가 빠지면 침해가 아니라는 판단 기준이다. 따라서 단 한 개의 요소라도 빠지는 요소를 찾아서 그 결과를 토대로 방어 방법(A 또는 B)을 강구해야 한다.

A. 침해 사실이 인정되는 경우 권리 하자 여부 판단

*하자가 있을 경우 → 무효 심판 청구 → 권리 무효화

*하자가 없을 경우 → 실시 중지 → 협상

B. 침해 사실이 없을 경우

*침해하지 않은 사실 통보 → 종결 → 협상

*침해하지 않은 사실 통보 → 계속 → 소극적 권리 범위 확인 심판

● 특허 분쟁 시 협상 방법

가장 중요한 것은 협상 카드 준비다. 무효 심판 청구와 동시에 실시 중인 대상이 특허권 범위에 속하지 않는다는 사실을 확인하기 위해 소극적 권리 범위 확인 심판을 제기하는 것이 일반적이다.

구멍 하나 뚫어 신세 고친 사람

- 펜촉

오병호는 헐벗은 달동네 출신이면서도 46세가 되도록 그 곳을 탈출하지 못했다. 알음알음 찾아다니며 발품을 팔아도 입에 풀칠하기가 쉽지 않았다. 그는 보험 계약 실적이 부진하여 좀처럼 가난의 굴레에서 벗어날 수가 없었다. 한 달에 한두 건의 보험 계약이 고작이었기 때문이다.

그러던 어느 날, 모처럼 고액의 계약이 한 건 이루어져 서명하려던 순간 잉크 한 방울이 뚝 떨어져 계약서를 망쳐 버렸다. 계약 당사자는 그것이 불길한 징조라며 다 된 계약을 취소해 버리는 것이 아닌가.

"사장님 다시 작성해도 얼마 안 걸립니다."

"재수 없어요. 당신, 빨리 이 자리는 뜨는 게 좋아."

손이 발이 되도록 빌어도 먹히지 않았다. 아예 협박까지 하며 완강하게 밀어 내는 데는 대책이 없었다.

"빌어먹을!"

그 당시만 해도 펜촉 가운데 구멍이 없어서 잉크가 잘 떨어지곤 했었다. 오병호는 너무 어처구니없고 서글프고 분하여 보험 회사를 그만두기로 결심했다. 그 까짓 거 잉크가 잘 흘러 떨어지지 않는 펜촉 한 가지를 발명해도 보험 설계사 생활보다는 훨씬 나을 것만 같았다.

"펜촉 하나로 반드시 신세를 고칠 거야."

아내에게 결심을 설명한 뒤로 한 가지 일에만 매달렸다. 수많은 펜촉을 사다가 밤낮으로 가위와 줄을 이용하여 새로운 모양의 펜촉을 만들어 보았다. 하지만 기대한 대로 쉬운 일이 아니었다. 연구는 몇 달이 넘도록 계속되었다. 아내가 식모살이를 하는 바람에 그나마 굶지는 않았다.

그 동안 버린 펜촉만도 1천 개가 넘었다. 머리는 계속 어지러웠고 도대체 좋은 구상이 떠오르지 않았다. 갖은 방법을 강구하여도 펜촉에서 잉크가 뚝뚝 떨어지거나 줄줄 흐르는 문제를 해결할 도리가 없었다.

그러던 어느 가을날, 갑자기 좋은 생각이 떠올라서 펜촉에 구멍을 뚫기 시작했다. 그렇게 구멍을 뚫으면 일단 흘러내리는 것을 막을 수 있겠다고 생각했다. 약간의 자신감을 회복한 오병호는 수없이 많은 펜촉을 만들어 비슷한 실험을 반복했다.

잠시 지쳐 있던 오병호는 다른 방법을 시도했다. 드디어 펜촉 가운데에 작은 구멍을 뚫고 그 아래 부분을 예리하게 두 갈래로 쪼개어 잉크가 잘 흐르지 않는 펜촉을 만들었다. 그 새로운 펜촉은 자신이 생각했던 것보다 글씨가 잘 써졌고 연간해선 잉크도 잘 흐르지 않았다.

"여보, 이제 고생은 끝났어."

"몸이나 축내지 말고 잘 해 봐요."

오랜만의 호언에도 불구하고 오병호의 아내는 시큰둥한 반응을 보였다. 하지만 특허를 출원한 뒤 밤을 새워 만든 펜촉은 수요를 따라가지 못했다. 소위 날개 돋친 듯 팔려 나가기 시작했다. 수많은 기업들이 모방하여 만들고 싶어도 특허 등록 때문에 자체 생산이 불가능했다.

"오병호 사장님, 특허 실시권을 얻으러 왔습니다."

"전용 실시권이 곤란하다면 통상 실시권이라도 주십시오."

결국 30여 개의 중소기업이 지역별로 실시권을 분할해 줄 것을 요청해 왔다. 오병호는 판매 가격의 2%에 해당하는 로열티(특허권 사용료)를 받는 조건으로 통상 실시권을 골고루 나누어 주었다.

그 뒤로 오병호 사장은 연간 10억 원 이상을 벌어들일 수 있었다. 빈민촌에서 가난하게 살던 그는 대궐 같은 저택에서 행복한 여생을 보냈다. 그 당시 대통령과 장관 이름을 모르는 사람은 있어도 오병호 이름 석 자를 모르는 사람은 없을 정도로 유명세를 누렸다.

"나도 구멍 하나 잘 뚫어 볼까?"

오병호의 성공을 두고 많은 사람들이 그런 유행어를 만들었다. 예전에는 '포장마차나 차릴까?' 하더니 그 말로 바뀐 것이었다.

*실제로 구멍 뚫린 펜촉을 발명한 인물은 미국의 '워터맨'이었다.

특허권도 담보로 쓴다

한국발명진흥회 특허기술사업화알선센터의 지원과 자문

특허 기술을 담보로 제공하고 금융기관에서 대출을 받을 수 있는 제도가 있다. 우수한 특허 기술의 조기 사업화를 촉진하기 위해 만들어진 이 제도는 특허청 산하 기관인 한국발명진흥회의 지원과 알선으로 실시되고 있다.

금융기관에 담보로 제공되려면 담보 물건이 감정 평가를 거치는 관례에 따라 특허 기술도 먼저 평가를 받아야 한다. 부동산을 한국감정원에서 감정하는 것처럼 특허 기술은 전문연구기관, 시험기관 등이 발명의 기술성·사업성 평가를 대행한다.

발명진흥법에 따르면 산업재산권으로 등록된 발명의 조속한 사업화를 위해 국공립 연구기관, 정부 출연 연구소 등 기술성과 사업성 평가를 전문으로 수행하는 기관을 해당 발명의 평가 기관으로 지정한다. 평가를 통해 기술성과 사업성이 우수하다고 인정된 발명(고안)은 금융기관에 사업화 자금을 우선 지원 요청할 수 있다. 때에 따라선 시제품을 제작하는 데 필요한 자금도 지원받을 수가 있다.

특허 기술평가를 받고자 하는 신청인은 한국발명진흥회 특허기술사업화알선센터의 도움을 받아 신청한다. 이때 평가수수료 일부를 보조받을 수 있다. 발명 평가 신청 자격자는 내국인으로서 신청일 현재 특허·실용신안법에 의하여 등록된 권리자와 그 승계인 또는 전용(독점) 실시(사용)권을 소유한 자로 한정한다.

평가 기관은 기술성의 수준, 기술의 활용성, 기술의 파급성, 제품 생산의 가능성 등 종합적인 기술성을 비롯해 시장성, 경쟁력, 사업 추진 능력 등을 평가한다. 기술성 평가는 국립공업기술원, 생산기술연구원, 한국화학시험연구원, 한국인삼초연구원, 한국해양연구소, 한국전기전자시험연구원, 한국원자력연구소, 한국에너지기술연구소, 한국자원연구소, 한국화학연구소, 한국전기연구소, 생산기술연구원 부설 산업기술시험평가연구소 등에서 담당하고 중소기업진흥공단, 기술신용보증기금에서 사업성을 평가한다.

평가가 끝난 기술 특허는 특허기술사업화알선센터가 권리 양도, 실시권 허락, 합작 투자 등 실시를 알선한다. 평가 결과 우수한 발명은 특허권을 담보로 하여 은행에서 자금을 지원받을 수 있고 기술신용보증기금 기술 우대 보증 지원을 받을 수도 있다. 자세한 내용은 특허기술사업화알선센터로 문의하면 된다.

◆문의

한국발명진흥회 http://www.kipa.org

특허기술사업화알선센터 사업화지원팀(02-3459-2845~51)

TIP
돈을 벌기 위한 준비

(1) 창의력을 길러라

발명하거나 돈을 벌기 위해서는 무엇보다 창의력이 있어야 한다. 쇳덩어리 한 개를 그대로 팔면 1만 원을 받는다고 하자. 그 쇳덩어리로 말발굽을 만들어 팔면 2만 원의 가치를 인정받을 것이다. 하지만 말발굽 대신 바늘을 가공하여 판다면 600만 원을 받을 수 있고, 기계 부속품인 스프링을 생산하여 팔 경우 6억 원 이상의 가치를 창출할 수 있을 것이다. 1만 원과 6억 원의 차이가 바로 창의력이다.

(2) 발명은 관찰에서 비롯된다

손자들이 긴 팬티를 입고 마음껏 뛰놀지 못하는 모습을 관찰하던 일본의 스즈끼 여사는 삼각팬티를 개발해 떼돈을 벌었고, 가시덩굴을 싫어하는 양들의 습성을 관찰하던 13세 목동 요셉은 철조망을 발명하여 세계적인 부자가 되었다.

세계의 역사를 바꿔 놓은 혁신적인 발명이나 발견도 절반 이상이 자기 주변을 세심하게 관찰한 데서 비롯되었다. 따라서 언제나 자기 주변을 관찰하는 버릇이 중요하다.

(3) 필요할 때마다 머리를 굴려라

　필요는 발명의 어머니다. 모든 일과 사물에 관심이 있어야 아이디어가 나온다. 아이디어는 자기의 일상생활 주변에서 나온다. 더 좋은 인생을 바라고 더 좋은 생활을 찾으려고 노력할 때 새로운 아이디어가 태어난다.
　현실에 희망을 결합시키지 않으면 아이디어는 결코 탄생하지 않는다. 어떻게 하면 편리할까? 이렇게 고치면 얼마나 편리해질까? 그런 질문을 스스로 던지며 연구하는 습관을 익혀야 한다.

(4) 시간은 돈이다.

　아무런 생각 없이 흘려보내는 시간이 돈이라고 생각한 사람은 드물 것이다. 짧은 시간이라도 틈만 나면 보다 편리한 생활을 만들기 위한 아이디어 개발에 몰두해야 한다. 시간은 돈이기 때문이다.
　일본의 어떤 부인은 아들의 병간호를 위해 병원에 머무르는 동안 허송하지 않았다. 환자들이 우유를 빨대로 먹는 것을 유심히 지켜보았다. 거동이 불편한 환자들이 우유 먹을 때마다 힘들게 일어나 앉는 모습이 몹시 불편해 보였다. 결국 그녀는 주름진 호스를 개발했다.
　한가롭게 병간호하다가 떠올린 주름진 빨대는 특허로 출원되어 떼돈을 버는 출발점이 되었다. 그처럼 어떻게 시간을 보내느냐에 따라 그대의 성공 여부가 결정된다.

(5) 색깔에 관심을 가져라

우리 속담에 '같은 값이면 다홍치마' 라는 말이 있다. 물건의 색깔은 판매에 영향을 미칠 수 있다. 흰색 팬티만 팔리던 시절에 빨간색 여성용 팬티를 만든 사람은 대성공을 거두었다. 그 뒤로 무지개 팬티와 색깔 있는 구두도 만들어졌다.

팬티는 흰색, 구두는 검정 색이라는 고정 관념을 깨야 한다. 같은 모양이라도 훨씬 우수해 보이는 다양한 색상의 제품을 만들 수 있다. 색깔의 용도와 미적 감각을 고려한 제품의 개발이 곧 발명이요 돈을 버는 길이다.

(6) 분명한 목표를 세워라

뚜렷하고 구체적인 목표를 가진 사람은 이미 성공한 셈이다. 우왕좌왕하지 않을 뿐더러 시간을 아껴 가며 인생에 능률적으로 대처할 수 있기 때문이다. 발명에 성공하여 돈을 벌고 싶다면 뚜렷한 목표를 정한 뒤 꾸준히 노력해야 한다.

생선 가게 종업원으로 일하던 소년은 자신이 신고 있는 장화가 몹시 불편하다고 생각했다. 매일 고민하다가 습기가 차지 않는 뽀송뽀송한 장화를 만들었다. 며칠 뒤 어부들이 신는 무릎 장화를 개발했다. 그 며칠 뒤 허리까지 올라가는 장화를 만들었다. '장화 박사'가 된 소년의 성공 비결은 뚜렷한 목표 설정과 구체적인 행동 지침에서 비롯되었다.

(7) 발명의 종류를 기억하라

발명은 크게 세 가지로 구분한다. ▲ 십(+)자 드라이버, 철조망, 코카콜라 병, 지우개 달린 연필 등은 아이디어가 단순하고 물건을 만들기 쉽다. 이처럼 단순 구조를 가진 것이 착상 발명이다. ▲ 컴퓨터, 로봇, 우주선 등과 같이 과학적 원리를 이용하거나 조합한 것으로 전문 지식이 필요한 것은 과학적 발명이다. ▲ 금속판의 팽창률을 이용한 바이메탈, 현상 기구를 이용한 즉석 카메라(폴라로이드) 등은 과학적 원리를 활용한 응용 발명이다.

(8) 한 가지에 몰두하라

우물을 파려면 한 곳에 집중하여 깊게 파야 한다. 쓸데없이 넓게 파서는 절대 물이 나오지 않는다. 발명도 마찬가지다. 한 가지에 몰두하여 연구를 집중해야 한다. 이런 과정에서 아이디어가 샘솟고 이에 따른 수입도 올릴 수 있다.

일본의 어떤 경비원은 성냥에 관심을 가졌다. 다른 사람들이 관심을 가지지 않는 사이에 특이한 성냥갑의 도안으로 그 분야에서 '성냥 박사'가 되었다. 그 결과 도쿄 올림픽 때 선전용으로 돌린 성냥갑이 인기를 끌면서 엄청난 수익을 올렸다.

기발한 모양의 성냥갑을 만들던 과정에서 하루아침에 아이디어가 떠오르지는 않았다. 한 가지 일에 몰두했으므로 무궁무진한 아이디어들이 샘솟았던 것이다.

(9) 발명의 단계를 기억하라

발명에도 단계가 있다. ▲ 가장 쉬운 첫 단계가 '비분할 결합'이다. 더하기 발명 기법과 같은 것으로 어떤 물건을 나누지 않고 그 상태에서 다른 용도로 사용한다든지 다른 물건과 결합하여 두 가지 이상의 용도를 가지게 만드는 것이다. 지우개 달린 연필이나 시계 달린 라디오 등이 여기에 해당된다.

▲ 그 다음 단계는 '분할 결합'이다. 어떤 물건을 분해하여 분해된 부품을 다르게 결합한다든지, 다른 부품을 추가하여 새로운 용도로 만드는 것이다. 4칸 회전문을 3칸으로 만드는 것이나 냉장고와 냉동고를 결합하는 방법이 여기에 해당된다.

▲ 마지막으로 '비약 결합'을 들 수 있다. 고정관념을 탈피하여 현재의 물건에서 획기적인 기능을 창출해 내는 방법이다. 트랜지스터에서 반도체로 발전하는 것, 수동을 자동으로 바꾸어 주는 방법이 여기에 해당된다.

(10) 발명의 시기를 잘 선택하라

발명에 성공하여 돈을 벌려면 다른 사람들보다 딱 한 발짝만 앞서야 한다. 대부분의 사람들이 유행을 따르는 것은 쉽게 결정하지만 습관을 깨뜨리는 것은 매우 꺼리기 때문이다.

멘델은 엄청난 유전학의 법칙을 발견했음에도 불구하고 너무 시대를 앞지른 탓에 살아생전에는 빛을 보지 못했다. 죽은 지 30년이 흘러서야 겨우 인정받았다. 이를 다시 우연한 기회에 발견한 사람은 네덜란드의 생물학자 드프리스라였다. 그는 유전의 법칙을 발표하여 세계적 명성을 얻었다. 최초의 발견자는 외면당하고 발견 시기가 적절했던 드프리스는 오히려 명성을 얻었던 것이다.

성공하고 싶다면 현실에 꼭 필요한 것을 족집게처럼 발명하고 발견해야 한다. 너무 먼 미래의 허황한 상황을 예견하거나, 한 번 지나간 유행과 기술에 우매하게 매달리며 고생하지 말라. 돈을 벌지 못할 때가 더 많다.

(11) 사고하는 방법을 익혀라

발명을 위한 세 가지 사고 방법이 있다. ▲ 이론과 원리에 충실한 수직적 사고 방법 ▲ 하나의 사물을 관찰할 때 여러 가지 방법으로 다양한 용도를 생각해 보는 수평적 사고 방법 ▲ 수직적 사고와 수평적 사고를 합친 입체적 사고 방법 등이다. 다양한 기능을 자랑하지만 견고하면서도 모양이 아름다운 물건을 만들어 보려는 생각이 바로 입체적 사고 방법이다.

(12) 현장 기술을 중시하라

물건을 제작하는 현장에서 문제가 발생한다면 이는 발명의 기회가 온 것이다. 문제 해결이 곧 발명이기 때문이다. 개량과 개선은 실용신안과 의장 수준의 작은 발명이라는 이유로 우습게 취급될 수도 있다. 하지만 이런 작은 발명들이 모여야만 큰 발명으로 이어진다.

새로운 기술을 개발하려는 노력보다는 현재의 불편함을 개선하려는 데 주력하라. 편리한 개량품을 만드는 것이 더 효과적이고 합리적이기 때문이다. 수익성 측면에서 살펴보면 개선과 개량이 때때로 보잘것없는 일이지만 티끌 모아 태산이라는 사실을 명심하라.

(13) 발명의 시간과 장소를 기억하라

머리가 맑은 아침이 사람의 운명을 좌우한다. 베토벤과 모차르트도 새벽에 작곡했고, 철학자 칸트도 아침 산책길에 사색을 즐겼다. 발명왕 에디슨도 이른 아침에 연구실을 찾았다.

이른 아침에, 배고플 때, 곤경에 빠졌을 때, 산책할 때 아이디어가 잘 떠오른다. 침대 위에서, 화장실에서, 자동차 안에서 머리가 맑아진다. 이른 아침부터 새로운 생각을 얻기 위해 궁리하는 자세라면, 그게 곧 성실함으로 이어지기 때문에 어떤 일을 시작해도 실패하지 않는다.

(14) 혼자 골똘히 생각하라

생각의 원천은 개인의 머리에 달려 있다. 아무리 많은 사람이 모인다 해도 개개인이 모인 것에 불과하다. 개인의 독창적인 생각이 없다면 아무리 많은 사람이 모여도 좋은 아이디어가 나오지 않는다.

평소에 늘 혼자서 생각하는 습관을 길러야 한다. 무엇을, 언제, 누가, 어떻게 해결할 것인지 고민하면 분명한 해결책이 떠오를 것이다.

(15) 기록하는 습관을 길러라

　사람은 기억이 지워지는 기능 때문에 행복하다고 느끼며 살아간다. 태어나서 벌어지는 모든 희노애락을 깡그리 기억한다면 인간의 평균 수명은 훨씬 짧아질 것이다.

　하지만 순간적으로 반짝이는 아이디어가 발명의 원천이 된다. 등굣길에 아주 기발한 아이디어가 떠올랐어도 학교 안으로 들어서는 순간 잊어버린다. 아무리 좋은 생각이라도 뒤늦게 기억나지 않으면 아무 소용이 없다.

　슈베르트는 손에 닿는 종이가 발견되면 어디에서든 떠오른 악보를 그렸다. 그대도 반짝이는 아이디어를 늘 기록해 두는 습관을 길러야 한다. 순간순간 떠오르는 아이디어를 기록해 두는 버릇이 길들여졌다면 그대는 이미 절반은 성공한 발명가이다.

(16) 브레인스토밍 방법을 활용하라

　일정한 주제에 관하여 회의 형식을 채택하고, 구성원의 자유 발언을 통한 아이디어의 제시를 요구하여 발상을 찾아 내려는 방법이다.

　예컨대 ① 한 사람보다 다수인 쪽이 제기되는 아이디어가 많다. ② 아이디어 수가 많을수록 질적으로 우수한 아이디어가 나올 가능성이 많다. ③ 일반적으로 아이디어는 비판이 가해지지 않으면 많아진다. 이런 원칙에서 구할 수 있다.

　따라서 브레인스토밍에서는 어떠한 내용의 발언이라도 그에 대한 비판을 해서는 안 되며, 오히려 자유분방하고 엉뚱하기까지 한 의견을 출발점으로 아이디어를 전개시켜 나가도록 하고 있다. 일종의 자유연상법이다.

또 회의를 진행하기에 앞서 리더를 두고 구성원 수는 10명 내외를 한도로 한다.

이는 1939년에 미국의 광고 회사 부사장 A.F.오스본이 제창하여 그의 저서 《독창력을 신장하라》(1953)에서 널리 소개되었다.

(17) 체크리스트법을 활용하라

아이디어 산출을 위한 체크리스트는 사고의 출발점이나 문제 해결의 착안점을 미리 정해 놓고 그에 따라 다각적인 사고를 전재함으로써 능률적으로 아이디어를 얻는 방법이다.

질문은 문제 해결의 전략이 될 뿐 아니라 상상력을 유도한다. 질문은 해결하려는 문제에 직접적으로 관련되어야 하고 구체적이면서도 특수해야 한다. 이와 같이 아이디어를 내는 절차상의 점검 기준(check point)으로서의 질문 목록을 사전에 준비해 놓고 질문 하나하나에 대한 해답을 구해 가는 방식이 오스본의 체크리스트법이다. 브레인스토밍 때 적절하게 질문을 사용하면 더 좋은 결과를 얻을 수 있다. 오스본은 아이디어를 고무시키기 위해 다음과 같은 질문을 활용했다.

① 무엇인가 다르게 사용할 수 없을까? 달리 사용할 곳은 없는가?
② 다른 데서 빌려올 수 없을까? 다른 것에서 착상을 빌려 올 수는 없

을까? (예) 스키를 보고 수상스키를 고안해 낸 것

③ 다르게 변경할 수 없을까? 비틀거나 바꾸어 보면 어떨까? 업무를 재배치하면 어떤 효과가 있을까?

④ 더 크게, 더 무겁게, 더 길게, 더 넓게, 더 두껍게 하면 어떨까? 확대해 보면 어떨까? 환자뿐 아니라 건강한 사람에게도 필요한 비타민제를 만들면 어떨까?

⑤ 더 작게, 더 가볍게, 더 짧게, 더 좁게, 더 얇게 하면 어떨까? 축소해 보면 어떨까? 타깃을 30대(代)로만 정하면 어떨까?

⑥ 바꾸어 보면 어떻게 될까? 대용이나 대체는 어떨까? 못 대신 나사를 써 보면 어떨까?

⑦ 거꾸로 하면 어떻게 될까? 반대로 하면 어떨까? 동물원에서 동물이 돌아다니고 인간이 우리 속에 들어가 구경하는 것은 어떨까?

⑧ 결합시켜 보면 어떻게 될까? 조합하거나 연결해 보면 어떨까? TV에서 인터넷까지 할 수는 없을까?

이와 같은 여덟 개의 체크 문항을 주어진 의제에 하나하나 적용하며 체크해 나간다면 아이디어가 막혔을 때 특별한 효과를 볼 수 있다.

PROFILE

대표변리사 남호현

국제특허 바른
TEL : 02-3479-5700, 02-2275-7779
E-mail : hh-nahm@barunip.com
홈페이지 : www.barunip.com

자격 · 학력

1953년 충북 영동 출생. 제23회 변리사 시험 합격. 충북 영동고등학교 · 청주대학교 법과대학(법학사) · 서울대학교 행정대학원(행정학 석사) 졸업. 법무법인 중앙국제특허법률사무소(Central International Law Firm)의 파트너 변리사와 국제특허 바른의 대표변리사로서 20여 년 동안 국제 지적재산권 업무, 특히 상표와 디자인 특허의 권리 취득과 이의신청, 취소심판, 무효심판, 권리범위 확인심판, 심결취소 소송 등 각종 특허/상표 사건의 심판/소송 업무와 상표의 국제적 라이선싱 업무를 주로 처리하면서 다양한 사례들을 경험.

지적재산권업무 경력

- **국내 · 국제 활동**

헌법상 대통령 자문기구인 '국가과학기술자문회의' 위원(2005년 – 2006년), 全美仲裁聯盟(NAF) 중재위원, 세계 지적재산권 기구(WIPO) 중재인, 아시아 도메인 이름 분쟁 조정위원회(ADNDRC) 위원, (한국) 인터넷주소분쟁조정위원회 위원, 특허청 상표정책자문위원, 20여 회원국과 2,000여 명의 회원으로 구성된 아시아변리사회 본부 상표위원회 위원장 · 한국협회 부회장, 국제변리사연맹(FICPI) 한국협회 이사, 사단법인 지식재산포럼 이사, 사단법인 한국산업재산권법학회 이사, 국제상표협회(INTA), EU상표협회(ECTA), 의약품 상표협회(PTMG), 상표협회(MARQUES), 국제산업재산권보호협회(AIPPI), 한국상표학회 회장(1999-2000), 대한변리사회(국제이사-2000년 3월~2002년 2월), 국제변리사연맹(FICPI)의 회원으로 활동.

- **수상**

영국 런던에 소재하는 'Euromoney Publications PLC'에 의해 1996년 '세계의 지도적 상표법 전문가(The World's Leading Experts in Trademark Law)'로 선정
- 'Asia Law'에 의해 2007년 아시아 태평양 지역에 있어서의 '지도적 지적재산권 전문가(the leading Intellectual Property Lawyers)'로 선정
- 'Asia Law'에 의해 아시아태평양 지역에서 '고객으로부터 가장 인정받는 최고의 법률전문가(The most highly-acclaimed legal experts) (지적재산권 분야)'로 선정 (2008)
- 'Asia Law'에 의해 아시아태평양 지역에서 '높게 추천하는 지적재산권 분야 법률전문가(The highly recommended Asia-Pacific-focused lawyer in South Korea)로 선정 (2009년)

- **방송 · 컬럼 · 저서**

매일경제 TV(MBN) 주간 프로그램 [남호현의 재미있는 특허 이야기] 진행. 한국발명진흥회 [발명]지 고정 칼럼니스트. 저서로 정치/사회 분야 베스트셀러에 오른 [21세기에는 지식재산권으로 승부하라] (조선일보사 발행)영문판 · 일문판 'Challenging the 21st Century with Intellectual Property Rights'외 지적재산권 분야 논문 다수. [21세기에는 지식재산권으로 승부하라]의 개정판 [태양 아래 모든 것이 특허 대상이다] (도서출판 예가 발행) 외 지적재산권 분야 논문 다수.

- **국내 · 국제 강연 활동 · 연구업적 · 논문**

국제산업재산권보호협회(AIPPI), 국제상표협회(INTA), 의약품 상표협회(PTMG) 등 국제회의에서 강연. 숙명여대 지적재산권 분야 출강(2000), 전국경제인연합회 국제경영연수원 지적재산권분야 출강(2000~현재)

강연/발표

시기	주제	발표장소	기관	사용언어
2010.1.14	최근 한국디자인보호법의 주요 개정사항 및 디자인제도의 주요 특징	도쿄	한·일 변리사회 공동세미나	일어
2009.12.11	Trademark protection of shapes & colour	뉴델리	FICPI India Symposium	영어
2009.6.5	성공적인 기업 경영을 위한 지식재산권 활용 전략	서울	서울 남서 로타리클럽	한국어
2009.4.23	상호, 상표 및 부정경쟁 이야기 －생활속 침해사례 및 분쟁소개－	충북 단양	전국지방자치단체 지재권 담당자 워크숍	한국어
2009.4.7	특허, 상표제도와 활용방안	서울	대한산업안전협회	한국어
2008.11	韓國 Design 保護制度의 特徵	부산	한·불 변리사회 공동세미나	한국어
2008.10	Prominent Issues of Korean IP Attorneys' Profession － Conflict of Interest, Confidentiality Professional Insurance －	서울	한·불 변리사연맹(FICPI) 공동세미나	영어
2008.5	Similarity in a Global Context	베를린	국제상표협회(INTA) 제130차 연차총회	영어
2008.3	Boarder Seizures	서울	A Korea-Germany Joint Seminar	영어
2008.3	Strategies for Efficient Protection-Maintenance of Intellectual Properties in Korea	서울	주한 영국대사관 주최 지적재산권 국제세미나	영어
2007.5	특허제도의 이해와 특허 전략	서울	(주)솔고바이오메디칼	한국어
2004.3	Effective Trade Mark Rights Enforcement in Asia － Korea, Japan, and China－	런던	의약품 상표그룹 (PTMG) 총회	영어
2005.3	기업 경쟁력 강화를 위한 지적재산권 확보와 관리 전략	서울	한국발명진흥회 초청 강연	한국어
2005.10	지적재산권의 침해 예방 － 특허 분쟁을 중심으로	서울	농수산물유통공사	한국어
2004.7	상표등록절차 및 분쟁사례	서울		한국어
2004.4	사이버스쿼팅 방지에 관한 국내법의 적용	서울	도메인이름분쟁조정위원회	한국어
2004	특허제도의 이해와 특허 전략	서울	동서울대학 강연	한국어
2003.10	브랜드의 등록출원	서울	농수산물유통공사	한국어
2003.9	상표등록 절차및농산물 특허출원 방법	서울	경기도 농업전문경영인 연찬교육 특강	한국어
2003.5	바이오 지적재산권 보호 및 특허 전략	서울	제 1 기 전경련 바이오산업 경영자 과정	한국어
2003.3	한국에서의 상표의 이전, 라이센스, 무역 피해 구제 시스템과 수출 기업의 대응 방안	베이징		한국어
2002	The Madrid Protocol and Its Impact on Korean Trademark Laws	서울	The 3rd Joint Seminar of AIPPI Japan, China and Korea	영어
2001	인터넷 비즈니스 모델 특허	서울	전국경제인연합회 e-business 최고경영자과정	한국어
2001	Protection and Enforcement of Well-Known Trademarks-Service Marks and Domain Names in Korea	도쿄	The Joint Seminar of AIPPI Japan, China, and Korea	일본어
2000.8	특허 분쟁 대응책과 기술료 확보 전략	서울		한국어
2000.8	디지털 시대의 생존 전략 － 발명왕 에디슨이 빈털터리가 된 이유	서울	제10기 경영자 독서모임	한국어

연구업적

시기	연구주제	기관
2004	지적재산권 문제의 해결방안 연구	한국인터넷진흥원

논문

시기	제목	간행물	사용언어
2009, 2008, 2007, 2006, 2005, 2004, 2003	도메인이름 분쟁백서 (공동집필)	한국인터넷 진흥원	한국어
2007. 5	한국에 있어서의 STARBUCKS vs. STARPREYA 문자·도형상표에 관한 심·판결례 평석「STARPREYA」및 「STARPREYA+도형상표」무효심판에 관한 판결을 중심으로	일본 국제지적재산권 보호협회	일본어
2005	상표의 상표로서의 사용과 의장으로서의 사용	창작과 권리	한국어
2005	한국의 상표법 개정 및 의장법 (디자인보호법) 개정	AIPPI Japan	일본어
2005	도메인 이름 분쟁 해결 제도	한국인터넷진흥원	한국어
2004.2	우리나라에 있어서의 도메인이름 분쟁해결의 실체적 규준	김명신 선생 회갑기념논문집	한국어
2003	한국에 있어서의 화상디자인의 의장등록 보호	일본경제 산업조사회 지적재산정보센터	일본어
2003	한국에 있어서의 의장출원공개제도, 일부품목 의장 무심사 등록제도 및 복수의장등록출원 제도	Journal of AIPPI Japan	일본어
2002	Use of a Mark 'As a Mark' as a Legal Requirement in Respect of Acquisition Maintenance and Infringement of Rights in Korea	AIPPI Year Book	영어
2002	The Madrid Protocol and Its Impact on Korean Trademark Laws	Journal of AIPPI Japan Group	영어
2002	도메인이름 분쟁 관련 한국 법원의 판례 경향과 조정 결정에 대한 사법적 심사	KRNIC 공동국제학술 세미나	한국어
2001	Protection and Enforcement of Well-Known Trademarks-Service Marks and Domain Names in Korea	Journal of the Japanese Group of AIPPI	영어
2000.9	벤처 기업 BM 특허의 전략적 활용	벤처 캐피탈리스트 양성 과정	한국어
2000	상표법상 상표등록 취소 사유로서의 사용권의 미등록 성명 상표의 유사 판단에 관한 소고	상표학회지	한국어
1998.4	도메인 이름 분쟁 사례집	한국전산원	한국어

약도

지하철 2호선 삼성역 2번 출구에서 300m